“姓氏继承者”与我的父亲(右)和祖父(左)。
(保罗·沃尔克的私人收藏)

“哥儿们”和我的两个姐姐——弗吉尼亚(左)和露丝(右)——在开普梅的海滩上享受时光。
(保罗·沃尔克的私人收藏)

1948 年，普林斯顿大学篮球队。我差点儿没能加入。
（由普林斯顿大学图书馆档案室提供）

与芭芭拉（右二）和纽约联储同事一起，庆祝玛德琳 · 麦克温尼（左二）当选为美联储系统内部的养老金项目管理机构负责人。
（保罗 · 沃尔克的私人收藏）

1962年1月，我加入美国财政部，与财政部长道格拉斯·狄龙（中）和负责货币事务的副部长罗伯特·鲁萨（右）一起宣誓。
（保罗·沃尔克的私人收藏）

1969年初，我同查尔斯·沃克（左）在白宫与理查德·尼克松总统和财政部长戴维·肯尼迪会面。
（白宫官方照片；保罗·沃尔克的私人收藏）

“历史性的一天”。1971年8月13日，同(前排左起)皮特 · 彼得森、阿瑟 · 伯恩斯、赫布 · 斯坦、保罗 · 麦克拉肯，站在戴维营的阿斯彭小屋前。迈克尔 · 布拉德菲尔德站在后排。
（白宫官方照片；保罗 · 沃尔克的私人收藏）

我宣誓就任美联储主席，同卡特总统（左）和芭芭拉（右二）一起。
（白宫官方照片；保罗·沃尔克的私人收藏）

在白宫与吉米·卡特总统会面。
（白宫官方照片；保罗·沃尔克的私人收藏）

与唐纳德·里甘（左二）和詹姆斯·贝克（右）一起，在椭圆形办公室与里根总统会面。
（白宫官方照片；保罗·沃尔克的私人收藏）

1983年8月，在宾夕法尼亚州布卢明格罗夫的钓鱼之旅中，我开始了我的第二个美联储主席任期。在伯利恒钢铁公司总法律顾问柯蒂斯·巴内特的主持下宣誓任职。
（保罗·沃尔克的私人收藏）

三边委员会在行动！与亚洲主席宫泽喜一（左）和欧洲主席奥托·兰布斯多夫（右）一起。
（保罗·沃尔克的私人收藏）

2005年，与我在美联储的两位接班人艾伦 · 格林斯潘（右）和本 · 伯南克（左）一起。
（摄影：布列特 · 莱克曼；由美国联邦储备委员会提供）

在纽约特殊外科医院芭芭拉·沃尔克妇女与风湿病中心开幕仪式上。左起：我的儿媳玛莎怀抱詹尼弗坐着，贾尼丝和吉米同中心主任迈克尔·洛克辛博士（右）站在芭芭拉的画像前。（保罗·沃尔克的私人收藏）

同安克一起，与奥巴马总统会面。
（白宫官方照片；保罗·沃尔克的私人收藏）

2007 年，与安克一起在泰姬陵。
（保罗 · 沃尔克的私人收藏）

“如果你坚持下去，最终你会抓到一个大的。”雷斯蒂古什鲑鱼俱乐部钓鱼指导布莱恩·欧文举着我的37磅的猎物，这是我捕到的最大的鱼。

（摄影：雷斯蒂古什河流域管理委员会执行主任大卫·勒布朗）

RENSSEL
OLD FISHERMAN
XING
BALSAM
LAKE CLUB
1883 2008
TIPPECANOE AWARD
GIANT SALMON
MAYFLIES
Land of Little Rivers

我纽约家里的钓鱼墙。

我办公室里的“睿智的老鹦鹉”，
它是世界银行集团机构廉政部独立审查小组同事送给我的礼物。

坚定不移

KEEPING AT IT

[美] 保罗 · 沃尔克（Paul A. Volcker）
[美] 克里斯蒂娜 · 哈珀（Christine Harper） ◎著
徐忠 等 ◎译

中信出版集团 | 北京

图书在版编目（CIP）数据

坚定不移 /（美）保罗 · 沃尔克 ,（美）克里斯蒂娜 · 哈珀著 ; 徐忠等译 . -- 北京 : 中信出版社 , 2019.4 （2024.1 重印）
书名原文 : Keeping At It
ISBN 978-7-5217-0103-6

Ⅰ . ①坚… Ⅱ . ①保… ②克… ③徐… Ⅲ . ①经济学—通俗读物 Ⅳ . ① F0-49

中国版本图书馆 CIP 数据核字 (2019) 第 030950 号

坚定不移

著　　者：[美] 保罗 · 沃尔克　[美] 克里斯蒂娜 · 哈珀
译　　者：徐忠　等
出版发行：中信出版集团股份有限公司
（北京市朝阳区东三环北路 27 号嘉铭中心　邮编 100020）
承 印 者：北京盛通印刷股份有限公司
开　　本：880mm × 1230mm　1/32　印　张：12.5　彩　插：16　字　数：300 千字
版　　次：2019 年 4 月第 1 版　印　次：2024 年 1 月第 6 次印刷
京权图字：01-2019-0075
书　　号：ISBN 978-7-5217-0103-6
定　　价：68.00 元

服务热线：400-600-8099
投稿邮箱：author@citicpub.com

谨以此书献给我的妻子安克，

我这只“睿智的老鹦鹉”在90岁时仍有能力写书，

她的功劳最大，

常常被忽略的爱情之细微处便在于此。

目 录

推荐序

一位耄耋老人的良知与责任

朱　民
国家金融研究院院长
国际货币基金组织前副总裁

2017 年底，我去纽约参加 20 国集团名人小组会议，也去看望了我的老师保罗·沃尔克。2016 年 8 月，我从国际货币基金组织卸任，一晃眼，已有一年多没有见他了。我请他和他夫人安克在他家附近的一家餐馆就餐。他一进门，我就迎上去和他打招呼。他很高兴，看上去精神矍铄。他坐下后，朝我眨眨眼说："我开始写书了。"我又惊又喜。在过去的 10 年里，我一直建议，甚至督促他写书。虽然书店里有几本关于他的书，但都只写到他的美联储任期结束。而我一直认为，他离开美联储之后的人生更精彩。出于社会责任感，他从美联储主席职位卸任后，临危受命，积极地投入到几件社会重大信誉事件中，如安然–安达信事件调查和重组、联合国对伊拉克的石油换食品项目的贪污腐败案的调查和整改、世界银行的反腐败调查等。这些事情其实更复杂，更艰难，更能反映他的能力、智慧、价值观和人生态度，也会对后人更有启迪。

虽然我多次力推他写一部完整的自传，还为他找了合作者，但他总推辞说："还有人读这些老东西吗？我还是做些具体实事吧。"有感于越来越多的大学毕业生到华尔街就业，他捐出自己全部的存款，成立了"沃尔克联盟"—— 一个非营利性组织，致力于推进高等院校本科和研究生的公共管理学科研究、学科设置和发展，促进全球公共管理教育的发展和合作，鼓励大学给予公共服务培训更多、更好的关注，让年轻人对公共服务产生兴趣，重新改善公共服务领域，使该领域成为一个有挑战性的好的工作场所。

而今，他突然开始考虑写书了。我喜不自禁。

"进展如何？有我能做的事吗？"我问道。

"刚写到第二章，还在写大学生活呢。"他答道。

"您慢慢写，千万别累着了。"然后我转向安克。

"他一定要自己写，而且是老式的手写，先一个字一个字地写在纸上，再修改，经常涂得满满的，一坐就是四五个小时，说也不听。"安克抱怨着，保罗·沃尔克笑眯眯地看着她。

转眼又是一年。2018 年末，在《第一财经》的年度书会上，*Keeping At It: The Quest for Sound Money and Good Government* 被评为"2018 年度书籍"。《第一财经》委托我给他发了一封电子邮件，询问他能否做个视频采访，在年度书会上播放。一反以往当天电子邮件往来的习惯，一周后我才收到他的回复。他在邮件中说，书获提名，他理应讲几句，但最近由于身体不好，医生不让他出门，所以他只能在家做，也许可以做一个很短很短的视频。他强调了“很短”。我当时心头咯噔一下——这可不是他的风格，他从不诉说健康问题，非常独立。我每次想扶他下台阶或上楼梯，他都不让，一定要坚持自己来。我预感，他身体虚弱了。

在《第一财经》年度书会上，视频播放了。他一出现在屏幕上，我的心就一沉，眼泪都掉下来了。沃尔克瘦了很多，两腮都陷进去了，大大的眼睛深深地凹了进去。他的声音有些嘶哑，手放在膝盖上，偶尔动一下。他不再有手势，也没有了往日的神采。当然，他 91 岁了。但我还是对他急剧的衰老感到震惊。他缓缓地说：

“我曾发誓永远不写回忆录，但在一两年前我改变了主意。众所周知，美国如今的政治形势令人沮丧，美国公民对自己的政府缺乏信任，这种情况十分不寻常，但近年来却屡见不鲜，以至在几乎每年都进行民意调查的一个组织报告显示，只有不到 20% 的美国人认为政府大多数时候做的事情是对的，这对民主来说不是很好的消息，你无法在人们对政府没有最起码的信心的情况下去维持民主。因此，我认为有必要从我的经验中总结一些要点，包括中央银行（独立的中央银行）的重要性、维护物价稳定的重要性，这一点美国已经保持了很长一段时间，但是还必须一直小心地去维护它。还有一个不直接涉及货币政策的更大的问题，那就是我们确实需要对政府有基本的信心，这是已到耄耋之年的我最关心的问题。”

这就是展现在我们面前的这本书。

书中他对几十年公共服务的生涯进行了回顾和总结，提出经验和教训，而在故事背后则是保罗·沃尔克的正直和勇气、责任和使命感。每一次历史和社会遇到危机时，他总是以巨大的道德勇气，挺身而出。从美联储卸任以后，大屠杀后代向瑞士银行索赔，瑞士银行面临历史上最严重的声誉危机，他主持公正地处理此案。安然事件发生后，会计师事务所安达信亦因做假账和销毁证据被卷入。他深刻地认识到客观和公正的会计师事务所对全球金融业的重要性，并主持了对安达信会计师事务所的调查和重组，再次强调会计业的客观、公正、严格和卓越。联合国对伊拉克的石油换食品项目的贪污腐败行为，严重影响了联合国的声誉，他牵头组织了对该案的调查和整改。出于同样的社会责任感，他又一次站出来，主持了对世界银行的反腐败调查。2008 年全球金融危机爆发，他心急如焚，并为华尔街的贪婪而感到惭愧。在 80 岁高龄时，他出任奥巴马政府的经济复苏顾问委员会主席。

每次危机处理之后，保罗·沃尔克并不止步于世人对他力挽狂澜的赞誉，总以他惊人的洞察力，总结经验和教训，并不遗余力地推进立法，从根本上堵住漏洞。安达信会计师事务所重组失败，但他在国际会计准则委员会提出新的会计师事务所治理机制改革，推动了会计行业的改革，并在美国国会推动了《萨班斯-奥克斯利法》。在联合国和世界银行的两次反腐事件中，他推动了两个机构的章程修改，强化反腐原则和功能。2008 年全球金融危机后，他又力顶华尔街的巨大压力，推出最终以他名字命名的“沃尔克规则”，提出新的分业监管框架。

“这样好辛苦啊！”

一个春风微荡的下午，我和保罗·沃尔克在他办公室下面的临街咖啡厅喝茶，发出感叹。

保罗·沃尔克严肃地说：

“公务员的责任不仅是解决问题，而且要建立问题不再发生的制度和环境。这就是使命。”

我不用对这本书再做介绍了——这是一位老人在人生最后的阶段，在社会需要他的时候，拼尽全力，为世界留下的他的智慧和一颗诚挚的心。

译者序

徐　忠

中国人民银行研究局局长

2018 年 10 月，尚在病榻上的保罗 · 沃尔克出版了这部著作。对于一位出生于 1927 年“大萧条”前夜、已是 91 岁高龄的智者，这本书必然是对自己毕生经历、理想、信念、追求甚至遗憾的全面追忆和总结，自然也会披露一些此前没有提及或是不愿提及的细节、逸事。出于好奇，译者第一时间阅读了英文版 *Keeping At It*：*The Quest for Sound Money and Good Government*，随即产生了强烈的愿望，希望把这本书翻译成中文，与国内的读者，尤其是经济金融从业者分享。

对于这位为六位美国总统工作过、担任过美国财政部副部长和纽约联邦储备银行行长、连任过两届美联储主席、身高超过两米的

“大个子保罗”（Tall Paul），其生平伟绩是大多数经济金融从业者耳熟能详的。1971 年，作为尼克松政府负责货币事务的财政部副部长，沃尔克主导了美元与黄金的脱钩，以及“布雷顿森林体系”的终结，在他看来，这是“世界上最好的工作”。1979—1987 年，沃尔克出任美联储主席，驯服了“通胀野马”，稳定了美国经济。在此期间，沃尔克作为主要的亲历者，参与了“广场协定”的谈判，救助克莱斯勒和伊利诺伊大陆银行等美国大型机构，处理储蓄和贷款协会危机，这些传奇的经历，都已被写入了货币金融学的教科书。离开美联储后，沃尔克的经历同样精彩纷呈。1996 年，成立知名人士独立委员会，即“沃尔克委员会”，调查瑞士银行持有的、属于大屠杀受害者的资产。2000 年，被任命为由 19 名成员组成的国际会计准则委员会主席，致力于建立国际会计标准。2004 年，负责调查联合国石油换食品项目中的腐败行为。2007 年，负责审查世界银行机构廉政部的工作及其反腐败的成效。2008 年金融危机后，担任奥巴马总统经济复苏顾问委员会主席，提出加强金融监管的“沃尔克规则”。2013 年，成立“沃尔克联盟”，旨在应对有效执行公共政策的挑战，并重建公众对政府的信任。

上述经历，这本书都有所提及。但与大多数名人著作不同的是，这本书篇幅并不长，也不是事无巨细流水账式的描述。沃尔克试图向世人展示的，首先是他从 70 年的公共服务中提炼出来的一些关键教训，即他本人所谓的“三个真理”：稳定的价格、稳健的金融、良好的政府。这“三个真理”，也正是沃尔克毕生的主题、毕生的追求、毕生的烙印。而真正让译者产生情感共鸣，并由此而生翻译愿望的，既缘于“三个真理”对当下中国的现实意义，更缘于沃尔克在字里行间流露出来的坚定不移的信念、敢于说“不”的勇气、为公共服务的献身精神。

“实用货币主义”

沃尔克最为世人熟知的不朽功绩，是 1979 年出任美联储主席后，几乎是以一己之力在 1979—1980 年扭转了美国的货币政策，放弃关注联邦基金利率的变化，严格控制货币供应量，并“制服了”连续三年保持两位数、令美国部分利率突破 20% 的通货膨胀，美国 CPI（消费者价格指数）由 1979 年的 11.3% 降至 1982 年的 6.2%，1983 年更是降至 3.2%。这不仅为沃尔克赢得了极大的政策声誉，以及延续至今的偶像地位，更为发达经济体进入长达约 20 年的“大缓和”时代奠定了良好的货币开端。因此，彼得森国际经济研究所名誉所长、美国著名经济学家弗雷德·伯格斯滕称“沃尔克是 20 世纪后半叶最杰出的经济学家、政治家”。

沃尔克货币政策实践的巅峰，同时也是货币数量理论的巅峰。很多人习惯性地认为：沃尔克的成功，实际上就是 1976 年诺贝尔经济学奖得主米尔顿·弗里德曼货币主义理论的成功；沃尔克倡导的“限制货币供给数量”的实践做法，完全就是弗里德曼倡导的“固定货币供给增长率规则”的现实版本。而沃尔克在这本书中，不厌其烦地在多处对上述误解做了不同层面的澄清。事实上，弗里德曼率领的货币学派，不仅没有宣称美联储最终采用了一种更加货币主义的做法，反而坚持认为沃尔克采取的措施不正确，应该采取更容易消除经济增长负面影响的做法。

我们不能把这种澄清或解释，简单地解读为两位同样固执、同样自信的老人之间的意气之争。而现实中，有不少研究者就是这样解读的。沃尔克与弗里德曼之争的背后，映射的是对货币政策本质特征的不同认识。一方面，沃尔克认同弗里德曼的基本观点。沃尔克说，弗里德曼那句被广为引用的名言，将通货膨胀形容为“过多货币追逐太少商品”，明确、简洁地道出了通胀产生的原因，因此货币供给对于通胀过程具有根本性意义。另一方面，沃尔克认为，“货币主义的政策建议——找到最佳的货币供给增长率且不论发生什么都要严格盯住——充其量只能说是天真的且是危险的误导”。后来，沃尔克的实践做法被贴上“实用货币主义”的标签。书中虽然没有明说，但沃尔克对于这一标签应该是欣然接受的，他认为这与弗里德曼倡导的更极端和机械化的货币主义形成了对比。

“货币政策既是一门技术，更是一门艺术。”技术，意味着货币政策需要在理论上做无穷尽的探寻反思，以及在此基础上对于经济金融规律的遵循。艺术，意味着货币政策操作需要随时随地根据形势的变化做出相应的调整，在实践检验中不断进行调整和完善，机械僵化的做法并不可取。关于后者，沃尔克提供了另一个反思的案例。例如，关于严格的 2% 通货膨胀目标制，沃尔克认为，“没有任何一个价格指数能够精确地反映只有 1/10 或 1/4 个百分点的消费价格的实际变化”。当沃尔克写下这些文字时，“随着经济增长和失业率接近历史低点，人们开始担心消费价格增长太慢——仅仅因为它比 2% 的目标低了 1/4 左右！这是否意味着要‘放松’货币政策，或者至少推迟紧缩，即使是在经济充分就业的情况下？”沃尔克的结论是：“当然，这是无稽之谈。央行行长是如何落入这样的陷阱的？赋予单一统计数据的微小变化如此大的权重，而这一统计数据本身又有其固有的弱点。”

同样作为央行的从业人员，译者对于沃尔克“实用货币主义”的立场不仅高度认可，更有情感上的共鸣。中国人民银行原行长助理张晓慧的表述更为形象生动，“作为宏观经济政策，货币政策的学术气和烟火气是一枚硬币的两面，缺一不可。优秀的中央银行家永远需要在货币政策的学术气和烟火气之间取得平衡”。这也进一步印证了沃尔克的观点。

“关键是独立性”

沃尔克在这本书中披露了一个细节。他在清理旧文件写这本书时，发现了很久以前一张用处方笺写成的字迹潦草的便条。这是他第一次会见卡特总统前写下的，希望向总统提出的建议，非常简单的“三条”：确保美联储的独立性、美联储必须直面通货膨胀、实施更加紧缩的政策。其中，后面两条是政策，第一条才是前提。沃尔克说，这并不是偶然的，“关键是独立性”。

沃尔克一贯强硬地捍卫美联储的独立性。在他看来，对货币的信任，是良好的政府和经济增长的根本。维持货币稳定的预期和信心，是货币政策的一项基本责任，但前提是确保美联储的独立性。因此，当新就职的里根总统希望前往美联储与沃尔克会面时，沃尔克居然拒绝了。因为，除了罗斯福总统在 1937 年新大楼落成典礼上到访外，还没有总统来过美联储，沃尔克担心里根总统到访美联储会在某种程度上影响美联储的独立性。这本书中还记录了另一个故事，那是沃尔克职业生涯中，唯一一次遇到过的类似挑战。1984 年夏天，沃尔克被召集到白宫面见里根总统。会面地点不是在椭圆形办公室，而是在图书馆。里根总统没有说话，而总统办公厅主任詹姆斯·贝克对沃尔克说："总统命令你在选举前不要提高利率。"沃尔克的反应是：一句话也没说，直接走了出去。

2014 年，英国中央银行业务出版社（Central Banking Publications）为沃尔克颁发"终身成就奖"，获奖的理由是："沃尔克树立了一个领导行动的榜样，不仅为中央银行，而且为美国和世界经济开创了一个新时代。"从全球中央银行发展的历程来看，正是在沃尔克成功实践的榜样带动下，为了避免中央银行在追求物价目标过程中面临的各种不必要的干扰，各国普遍加强了中央银行的独立性。独立性与通胀目标制也被称作继自主履行货币政策职能后"第二次中央银行革命"的典型特征。正如沃尔克在 1999 年 8 月接受《中央银行》（*Central Banking*）杂志采访时说的，"近年来，央行的相对独立性和地位，源自少数几家央行在抗击通胀方面取得的成功，当时通胀过程似乎根深蒂固，几乎不可避免"。

同样作为央行的从业人员，译者认为，国际金融界对于央行行长的评判有统一的标准，那就是维持稳定的货币和稳健的金融系统。这也是央行行长最基本的职责，更是国际社会对优秀央行行长认可的标准。2019 年 2 月 12 日，从英国伦敦传来消息，已经退休的中国人民银行行长周小川同样也获得了英国中央银行业务出版社颁发的 2019 年“终身成就奖”。获奖的理由是，“在任期间，周小川在公共服务方面表现出高度的正直。他将学术严谨性引入现实世界的决策，充当务实的政策制定者，对公共利益有着强烈的理解。他的领导力反映在中国人民银行的机构能力和公信力的显著提升上，周小川帮助中央银行成为中国顶级宏观经济问题解决者”。与沃尔克相比，周小川面对的是更为复杂的外部环境：中美两国体制不同。中国人民银行受国务院领导，相较美国而言，中国的央行不具备相对独立性，法定的职责不仅有“保持货币币值稳定”，还需要“以此促进经济增长”。这些都给中国央行行长的履职提出了更高的挑战。

“不是为了金钱或者权力”

沃尔克在这本书的引言里，再次讲述了“睿智的老鹦鹉”的故事。他就是这只被叫作“主席先生”的“睿智的老鹦鹉”。沃尔克担任了好几个“零薪酬”的主席职务，“不是为了金钱或者权力”，而是“致力于公共服务”，力图恢复公众的使命感和对政府的信任感。这也正是沃尔克下决心写这本书的目的所在。从读者的角度来看，我们更能体会到沃尔克 70 年公共服务生涯一以贯之的正直、睿智，以及道德力量。

投身公共服务需要坚定不移的信念。1979 年，在抗击通胀最紧张的时刻，沃尔克自称“被绑上桅杆”。美联储外，是民众的游行抗议，甚至有武装分子闯入美联储，威胁要挟持理事会；美联储内，理事会意见极其不一致，鹰派和鸽派投票的结果是 4:3。但他还是毅然决然地动用了美联储针对市场的所有“弹药”：将贴现率提高至 12%、要求银行增加存款准备金、呼吁停止向“投机”活动贷款，以及最核心的——不管对利率有什么影响，承诺抑制货币供应量的增长。此时，三个月期美国国债利率最终超过了 17%，商业银行优惠贷款利率最高达到了 21.5%，对市场反应最灵敏的抵押贷款利率超过了 18%。美国金融史上从未出现过如此高的利率。在这样的境况下，他的意志如果稍微不坚定，历史的进程可能就会被改写。

投身公共服务需要敢于说“不”的勇气。沃尔克受其父亲老沃尔克的影响颇深，尤其是老沃尔克的从政经历，对他的人生观和世界观产生了巨大的影响。老沃尔克办公桌后面的墙上悬挂着乔治·华盛顿的名言：“不要听任你的善良本性，在本该拒绝的时候却说同意。”每每在关键时刻，沃尔克总能秉持正直正义，坚持道德勇气，敢于说“不”。因此，世人也记住了这位“布雷顿森林体系的终结者”“下意识的通胀斗士”“沃尔克规则的制定者”……回想中国在 2013 年 6 月经历的那一轮货币市场剧烈波动：6 月 20 日，质押式回购隔夜、7 天、14 天加权利率分别为 11.74%、11.62%、9.26%，质押式回购隔夜利率更是一度摸高至 30%。面对大水漫灌的臆想冲动、市场倒逼央行放水的政策博弈，中国人民银行为了维护公共利益，能够坚守稳健的货币政策取向不动摇，其敢于说“不”的勇气同样可喜可嘉。

投身公共服务需要献身精神。1979 年，沃尔克由纽约联储银行行长转任美联储主席时，收入由年薪 11 万美元下降至 5.75 万美元。他以每月 400 美元的租金租了一套一居室公寓，公寓只配了一张床、一张桌子和几把椅子。而到 1983 年，由于家庭收入状况不佳，他的夫人芭芭拉尽管类风湿性关节炎越来越严重，但还是不得不兼职做会计工作来补贴家用，有一段时间，他们还把自家宅院后部的房子都租出去了。以至当里根总统给沃尔克打电话告诉他将连任时，他的夫人哭了。

最后，需要向读者说明的是，这本书虽然采取了近乎白描的叙述方式，但阅读时读者并不会感到沉闷乏味，而且这本书的语言中时时渗透出不经意的幽默和睿智，一如沃尔克本人的为人处世。书中有一段描述非常有趣，大致可以窥见一斑。在比较自己和弗里德曼时，沃尔克说：“弗里德曼比我年长 15 岁，比我矮一些。毫无疑问，他在我遇到的最教条、最具说服力的经济学大师中居于首位。”在译者看来，这样的行文颇有言近意远、微言大义的古风。因此，后面的评价，“当从报道中看到年逾 90 岁的弗里德曼承认他或许过分强调了货币、物价和经济活动的稳定关系时，我备感欣慰。虽说在我看来，这有点儿晚”，也就顺理成章了。

译者不是专业的翻译，很多精微之处的翻译可能不尽如人意，疏漏和错误也在所难免，在此先向读者表达歉意，责任全在译者，与原著无关。

本书的总纂：徐忠。翻译：徐忠、张文婷、芦国荣、徐瑞慧、曹冶、刘敏丽。审校：徐忠、莫万贵、牛慕鸿、徐昕。

中文版作者序

保罗·沃尔克

大约 40 年前，在我成为美国联邦储备理事会主席后不久，中国政府邀请我访问北京等地。

这是一次让人难忘的访问。

当时中国正处于内部转型期，刚开始与西方世界建立经济联系。我参观了很多历史古迹，包括当时刚从西安出土的兵马俑、历史悠久的杭州西湖及其附近的寺庙等。我记得当时被人们雷同的着装震撼，意识到这不会持续下去，因为城市居民会被来自世界各地的年轻游客的丰富多彩的服饰吸引。

同样明显的是，当时中国的银行体系是“原始”的，中央银行的概念还没有被很好地理解，经济增长滞后，人民收入较低。

但这种情况很快就改变了。20 世纪 90 年代初，“人民银行”已经成为真正的中央银行。我很荣幸应邀主持由世界银行主办的会议，强调中央银行在发展经济和金融体系中的关键作用。20世纪90年代，我经常访问中国，在时任中国副总理朱镕基兼任中国人民银行行长期间，我曾多次与他会晤。

我记得他一直要求准确记账，这在后来银行过度放贷威胁到经济增长时是一种优势。如今我们都从政府部门退休了，但依然是很好的朋友。

今天，我们生活在一个多元化的世界，各国经济和政治的差异性较大。中国一直保持着惊人的经济增长率，尽管现在增长速度有所放缓，但仍保持在 6% 左右，这远远高于发达国家。

中国人口超过 13 亿，在世界上的经济和政治地位日益增强。

曾经，美国被视为唯一的超级大国，引领世界朝着开放民主的资本主义社会的愿景迈进，贸易和投资能跨国自由流动。而今，美国和欧洲的国内政治紧张局势使国际合作变得困难重重。

这本书虽然没有直接涉及中美关系，但是揭示了当今世界秩序所面临的经济和政治压力背后的一些历史。我在书中解释了我认为的一个治理良好的社会所需的三个至关重要的永恒真理：

第一，价格稳定。

第二，一个强大的、政治上独立的中央银行，并且在监督金融体系方面发挥重要作用。

第三，训练有素的公务员，致力于有效的政府管理，尽可能不受腐败和党派政治的影响。

随着中国实力的不断增强，今天的中国面临着与 40 年前我首次访华时不同的挑战：如何在本国之外提供建设性的领导力。与此同时，美国必须认识到，在一个政治多元化的世界里，单边领导不再可能。在我 70 年的职业生涯中，我学到了一个简单的教训，那就是经济和政治的治理工作总是在不断变化，永不停息。我们需要坚定不移地维护和平与繁荣的世界秩序。

时间线

1927.9.5
小保罗·沃尔克在新泽西州的开普梅出生。

1930
沃尔克一家搬到新泽西州的蒂内克市，老保罗·沃尔克在那里担任了20年市政经理。

1944.7
国际货币基金组织和世界银行成立。

1949
沃尔克从普林斯顿大学毕业，其以美联储为研究主题的毕业论文获得了最高荣誉。

1951
沃尔克在通过博士资格考试后，以硕士学位结束了在哈佛大学公共管理研究生院的生活。

1955.8.20
贾尼丝·路易丝·沃尔克出生。

1957
沃尔克迁居新泽西州的普莱恩菲尔德，以经济学家的身份加入大通曼哈顿银行。

1958.5.10
詹姆斯·保罗·沃尔克出生。

1962.1.8
沃尔克进入财政部，担任罗伯特·鲁萨和道格拉斯·狄龙新成立的财务分析办公室主任。

1963.11.18
沃尔克接替杜威·达恩担任财政部负责货币事务的助理副部长。

1951.3.3

美国财政部－美联储协议重新确立了美联储相对于财政部的独立性。

1951.4.2

威廉·麦克切斯尼·马丁出任美联储主席。

1951—1952

沃尔克成为伦敦政治经济学院的扶轮社成员。

1952

沃尔克成为纽约联储的经济研究员，迁居到纽约的布鲁克林高地，靠近布鲁克林道奇队主场。

1954.9.11

沃尔克与芭芭拉·玛丽·巴恩森在新泽西州的泽西市结婚。

1963.11.22

肯尼迪总统遭暗杀，林登·约翰逊担任总统。

1964.12.31

鲁萨离开财政部，加入布朗兄弟公司。

1965.4.1

福勒接替狄龙担任财政部长。

1965.10.6

约翰逊与美联储主席马丁在白宫发生冲突，要求推迟加息。

1965.11

沃尔克任大通曼哈顿银行的远期规划主任，并迁居新泽西州蒙特克莱尔。

时间线

1969.1.20
理查德·尼克松总统就职典礼举行。

1969.1.22
沃尔克参加与尼克松总统、戴维·肯尼迪和查尔斯·沃克在总统办公室召开的会议。沃尔克被正式提名为财政部负责货币事务(即“世界上最好的工作”)的副部长。

1970.2.1
阿瑟·伯恩斯接替马丁担任美联储主席。

1971.2.11
约翰·康纳利宣誓就任财政部长。

1971.5.28
德国慕尼黑银行业大会上，康纳利首次在国际上亮相。

Keeping At It ▸

1972.5.16
尼克松总统提名乔治·舒尔茨作为康纳利的继任者。

1972.6.23
20国委员会成立，旨在解决国际货币改革问题。

1973.2.12
美元相对于其他主要货币贬值约10%；黄金官方价格升至每盎司42.22美元。

1973.3.9
在巴黎举行的十国集团会议以接受临时浮动而结束。

1973.9
沃尔克主导的新货币体系谈判遭到失败。

1971.8.15

尼克松总统关闭黄金兑换窗口，结束每盎司黄金兑换35美元的官方兑换，以此作为其“新经济政策”的一部分。

1971.9.15

康纳利在伦敦举行的十国集团会议上表示，美国国际收支余额会波动130亿美元。

1971.11.30

十国集团会议在罗马举行。

1971.12.14

尼克松总统与法国总统乔治·蓬皮杜在亚速尔群岛达成一致，对美元进行贬值并调整汇率，但不恢复美元对黄金的可兑换性。

1971.12.18

十国集团达成关于汇率的《史密森协定》；美元贬值，官方黄金价格升至每盎司38美元。

1974.4.8

沃尔克辞职，并表示他将在6月的20国委员会会议结束后离开财政部。

1974.8.9

尼克松总统辞职，杰拉尔德·福特担任总统。

1974.9.11

沃尔克成为伍德罗·威尔逊学院的高级研究员。

1975.8.1

沃尔克出任纽约联储行长。

1977.12.27

卡特总统提名威廉·米勒接替阿瑟·伯恩斯担任美联储主席。

时间线

1979.7.15
卡特总统发表“萎靡演讲”。

1979.7.19
卡特总统提名米勒接替迈克尔·布卢门撒尔担任财政部长。

1979.8.6
沃尔克在美联储接替米勒，米勒成为财政部长。

1979.8.16
美联储理事会将贴现率从10%提高到10.5%。

1979.9.18
美联储理事会将贴现率提高到11%，但七名成员中有三名持不同意见，分别是查尔斯·帕蒂、南希·蒂特斯和埃米特·赖斯。黄金和白银的价格在疯狂的投机交易中暴涨。

Keeping At It ▸

1980.5.22
在未能预见到的经济衰退中，美联储撤销了在3月实施的大部分信贷控制。

1980.10.2
选举前的货币政策收紧，引起总统的温和批评。

1980.11.4
罗纳德·里根当选总统。

1981.1.20
里根就职，任命唐纳德·里甘为财政部长。

1981.1.23
沃尔克在财政部与里根总统共进午餐，一同出席的还有唐纳德·里甘、经济顾问委员会主席穆拉伊·韦登鲍姆等人。

1979.10.2

沃尔克提早离开国际货币基金组织会议，飞回华盛顿。

1979.10.6

联邦公开市场委员会会议通过新的政策方案，在下午6点的新闻发布会上公布。方案包括将贴现率提高到12%，设定新的存款准备金率，以及将新的重点放在控制货币供应而不是短期利率上。

1980.3.14

卡特总统宣布抗通货膨胀计划，包括提交一份规模较小的1981年预算（缩减130亿美元）和实行信贷控制的计划。

1980.3.27

银价下跌导致亨特兄弟大量持有的期货的补充保证金要求增加，威胁到贝奇集团和其他金融机构。

1980.4.28

宾夕法尼亚州第一银行宣布接受由联邦存款保险公司和美联储提供的15亿美元救助。

1982.6.30

墨西哥是世界上最大的借款国，仅对美国的银行欠款就达215亿美元。美联储同意短期互换额度，条件是新任墨西哥总统愿意与国际货币基金组织合作。

1982.7.5

银行监管机构关闭宝恩广场银行，暴露出各大银行在石油贷款中的巨额信贷损失。

1982.8.17

所罗门兄弟的经济学家亨利·考夫曼推翻了加息的预测，宣称短期和长期利率将因美联储放松政策而下降（继第一波士顿银行的艾伯特·沃伊尼洛尔之后）。股市上涨，利率下降。

1982.8.20

墨西哥公使在纽约联储会见了115个债权人，开始了在国际货币基金组织支持下解决拉美债务危机的漫长进程。

1982.10.9

沃尔克在弗吉尼亚州温泉城商业委员会的讲话中，描述了货币政策的变化，而不是反通胀政策的变化。

时间线

1983.6.6
沃尔克与里根总统会面，表示他如果连任，也只会连任一年左右。

1983.6.18
里根总统在上午11点打电话给沃尔克，要求他连任，并在星期六的广播讲话中宣布了这件事。

1984.5.17
伊利诺伊大陆银行获得紧急救助，包括联邦存款保险公司注入的15亿美元资本金。

1984.7.23
伊利诺伊大陆银行获得45亿美元的额外救助，包括美联储提供的35亿美元再贷款，用于帮助联邦存款保险公司购买伊利诺伊大陆银行的问题贷款。

1984.7.24
沃尔克在白宫图书馆与里根总统和詹姆斯·贝克会面。

Keeping At It ▸

1986.3.21
普雷斯顿·马丁辞去美联储职务。

1987.2.22
美国、英国、法国、日本、联邦德国和加拿大之间的《卢浮宫协议》标志着美元在过去两年的贬值结束。

1987.5
沃尔克告诉霍华德·贝克和詹姆斯·贝克，他不想连任。

1987.6.1
沃尔克与里根总统会面，并向他递交了一份书面辞呈。

1987.6.2
里根总统提名艾伦·格林斯潘为美联储主席。

1985.2.4

詹姆斯·贝克接替唐纳德·里甘出任财政部长。

1985.9.22

五国(美国、联邦德国、日本、英国、法国)签署《广场协议》,这是自1973年以来国际汇率合作的第一次重大努力。

1985.10.8

"贝克计划"在国际货币基金组织与世界银行在韩国汉城(今首尔)举行的会议上被提出,该计划修改了解决拉美债务危机的既定方案。

1986.2.24

由普雷斯顿·马丁领导的联邦储备理事会呼吁降低贴现率。

1986.3.7

美联储与联邦德国和日本协调行动,将贴现率下调半个百分点至7%。

1987.7.7

沃尔克在最后一次担任联邦公开市场委员会主席的会议上总结:"我感谢大家的合作,尤其是在最近几年。这是一次与这么多人一起的、狂野的冒险。但它是有效的,而且我相信在你们所有人的智慧和不懈努力下将继续有效。谢谢。"

1987.7.23

沃尔克同意担任国家公共服务委员会主席,以研究其宣称的政府管理中的"无声的危机"。

1988.3.2

沃尔克宣布,他将成为伍德罗·威尔逊学院的教授和詹姆斯·沃尔芬森公司的主席。

1989.3.29

国家公共服务委员会向乔治·赫伯特·沃克·布什总统提交了一份报告。

1990.9.23

在国际货币基金组织和世界银行的华盛顿会议上,沃尔克发表题为"中央银行胜利了吗?"的皮尔-杰科普森演讲。

时间线

1995.6.1

詹姆斯·沃尔芬森成为世界银行行长；沃尔克成为詹姆斯·沃尔芬森公司首席执行官，该公司更名为沃尔芬森公司。

1996.5.22

信孚银行的纽约公司同意收购沃尔芬森公司。

1996.5

知名人士独立委员会（即沃尔克委员会）成立，旨在调查瑞士银行持有的、属于大屠杀受害者的资产。

1998.6.14

芭芭拉·巴恩森·沃尔克去世。

1999.11.12

《金融服务现代化法》于1999年签署成为法律(即《格雷姆-里奇-比利雷法》)，结束了商业银行和投资银行业务的分离。

Keeping At It ▸

2005.10.27

沃尔克委员会发布了一份623页的报告，详细介绍了联合国石油换食品项目的腐败调查结果。

2007.2

沃尔克被世界银行行长保罗·沃尔福威茨任命为独立审查小组(即沃尔克小组)主席，负责审查机构廉政部的工作及其反腐败的成效。

2007.9.13

沃尔克小组向世界银行新任行长罗伯特·佐利克提交了一份报告，呼吁从根本上改革反腐败工作。

2008.1.31

沃尔克为总统候选人贝拉克·奥巴马背书。

2008.11.4

贝拉克·奥巴马当选总统。

1999.12.6

沃尔克委员会发布瑞士银行的"大屠杀时代"账户报告。

2000.5

沃尔克被任命为由19名成员组成的国际会计准则委员会主席，致力于建立国际标准。

2002.2–5

沃尔克担任安达信审计公司的独立监督委员会主席(安达信起诉书于3月14日公布)。

2003.1

沃尔克任职的国家公共服务委员会发布第二份报告。

2004.4.16

沃尔克被任命为独立调查委员会(即"沃尔克委员会")主席，负责调查联合国石油换食品项目中的腐败行为。

2009.1.15

由沃尔克担任主席的30人工作组报告提出了全面金融改革的建议。

2009.2.6

奥巴马总统任命沃尔克为总统经济复苏顾问委员会主席，任期两年。

2010.1.21

奥巴马总统宣布计划在《多德-弗兰克法》中支持"沃尔克规则"。

2010.2.11

沃尔克与安克·德宁结婚。

2010.7.21

《多德-弗兰克法》签署，成为法律。

2013.5.26

沃尔克联盟成立，旨在应对有效执行公共政策的挑战，并重建公众对政府的信任。

睿智的老鹦鹉

多年以前，我听说了一个故事，这个故事和这本书有些联系。

有一个孤独的老人，他的妻子去世了，他的孩子都走了，他的生意也关门了。他渴望有所陪伴，于是决定去买一只鹦鹉。他去了当地的宠物店，指着一只鹦鹉问它是多少钱。

店主说：“这是一只好鹦鹉，要 5 000 美元。”

“一只鹦鹉怎么能值 5 000 美元呢？”

“因为这只鹦鹉的母语是英语，它还会说法语、德语、意大利语和西班牙语，欧盟所有的重要语言它都会说。”

“我老了，不再工作了，我才不在乎什么欧盟呢。给我那边那只年轻的吧。”

“好吧，但是这一只得 1 万美元。”

“它怎么能值 1 万美元呢？它有什么特别的？”

“它虽然年轻，但是它一直在学习。它已经会说普通话、广东话、日语，并且正在学韩语。它是一只21世纪的鹦鹉。”

“我也不会在21世纪活很长时间。角落里那只羽毛脱落、目光呆滞的老鹦鹉要多少钱？它适合我，我买它。”

“我理解，但是它要2.5万美元。”

“这只灰秃秃的老家伙怎么可能值2.5万美元呢？”

“不知道。我们只知道其他鹦鹉叫它‘主席先生’。”

这个故事我可能讲了有上百遍了，这将是最后一遍。即使是现在，我也经常被叫作“主席先生”，实际上我只是几个小型组织的主席——大部分都是“名誉上的”。其中一个组织是我于2013年创办的沃尔克联盟，这是我为鼓励公共服务领域的培训和教育所做的努力之一。偶尔有人在街道或公交车上认出并拦下我时，他们通常想到的是我40年前在华盛顿担任的美国联邦储备理事会主席。当时通胀率上升到了前所未有的水平，失业率达到了10%，利率超过了20%，这一切给人们留下了深刻的印象。

自那之后，我们遇到了很多次金融危机，包括2008年开始的大衰退。随之而来的是金融监管的全面改革，其中包括所谓的“沃尔克规则”。

虽然这些事件对我的人生有重要影响，但是它们并不是我决定写这本书的原因。我的动力来自一个日益增长且范围越来越广泛的担忧：一段时间以来，美国有效治理体系在逐渐走向崩溃。

政党之间（甚至政党内部也存在）的两极分化，财富高度集中影响力的日渐增强，导致公共决策的关键要素失灵。比如，为兵役和退休等各种项目提供资金支持的审慎预算，以及国际事务、移民政策、医疗保健等方面的明智策略都受到了影响。即使是重建基础设施等显而易见的需求，尽管人们一直在谈论，但却似乎也都超出了我们的行动能力。

亚历山大·汉密尔顿在建国之初坚持认为，丧失良好的管理将是对政府的真正考验，考验“施善政的能力和意向”。而今，人们对此却知之甚少。多年来，人们一直缺乏对有效的政府组织的关注——这些组织的工作人员必须是有才干和献身精神的公务员——结果导致过多的故障、极低的效率，以及更关键的——太多的对政府的不信任。民意调查显示，只有 20% 以下的美国人相信政府在大多数情况下是正确的，而 60 年前这一比例约为 75%。

20 世纪 50 年代早期，我初次在政府任职，这对我而言是关乎个人荣誉的事情，对其他人也是如此。当时两个政党都有强有力的领导，在此背景之下，美国支持了欧洲的经济复兴，帮助自由世界恢复了民主，开启了全球贸易和投资之路。结果显而易见：人类的境况得到了空前改善，世界大部分地区实现了人口增长，并且人们比以往任何时候都更加健康、更加富有。

回顾往昔，我不得不承认，美国在领导自由和新兴国家组成的大联盟的道路上，未能完全避免狂妄自大这一不可饶恕的罪行。我们在远离本土的地方发动了长期的、不必要的、最终不可能获胜的战争。我们未能认识到，开放市场和快速创新会给自己大部分公民带来损失。我们认为，富于创新的金融市场能够自我规范。我们想当然地认为，美国具有独一无二的全球影响力，低估了以中国为代表的国家的增长规模、经济实力和雄心壮志将打破美国独特的全球影响力这一简单假设。

20 世纪末苏联的解体和更为开放、繁荣的中国，让我们相信自己看到了一段历史的终结——民主价值观取得了胜利，全世界能够实现永久增长。而今，我们不这么想了。我们历史性的盟友对我们的领导能力感到困惑并提出疑问。传播民主和法治的愿景也岌岌可危。

我在 70 年的成人生活中，有幸参与了美国的国家治理，亲眼看到了它的强大实力，但也亲历了一些大的失误。我希望这本书能够提供一些经验，尤其是在我毕生为之奉献的金融和货币政策方面的经验。

此外，我现在渐渐明白，有一件更为广泛、更为重要的事情：我们需要在美国政府行政过程中全方位地重塑信任。我希望沃尔克联盟能够在这方面起到一些作用。

这注定不是一件容易的事。

第一章

成 长

我是在大萧条中期和第二次世界大战期间长大的，在那样的大环境下，我的早年生活相对来说还算舒适。非常幸运的是，当时我的家乡新泽西州蒂内克市的经济增长很快。我那时年纪尚小，不符合参军条件。今天，回首往事，毫无疑问，我父亲在当地政府中的地位对我的人生观和世界观产生了巨大的影响。

模范城市

“治理是一门科学。本社区的官员和居民一致认为，负责管理本社区的人应该接受全面的治理培训。对此，我感到很高兴。”

这是我父亲——蒂内克市市政经理——在 1948 年对自己为什么要在距退休还有两年时就要聘任继任者所做的解释。

我父亲对于让事情顺利开展非常在意。作为一个德国移民家庭的长子，他在纽约市布鲁克林区度过童年，参与过一些帮派斗殴（以现在的标准来看是比较轻微的）和其他恶作剧，但是大多数时间，他是在严格的古典教育中愉快地成长的。他先在男子高中接受教育，之后是在伦斯勒理工学院攻读土木工程专业。当时，他在体育和学术方面都名列年级前茅。

一份帮助重建纽约州伊利运河系统的工作，促使他来到北部小镇里昂。在那里，他遇到了我母亲——瓦萨学院的毕业生，小镇望族的独生女。他们于 1915 年结婚，并迁居到宾夕法尼亚州的黎巴嫩郡。我父亲被聘任为该郡的工程师。

但他很快就有了一个更大的机遇——政府本身需要“维修”——对于新泽西州的开普梅而言，情况自然也是如此。

那里曾经是富裕的费城家庭喜爱的避暑胜地，甚至有一两位总统也喜欢去那里度假。然而，当时开普梅古老的维多利亚大酒店已失去了昔日的光彩，城市财政濒临破产，当地领导者认为需要进行彻底的变革。1925 年，开普梅成为新泽西州第一个采取新的政府系统的城市：该系统由一个无党派兼职委员会和一位专业的市政经理构成。

我父亲被市政经理这个职务吸引，接受了从混乱中重塑城市秩序的挑战，所以当他加入大批申请者竞争开普梅这个年薪 4 500 美元的职位时，没人感到惊讶。“作为这个职位的首位官员，沃尔克先生无疑会受到整个州的瞩目。”《黎巴嫩日报》在他获得职位当天这样报道。在他 35 岁时，他带着我母亲和我的三个姐姐迁居开普梅，此时距我出生还有两年。

事实证明，他非常适合这个职位——他很快便理顺了城市财政，并且发现了一个诀窍，即用“林荫街道、黄金沙滩”的广告语来宣传“清凉的开普梅，海岸绵延 20 英里”，很好地将开普梅与那些建在没有树木遮蔽的沿岸沙滩、房屋简陋的新泽西度假区区别开来。

往北 40 英里的大西洋城则是另外一番天地：那里面积更大，拥有全国闻名的海滩木板路和码头、金碧辉煌的酒店，以及一流的娱乐项目。一些出资人从 20 年代开始在此地举办选美比赛，开普梅通常会派选手参赛。

任职没几周，我那古板守旧的父亲就因禁止派送选手参赛而上了头条。是的，所有开普梅少女都不应该在那个价值观令人可疑的城市里，穿着泳衣在色眯眯的男人面前展示自己。

其间，新泽西北部的一个规模很大的城市陷入了金融和政府危机，选民决定开除政客，引入市政府委员会 - 市政经理的政府形式。距纽约市 20 分钟车程的蒂内克市在 1930 年聘任了我父亲，他答应同时做城市工程师，但不收取额外的报酬，这给蒂内克市省了一笔钱。

上任之后，他改善了蒂内克市的财政情况。在他 20 年的任期内，蒂内克市经历了大萧条和战争。但蒂内克市的债务却由 500 万美元降低至 180 万美元，且人口数量翻倍。蒂内克市还购买了 95 英亩（约 38 公顷）的公园，并削减了税收。

我父亲戴着眼镜，叼着烟斗，6 英尺 4 英寸（约 1.9 米）高，仪表堂堂，相貌威严。他办公桌后面的墙上，悬挂着用相框镶起来的乔治·华盛顿的名言，以警示那些想讨要好处的人：“不要听任你的善良本性，在本该拒绝的时候却说同意。记住这是一项公务，而不是一项私事，它将受益还是受损取决于你的选择。”

据我所知，他在当地的权威只受到过一次严峻的挑战。当时我还太小，不知道那意味着什么，但是我却清楚地知道，有一天他带着两三个亲近的同事从市政委员会会议上早早回了家——这种情况是罕见的。后来，我了解了完整的情况。

当时，我父亲决定建立职业的警察局和消防局。他告诉委员会，他将从镇外聘用一个新的警察局长。但市长强烈反对，他要求提拔一位当地的老家伙。我父亲拒绝了，坚称法律（我相信大部分内容是由他起草的）规定这项任命是他作为市政经理的职责。

委员会可以将我父亲解雇，但是由于缺乏公众的支持，所以委员会通过停止付薪而模糊处置他。后来这件事被诉诸法庭，法庭很快判决我父亲胜诉。于是蒂内克市有了一位专业的警察局长，而市长失去了影响力，我父亲的薪水也被恢复了。

在礼貌和寡言的背后，是他不露声色的机智和老成的政治直觉。当我稍大一些，有时他会在与市长、议员或其他有影响力的市民商谈事情时带上我。他很重视拜访那些普通的工人，也很喜欢披露信息，因此城镇每个家庭都会收到当地状况的详细年度报告，他会在报告中阐述预算、开支、税收、警车和消防车的数量、城镇设施状况，以及包括他自己在内的雇员的工资。

按照当时的标准，市政经理的工资是合理的，开始时每年约

8 000 美元。后来我才发现，在大萧条中期，我父亲自愿降薪 2 000 美元，在很长一段时间后才恢复上去。

蒂内克市的成功和市政经理这一政府形式，在全国甚至国际上都得到了推广。美国联邦调查局的全国数据显示，蒂内克市的犯罪率为全国最低。《星期六晚邮报》还刊登了题为“蒂内克市没有犯罪活动”的报道。蒂内克市规模庞大的青少年再造项目和职业警察的威力使犯罪率有所降低。在为此感到自豪的同时，我父亲在纽约市妇女俱乐部联合会上做的题为“蒂内克市没有犯罪活动了吗？”[1] 的演讲中明确表示，他对声称“取得绝对胜利”感到不适。

不久之后，蒂内克市被美国陆军从上万个候选城市中选为模范城市，在一个教育被占领国家战后民主实践的展览中亮相。通过专注的、专业的和非政治的管理，我父亲为他父母被战争摧毁的家园树立了榜样，也为我树立了榜样。

虽然他经常表示希望我经商而不是从政，但我不知道他是否真那么想。不管怎么样，我没有听从他的建议。

姓氏继承者

1927 年美国劳动节那天上午 10 点半左右，在新泽西州开普梅，阿尔玛 · 沃尔克生下了一个大胖小子。我的祖父阿道夫 · 沃

1 几乎 45 年之后，在纪念大通胀的皮尔－杰科普森讲座上，我下意识地模仿了这种标题——“中央银行胜利了吗？”

尔克很快发来了贺电：“姓氏继承者出生啦！”

我的曾祖父是德国一座小城市著名高中的校长，有十个孩子（九个男孩和一个女孩）。我的祖父是家族中最先移民到美国的，并很快将几个兄弟带了过来。我是第一个，在很长时间内也是两代人之后唯一一个男性后代。我有三个姐姐（此外，还有一个在婴儿时就夭折了），所以对家族而言这是一个漫长的等待过程。随着我长大，我逐渐意识到，我在家中的特殊性使我感觉我肩负更大的重担。似乎我的姐姐们，甚至我的母亲和父亲，都尽力确保我这个唯一的男孩不会享受任何特权。家人叫我“哥儿们”，这听起来至少比“小保罗”要好一些。

我在孩童时期非常安静，和同伴玩耍时几小时也不说一句话。在我的第一张幼儿园反馈卡上，帕尔默老师（我觉得她很漂亮）写道：“保罗不参与集体讨论。”她的洞察力好强啊！直到今天，这仍是我的一个“顽疾”。虽然我很擅长主持一项会议，但在任何争相引人关注的小组中（不论小组成员是我的姐姐们还是总统顾问），我都会觉得不安。

我的大姐露丝在我的生活中“时进时出”，就像一位在特殊场合出现的神仙教母。我上小学的时候，她已经离开波士顿的西蒙斯学院，开始了她的职业生涯，在伊士曼柯达公司及其附属公司担任科学图书管理员。“二战”期间，她在田纳西州的橡树岭过了几年与世隔绝的日子，这让我们都感到困惑。我们当时一无所知的是，或许她当时也不知道，和她一起共事的科学家正在秘密制造代号为“小男孩”的原子弹（1945 年 8 月 6 日投于广岛）。

她一生都是田纳西州金斯波特文化机构的积极支持者。

我的二姐路易丝情感丰富，具有艺术气质和运动细胞，很有抱负，是骨子里的女权主义者。她要求父母给予她很多关注，这一直让幼小的我很“气恼”（直到现在，我都毫不怀疑她是我那情感克制的父亲最喜欢的孩子）。在取得巴纳德学院和芝加哥大学的学位后，她成为一位社会工作者。她将我引入了艺术和弗洛伊德心理学的世界，她也是我最热心的支持者。1966 年她 47 岁，不幸因癌症去世。

我的三姐弗吉尼亚，性情更为平静，年纪与我也更接近，因此自然成了我儿时的玩伴和知己，有时还是我的“后备队员”。她是我六英尺高[1]（约 1.83 米）的姐姐们中唯一一位结婚的人，有五个孩子，住在很远的地方。后来她和家人迁回东部时，我们又亲密了起来。她于 2011 年去世后，我成了真正的“一家之长”。

在我成长期间，蒂内克市是最坚实的中产阶级城市。这里没有大型地产，甚至没有明显的特别富裕的家庭。这里只有很小一部分可以被列为贫穷地区，但绝对不是贫民窟。这里的大多数男人在纽约市上班，母亲们则在家里照顾孩子，孩子数量很多。这里只有一个黑人家庭。蒂内克市是坚定的共和党支持者，投给共和党与民主党的票数比通常为 5∶1 或 6∶1。[2]

当时美国处于大萧条中，但是我却很难感受得到。横跨哈得

---

1 我们住在朗费罗大道，由于我们个子很高，所以这成了当地的一个“笑料”。

2 蒂内克市现在很自豪地成了多元文化社区，有很多犹太人、黑人、拉丁裔人和穆斯林居民。投给民主党和共和党的票数比为 5∶1。

孙河的乔治·华盛顿大桥刚刚竣工，蒂内克市和相邻城镇的住宅开发项目激增。这一壮观的土木工程丰碑起初为六条车道，现在则是上下两层共十四条车道，对纽约市和周边的新泽西州社区的经济发展起到了重要的作用。可悲的是，近 80 年后，尽管我们的铁路隧道和地铁达到了运载能力的临界点，但我们没有能力构想和实现 21 世纪所需的较小的基础设施。

按照今天的标准，我的视野在很多方面都受限。当时几乎没有航空旅行，乘坐邮轮跨越大西洋需要一周的时间，打长途电话也需要时间，我到纽约州北部去拜访祖父母也要花一天的时间。[1]

但也有好的方面。12 岁时，我可以独自转乘两趟巴士和一趟地铁，从蒂内克市去埃比茨球场观看我钟爱的布鲁克林道奇队的比赛。就算道奇队还在布鲁克林，现在还有哪个母亲会同意让孩子独自去呢？

我的母亲负责操持家务。她平易近人，通情达理，经常耐心地调解我们这些小孩子的争吵，但是她也会制定家庭准则。

我的父亲与我们就没有这么亲密，只有在他钓鱼和解释工程原理的时候，我们才会有和他亲近的机会。他热衷于钓鲈鱼，不管是淡水的还是海水的，这一点遗传自他的父亲。有一天他从学校把我带了出来，第二天送我回去的时候还给老师写了一张纸条，说他认为钓一天鱼至少能抵得上在学校上一天课。

“二战”之前，我们家的惯例是，每年 7 月在新泽西州乡下

1　后来我发现我父母在伦斯勒理工学院和瓦萨学院（当时这两个学校都是顶级学校）的大部分同学，都来坐巴士或坐火车能轻松到达的周边社区。

的湖边租一个配有皮艇、独木舟和户外厕所的小屋。比弗莱克湖有特别大的翻车鱼、鲈鱼，有时也会有大口黑鲈。我父亲经常在周三和周末去钓鱼，我负责在他抛鱼线的时候沿着小岛和河湾划船，他会用假蝇钓竿和鲈鱼虫，或用钓竿和匙状假饵。有一天我独自出去的时候，用假蝇钓竿钓到了一条鲈鱼，这是我第一次真正地感受到钓鱼带来的成就感。

在比弗莱克湖，我从电台里听到卢·格里克在洋基体育场告别其职业生涯的演讲。他向 6.2 万名球迷说他是地球上最幸运的人，他的职业生涯被后来称为卢·格里克病的疾病中断了。现在回想起这件事，我还是会伤感落泪。虽然这位“铁马”是洋基队的，但是对我这个布鲁克林道奇队的粉丝而言，他的确是一位真正的英雄。

比弗莱克湖有一些建得很好的房子，每栋房子都有大型船库和拖着滑水爱好者在湖面上四处奔驰的克里斯游艇。我也想参与这项运动，便向妈妈抱怨：“为什么我们不能拥有一艘克里斯游艇？”

“他们有抵押贷款，”我母亲说，“我们没有。”

这句话是沃尔克家族理财本能的明确表达——它伴随了我一生。

作为市政经理的儿子，我是镇上最容易被认出来的和备受尊敬的市民，但在我看来这也不太好。不言而喻，我应该避免任何可能给我的家庭带来不良影响的事情。我不能像我父亲早年在布鲁克林区时那样参与恶作剧式的街头游戏，也不能和其他男孩儿一起把街灯打下来。即使是铲雪或给公园锄草这样的临时性工作，在他人看起来都像是存在裙带关系。更重要的是，我被严禁去蒂内克餐馆，因为那是喜欢“花天酒地”的人去的地方。

实际上，我的青年时代在社交方面几乎是空白的。我和姐姐们一起生活，但面对其他女孩儿的时候我很羞涩，因此既没有约会，也没有舞会。学术和体育对我而言不是特别具有挑战性，但是我不想成为高中大班上的第一名，因为这会给我带来“书呆子”的称号。我的目标是，要显得悠闲自在。有个篮球赛季，我很自豪没有把家庭作业带回家。但是作为一个身高 6 英尺 7 英寸（两米多）的瘦高个儿，我也没有努力成为一个真正的篮球明星。

在写高级调查报告的时候，我也选择了一个简单的方式：我通过在家里采访我的父亲，来完成对市政府委员会 – 市政经理计划的描述。直到现在，这份报告还很有可读性。

我记得，在上学不久后的一个晚上的家庭会议上，父母问我，如果去一个好的私立学校，会更有挑战性，也更有纪律性，且教育水平更高，这对我是不是会更好？不可能！我在蒂内克高中过得太舒服了，我就要待在那里。

要不要上大学从来都不是一个需要考虑的问题——沃尔克家族的人都是如此，包括我的姐姐们。我们偶尔会被提醒，我母亲是瓦萨学院 1913 届的毕业代表，那一届学生都是当时女子学院的精英。她无比忠于母校，当瓦萨学院考虑加入耶鲁大学并最后改为男女合校时，她非常气愤。她同意弗吉尼亚去韦尔斯利大学是因为——至少，这还是一所女子大学。

有一项家庭政策是从未受过质疑的。连续 16 年，我们在美国最好的教育机构的学费和食宿费，都由父母承担。一旦进入研究生阶段，我们就要自食其力了。

我父亲希望我追随他的脚步去伦斯勒理工学院（1911 年他在伦斯勒理工学院的班级条幅现在还挂在我的捕鱼室）。他认为，好的工程培训所要求的精准性和高度的责任感，能为我从事任何职业奠定基础。

但是突然，一位亲友建议我申请普林斯顿大学——一所远远超出我考虑的常春藤盟校。我上的高中不是一所贵族“预备”私立学校。普林斯顿大学可能会录取公立高中的一位高个子篮球中锋，但是我的篮球技术没那么好，而且我的父亲不同意我申请，他认为我在社交方面会很孤独，并需要竭力在学业上与准备更充分的学生竞争。但是，我决定申请普林斯顿大学。时至今日，我还记得申请表格那厚重的羊皮纸，以及那些象征着财富和贵族的新哥特式校园建筑。

我被普林斯顿大学录取后，还有另外一个困难需要克服。我母亲说每个月能给我 25 美元的补贴，和给我姐姐们的一样多。

“你不知道物价从 20 世纪 30 年代以来就翻倍了吗？”我抱怨道，“我的同学将是有钱的孩子，而且我是男孩，要承担更多的责任。”

为寻求帮助，我给每个姐姐写信，她们许诺会支持我。我还向父亲求援。但是我母亲负责做决定，她态度很坚决，于是我只能拿到 25 美元。

她是我后来在经济学上学到的“货币幻觉”的受害者——无

视通货膨胀对名义货币价值的影响；或者她觉得这对我是一种很好的磨炼。大一期间，我通过在橄榄球比赛时打理热狗摊儿缓解了资金短缺问题。

令我父亲感到些许欣慰的是，他与哈罗德·多兹有泛泛之交。哈罗德·多兹是当时的普林斯顿大学校长兼公共管理学教授，也是全国公民联盟（现为全国市政联盟）的主席，该联盟不仅是地方政府职业化的倡导者，也是将市政府委员会－市政经理模式建立为理想模式的领导者。

我不知道的是，其他两个蒂内克市往届毕业生也被录取了，他们之前在服兵役。1949 届的学生中有一半来自公立中学。受益于美国海军的种族融合 V–12 项目，普林斯顿大学甚至首次招收了一名黑人学生。第二次世界大战对普林斯顿大学的传统产生了一些影响。

我当时还不清楚自己是否需要服兵役。到了应征年龄，我应要求参加了 5 月的体检。在心理上，我处于两难境地。一方面，我觉得我有责任服兵役，在珍珠港事件后，这是美国年轻人的义务；另一方面，很明显战争快要结束了，参加冗长训练的概率都不是很高，更不用提上战场了。

但这个困境很快便得到了解决——军队不再需要超过 6 英尺（约 1.83 米）身高的士兵了。所以，感到些许内疚的我，与同样来自蒂内克市的新同学唐·马洛尼一起去普林斯顿大学北楼的四层大厅上课了。

第二章

接受教育

普林斯顿大学

1945 年 7 月初，当 1949 届新生开学时，普林斯顿大学学生人数是比较少的。很多同学还在服兵役，往届录取的退伍军人开始陆续重返校园，他们看起来与其他学生不同——因为艰苦的经历而更为成熟。不管是新同学还是老同学，我们一起在广场生起了篝火，庆祝日本投降。

我在上大一的时候，害怕赶不上那些可能准备得更充分的预科同学，因此学习非常用功。结果，我取得了高分，包括据说难度较大的数学和科学课程。同时，由于身高优势，我自然加入了新生篮球队。唐·马洛尼也跟上了学业，并成为班级中的迪克西兰爵士乐能手。与我父亲的担心相反，蒂内克高中把我们教育得很好。

但是，没过多久，我的拖延症复发了——直到考试周我才开始好好学习。由于没有进行刻苦的体育训练，我没能成为强有力的校篮球代表队队员，两年间我几乎都是“板凳选手”。我经常在校内打垒球和网球，在宿舍打桥牌和扑克牌，在当地食堂打弹球，日子就这么消磨过去了。

回过头来看，我当时浪费了很多机会。但好在我选学了一些专业要求之外的课程，这在当时是不同寻常的：现代艺术的学习使我如今能区分马奈和莫奈的作品、委拉斯开兹和戈雅的作品、毕加索和布拉克的作品；我至少还知道一点儿索福克勒斯、阿里斯托芬、欧里庇得斯和柏拉图；宪法和世界宗教史的课程至今对我而言依然很有意义。（顺便说一下，我那最小的孙子近期从普林斯顿大学毕业，他已经开始表达出类似的悔意：把太多时间浪费在了打长曲棍球上，错过了太多开拓思维的学习机会。）

我很后悔未和那些所教课程十分吸引我的教授建立起联系，我当时把他们视为只沉浸于自己的研究世界，而没有兴趣与乳臭未干的本科生建立关系的杰出学者。我和他们的联系，仅限于以高分完成期末考试。我现在偶尔也会想：当初为什么老师没有试图与我联系呢？为什么篮球队教练也没有要求我更自律呢？

我对未来职业的犹豫，从我对大学专业的选择中可以看出来。公共与国际事务学院一个相对较新的项目，使为数不多的学生能横跨经济、政治、历史系来自主选择高级课程，而不是只能选其中的一个。

交换条件是必须参加学院的特色项目——研讨会，即由一个小组的学生共同完成一个公共项目的研究，每期的主题在国内和国际事务间交替。由高年级学生牵头，研讨会参与者向指导教师和其他受邀者提交一份最终报告。这是一项具有挑战性的任务。每个人都需要研究这个主题的一个方面，然后把通过协商讨论的观点整合成最终的研讨会报告。

对我和很多同学而言，这也是普林斯顿大学教育中最让人难忘的部分。我学习了罗斯福新政中某一项目所面临的政治和官僚挑战，研究了美国应该如何应对被内战分裂的中国。不论以何种方式，公共与国际事务学院（后来更名为伍德罗·威尔逊学院）一直都保持着这一优良传统。后来我从自己的一些学生那里了解到，这一传统被他们视为本科生涯的巅峰。

20 世纪 60 年代，一份非常慷慨的礼物使一个研究生项目得以成立，用捐赠者的话来说，该项目致力于“为在政府任职的人提供培训和教育”。在我的职业生涯中，我两次回到伍德罗·威尔逊学院授课，并在离开美联储之后成为该学院的终身教授。（美联储本身也是在普林斯顿大学校长伍德罗·威尔逊担任美国总统后成立的。）

使伍德罗·威尔逊学院成为公共服务领域的研究生教育领先者，这一直是我的追求。从伍德罗·威尔逊时代开始，普林斯顿大学的座右铭就是“为国家服务”。在学校诞生 250 周年时，座右铭扩展为“为所有国家服务”，在我看来，这有点儿过于雄心勃勃。20 年之后，它又改为“为国家服务，为人类服务”，我认为这太自命不凡了。

我的专业不是经济学，从我后来的职业来看，这可能有些奇怪。我也没有选修众所周知的经济学入门课程，几百个学生一起上的大型入门课程对我来说不太具有挑战性。考虑到之前在学业上的成功，我决定在大二时直接跳到最高级的经济理论课程，这一课程仅限于一二十个更年长、更有资质的学生。

这确实需要努力学习。同样需要努力的另一门课程是传统货币学和银行学。这两门课程都由来美避难的奥地利古典自由学派杰出学者——奥斯卡·莫根施特恩和弗里德里希·卢茨授课，他们强调包括东欧的路德维希·冯·米塞斯和弗里德里希·哈耶克在内的自由市场倡导者的著作。虽然听起来不可思议，但我记得他们没有提到约翰·梅纳德·凯恩斯及其倡导的英国传统积极政府经济监管政策的相关理论。

我学习了很多当时的标准经济学课程，包括劳工学、公共财政、会计和产业组织等，但是只有货币学、银行学和货币政策真正引起了我的兴趣和关注。资产负债表井然有序地列出资产、负债和资本，其精准性唤起了我的秩序感；货币供给和“自然利率”的重要性也显而易见。

直到今天，由贪婪、冒险、理性（或非理性）预期、会计违规和监管失误组成的现实世界，冲击着教科书的世界。有序的、充满竞争的自由市场的逻辑显然需要一些限制。

我不记得当年是否和我的母亲讨论过经济学，现在我才意识到，我当时应该这么做。我最近发现她有本 1911 年出版的经济学教科书《经济学概论》，该书由瓦萨学院教授赫伯特·埃尔默·米尔斯撰写。这位教授当时对经济学理论描述之清晰，让我震撼，那是在美联储成立两年之前。更让我惊叹的是我母亲在书页边潦草的笔记——显然她是一位积极热忱的学生。鉴于我后来的职业生涯，她写下的其中一句话特别具有预见性："如果我们忽视了心理等因素，经济规律就不可靠了。"

当时，我在普林斯顿大学面临的最大挑战就是写毕业论文。我不能再求助于家庭，不能再简单地写市政府委员会－市政经理这一政府形式的优点了。

由于我在普林斯顿大学上学时间较早，1948 年 2 月，我升入了大四。整个春天，我都虚度了。夏天，我在纽约做了一份文书工作。9 月，我回到学校，继续最后四个月的学期，这时论文主题还未确定，我也没做任何研究。不知怎的，我想到了写成立于 35 年前的美联储。当时中央银行政策越来越成为公众争论的焦点。我喜欢货币学和银行学课程，学习资料也非常多，但是我连一个手指头都还没动。

我还记得第一次去见指定导师弗兰克·格雷厄姆的情形。我不知道他恰巧是美国国际贸易学术界的权威之一，且他坚信物价稳定应是公共政策的关键目标。当我告诉他我的想法，并表示担心时间不够时，他安慰我说："别担心，离 5 月还早呢。"

"但是我是要在 2 月毕业的。"

"这样啊！那我们最好赶紧开始。"

在我的学习生活中，我第一次缩在刚刚建成的燧石图书馆的一个小研习间里开始写论文。我从沃尔特·白芝浩——这位 19 世纪中期的英国作家将历史悠久的英格兰银行恰当地定义为"最后的贷款人"——入手，研究了中央银行的起源、理论和实践；我查阅了“真实票据学说”、维克塞尔的“自然利率”、美联储贴现率、公开市场操作和法定准备金之间的实践关系，以及后来被用于消费信贷的“选择性”信贷控制的作用等。这些都是我研究的对象。

到 11 月中旬，我每周在黄色的便签纸上写出一章（就像现在这样，但现在的字迹更难以辨认），每周四或周五我会向格雷厄姆教授提交一稿。他总会在每周一将稿件返回，并附上有思想的建设性评论。

现在哪有学生敢向他的教授提交如此不完整且字迹潦草的材料呢？又哪有教授回复得如此迅速且评论得如此有建设性呢？

格雷厄姆教授对我的论文给予了持续不断的支持，并一直鼓励我，认为我具有成为经济学学者的潜力。最后他将我的论文评为最优等，这是最高荣誉。他还不厌其烦地敦促我申请著名的马歇尔奖学金等其他研究生学习机会。

现在读起来，我论文中的某些部分有些令人尴尬，关于战后金融市场和政策迂回转折的细节比较难懂，但是对于美联储成立之后中央银行理论和实践的回顾能够提供一些有益的视角。值得注意的是，论文结论中关于物价稳定的重要性和货币政策的关键角色的论述，同样适用于今天。

当时的美联储政策，致力于维持 20 世纪 30 年代以来建立并贯穿“二战”时期的低利率模式。继续保持大萧条时期的“宽松货币”政策似乎对财政部非常重要，对哈里·杜鲁门总统而言更是这样，当时的利率与 2008 年金融危机后的利率非常接近。借贷成本维持在低位，金融市场保持稳定。杜鲁门总统记得，当他购买的支持“一战”的自由债券后来贬值时，他觉得受骗了。（利率上升时，债券价格下跌；利率下降时，债券价格上升。）

政治压力（包括直接来自总统的）和经济放缓的可能性（尽管当时统计数据并没有显示这样的迹象），使美联储不愿意采取减少货币供应量的措施，哪怕是很小的措施。在此方面，当时和今天有太多相似之处：很多时候，中央银行都对在早期应对通胀压力犹豫不决。就在我写下这段话时，美联储正面临这个反复出现的问题。

在我的普林斯顿大学象牙塔中，我毫不关心这些政治考虑。论文的结尾强烈建议将物价稳定作为中央银行的核心目标，并使其独立于党派政治。下意识地，我的职业道路已定。

哈佛大学

从普林斯顿大学毕业后，我当务之急是找一份工作。离研究生开学还有八九个月的时间，所以做实习工作比较合适。我天真地坐火车去了华盛顿，花了一两天时间到有可能对我这个可能在未来成为经济学家的新人感兴趣的联邦机构应聘。当然，通常我连最初级的人力官员面试都没有通过——除了美联储。

我想应该是我以美联储为题的毕业论文引起了他们的注意，两位资深美联储经济学家对我进行了长时间的面试。（很多年后，我与这两位经济学家还一直有联系。）我对这种关注感到开心，但是结果却是注定的：联邦储备理事会的研究部门不聘用本科生。我必须成为研究生后，才能在那里实习。（很长时间以来，直到现在，要敲开研究部门的大门，必须具有博士学位，但当时并不需要。）

回到纽约，我到几个主要银行的经济研究部门去应聘。一位住在蒂内克市的纽约联储[1]副行长，碰巧与我的父亲聊了我的计划，之后他特地为我安排了一场面试。我的转机来了。

我开始在那里实习，我的小办公桌就在速记台旁边，旁边的新同事给我讲了很多关于他的岳父阿瑟·伯恩斯教授的故事。伯恩斯教授是商业周期领域的权威人士，写过严厉批评凯恩斯经济学的评论，我当时一点儿也没想到我们之后会有很多交集。我早期的美联储生涯还让我认识了艾伯特·沃伊尼洛尔和亨利·考夫曼，这两位后来都成为华尔街的经济权威人士，因为对经济衰退的预测，他们有时被称为“悲观先生”或“末日博士”。

我有实际工作要做，主要是长时间地操作当时的机械计算机计算数据。当我离开纽约联储去读研究生时，我已经能非常熟练地计算复杂的“美联储浮动”[2]和“流通中的货币”的季节调整模式的数据了——这两个因素会影响商业银行的准备金数量。虽然这是常规的数据处理，但对于决定纽约联储交易平台每天应该购买或出售多少政府证券，以维持期望的商业银行准备金水平，却是

1　纽约联储是 12 个地区性储备银行之一，这 12 个地区性储备银行与在华盛顿的由七名成员组成的联邦储备理事会共同构成美国联邦储备系统。

2　美联储浮动是指由于两个机构的未清算支票显示为一项资产而导致对美国货币供应量的过度估计。这种支票的“双重核算”发生的原因是，美联储通常在出示支票后的一两天内将支票的金额记入银行账户的贷方。然而，通常同一张支票实际支付给开证行的时间略长。其结果是，支票金额在收发机构的账簿上显示为一项资产。——译者注

必须具备的技术。简而言之，准备金水平直接影响一国的货币供给（货币数量），并间接影响短期利率（货币价格）。[1] 我当时需要辛苦花费数小时的工作，现在用一台编好程序的计算机几秒就完成了。

与此同时，我应该做出选择：去哪所高校就读研究生呢？我首先想到了哈佛大学引以为傲的经济学系，但哈佛大学法学院似乎也是不错的选择；或者去耶鲁大学，它的法学院明显偏重于公共政策。基于我在普林斯顿大学的成绩，这三个院系都对我开放。于是，像往常一样，我的拖延症又犯了。

最后，哈佛大学法学院和经济学系研究生院都发现我被它们同时录取了，所以我必须做出决定了。机缘巧合，相对较新的哈佛大学公共管理研究生院会为刚毕业的大学生提供一些管理奖学金。我记得奖学金为每人 1 200 美元——这几乎足够生活了，远远超过我能从其他地方合理得到的数目。另外，像在普林斯顿大学公共与国际事务学院那样，我在选课方面有很大的自主权。

我能选择想上的所有经济学课程，还能取得政治经济学博士学位。学校雄厚的经济学师资队伍接管了立陶尔中心，即新的公共管理学院所在地。我可以与为数不多的立陶尔中心学生一起上经济学研究生课程，或去公共图书馆学习。

这就是接下来两年我要待的地方。或许潜意识里，我的拖延症又一次起到了“好”作用。

1　随着时间的推移，如后续章节所述，美联储的重心不再是货币供给和控制利率。

当时，普林斯顿大学经济学系和哈佛大学经济学系是两个不同的学术世界。哈佛大学的主要教授痴迷于约翰·梅纳德·凯恩斯及其《通论》。其领军人物阿尔文·汉森[1]在他的讲座和著作中清晰明了地阐述了凯恩斯主义，用简单的图表和计算精确地解释了凯恩斯的“消费函数”和“投资乘数”是怎么相互作用的。一位高年级学生劳伦斯·克莱因设法将这些用一个更为正式的数学公式来表示，这可以说是“计量经济学”的早期应用。

作为实证判断的结果，阿尔文·汉森自信地宣称，在经历了多年萧条后，美国经济陷入了“长期停滞”。只有战时开支和巨额的联邦财政赤字，才能将美国从大萧条中解救出来。政府赤字开支需要继续保持下去。

“二战”和朝鲜战争期间，两次上升的通货膨胀率都没有被视为严重的威胁。实际上，一位名气略低的教授阿瑟·史密西斯每周都在演讲中强调在经济中保持通胀偏差的重要性——也许每年只有2个或3个百分点，但是通货膨胀仍然存在。

他们是非常敬业的老师，但是我并不认同他们的某些分析。在我看来，复杂的经济现象不能被如此简单地归结为少数几个变量。是的，新的私营部门投资机会会再次刺激经济，但是这毕竟是资本主义的历史，并且，政府诱发长期通胀——故意每年使本国货币略微贬值——的经济目的是什么？这一行为是否符合道德

1 阿尔文·汉森通常被称为“美国凯恩斯”，哈佛大学经济学教授，是政府有影响力的顾问。他帮助建立了经济顾问委员会和社会保障体系。其最出名的地方是20世纪30年代为美国引入凯恩斯主义经济学。他主张通过减税刺激投资和经济增长。——译者注

规范呢？我的母亲应该能看透这一点。

哈佛大学和附近的“新贵”麻省理工学院经济系，成功地吸引了大批年轻学者，包括詹姆斯·托宾、詹姆斯·杜森伯里、鲍勃·索洛等。我有时也会见到麻省理工学院的保罗·萨缪尔森，当时他已经是备受尊敬的经济学家。获得诺贝尔经济学奖后，他们开始质疑汉森那些过于简单的结论。但是与其他学者一样，他们也在给政界灌输凯恩斯主义的过程中起到了关键作用。

与此同时，我也能接触到历史更悠久的奥地利传统理论。戈特弗里德·哈伯勒和威利·费尔纳教授国际贸易、金融和高级经济理论，他们不是通胀论者。多亏他们退休后在华盛顿智库任职，彼时奋力抗击通胀的新任美联储主席才得到了宽慰和支持。

约翰·威廉斯提出了另一个与阿尔文·汉森相反的观点。他们当时一起主持著名的财政政策研讨会，与学生和嘉宾就时下热点展开辩论。威廉斯当时每周有一半的时间在纽约联储做顾问，他在制度方面很有想法，本能地怀疑抽象的理论。

当时，他主要对汇率管制协定持怀疑态度，该协定是由 44 个国家的经济特使在新罕布什尔州的布雷顿森林召开的峰会上达成的。1944 年 7 月，在“二战”战火肆虐欧洲和亚洲时，会议代表们在华盛顿山酒店用了两个星期的时间，建立了他们希望能够避免再次发生大萧条和世界大战的全球经济合作体系。正如时任财政部长小亨利·摩根索在他的开幕致辞中所说的：

> 我们都亲历了这个时代巨大的经济悲剧。我们目睹了 20

世纪30年代世界范围的萧条。我们看到货币混乱在各国的蔓延，它破坏了国际贸易、国际投资甚至国际信仰的根基。我们看到失业和不幸——工具的闲置、财富的浪费。我们看到在一些地方，受害者受制于煽动者和独裁者。我们看到困惑和苦难成为滋生法西斯主义的温床，最终导致了战争。

所以赌注是非常高的。战后的和平与繁荣似乎取决于维持峰会所达成的布雷顿森林体系。当时仍被视为所有货币基础的黄金，被设定为35美元每盎司。所有其他国家的货币与美元保持固定汇率，美国财政部承诺按需以35美元的价格将任何国家持有的美元兑换为黄金。

但是，威廉斯对在布雷顿森林成立的国际货币基金组织能够维持和执行新的汇率体系持怀疑态度。在他看来，需要更多非正式的合作，美国和英国首先应达成一致，因为这两国的货币是全球通用货币，是所谓的储备货币。

后来很多年，我都试图证明他是错误的。其实，我本应更认真地聆听他的理论。

在哈佛大学的第二年，我住在一个新的研究生宿舍里，我们的学术和社交生活都很丰富。当时我们很容易就能去波士顿享有盛名的德根公园餐厅或老龙虾屋美餐一顿，我记得花费不到10美元；或去声名狼藉的老霍华德滑稽歌舞屋（那儿早就被拆除了），这在当时是哈佛大学的一项神圣传统。而我当时仍然太羞涩了，只偶尔与韦尔斯利学院的女孩儿约会。

我记得，当时学生几乎一致不认可资历不够深厚的哈里·杜鲁门总统。他来自堪萨斯市，该市以地方政治腐败而“闻名”。但是我们中的大多数人都渴望在政府部门任职。我就是这样，毕竟我在公共管理学院学习了一些政府事务方面的必修课程。我那些单纯主修经济学的朋友，也有意去华盛顿工作。

我当时故意没选一门课程——计量经济学（但这门课程后来主导了经济学）——当时是最后一年学校不要求经济学博士生学习这门课，这门课研究的是一种新的、“更为科学的”、数据驱动型的经济分析方法。当时我觉得这是一件好事。我可以学习一些更高级的统计课程，而不认为我还需要提升数学水平。

而此时，来自不同大学的计量经济学专家组成的团队，正帮助美国财政部研究如何估算税收。作为哈佛大学的成员，我的任务是收集原始数据，并通过计算机来计算“回归方程”。幸运的是，我能够近距离接触团队领导者，从而了解了计量经济学的思维方式、方法和缺点。直到最近，在我看来关注人类心理的行为经济学学派的崛起，才对计量经济方法的主导地位形成了挑战。

学年结束时，我通过了政治经济学博士资格考试。我当时的计划是出国，很可能是去英国研究美国和英国货币政策和银行监管的不同方法，并撰写相关论文。

财政部承诺，如果我回国，它会在我回国后给我提供一个永久职位。虽然这看起来很诱人，但是我当时并没有准备好做出回应，于是我们采取了折中方式：我成了财政部的雇员，但能休假一年。那一年在一方面是有意义的：40 年之后，它给我带来了点儿退休福利，让我的政府养老金金额多了点儿。

伦敦政治经济学院

新成立的扶轮基金会奖学金，使我到美国之外求学的计划变得更容易实现了。

申请必须由当地扶轮社发起。我的父亲是蒂内克市扶轮社的一名积极成员，他做了 20 年市政经理后，刚刚退休。他的一些朋友认为我符合申请条件。

申请奖学金时，我必须选择一所大学并提交合理的学习计划。考虑到我对中央银行感兴趣，再加上我不能流利地使用其他语言，英国显然是不二之选。牛津大学和剑桥大学已经有扶轮学者了，所以我选择了伦敦政治经济学院。该学院的教职工对金融有浓厚的兴趣。能住在伦敦这个世界上最大的城市之一，对我也很有吸引力。

我乘坐荷兰至美国航线的新阿姆斯特丹号邮轮到达了欧洲，花费了 75 美元，历时 5 天。首先，我和两个姐姐一起漫游欧洲（行程很短）：罗马、威尼斯、帕多瓦、维罗纳、热那亚、里昂、兰斯、沙特尔和巴黎。路易丝已经在富布赖特奖学金的支持下在牛津大学学习了一年，她准备回国——用她的话说是：回到暖和的地方。对露丝和我而言，一切都是新鲜的。即使是这样，我们还是很理智、很节俭。多年以后，我后悔当时拒绝了路易丝在法国里昂附近的费尔南德·波因特金字塔餐厅大吃一顿的提议，这家餐厅在当时及此后很长时间以来都被认为是法国的顶级餐厅之一，传奇主厨保罗·博古斯的早期职业生涯就是在那里度过的，但露丝和我因为在此地用餐花费太多而否决了路易丝的提议。结果是，在欧洲的一年将要结束时，我发现资金还有结余。后来我花 40 美元在萨维尔街定制了一套西服，在哈罗德百货商场定做了一件浴袍（65 年后的今天，我还偶尔穿一穿，以怀念美好的往昔）。

到伦敦后，我很快就安顿了下来。我记得扶轮津贴为 2 000 多美元，这在当时足够支付很多开销了。伦敦市中心提供住宿和次日早餐的旅馆，每周费用为 3 英镑（约 8.5 美元）。房间干净整洁，但床对我来说太短了。电热水器每使用几小时就需要支付一先令。价格主要贵在地理位置上了。

战争只过去六年，伦敦还远未重建好。我的生活条件比英国当地学生好，对他们来说，伦敦市中心的住宿太贵了。他们住在城郊，很多人还得上班。伦敦政治经济学院研究生的构成是真正国际化的，其中只有一半是英国人，还有一部分学生来自曾经的大英帝国的辐射范围。

那一年很精彩。我了解到，英国仍然根据口音和职业严格划分阶层。外国学生通常被假定为绅士，在邮件中会以“先生”相称。政治很令人激动——在温斯顿·丘吉尔赢回议会的那晚，我与几个新认识的工党朋友一起“拉票”。英国各地的扶轮社有时会邀请我去做客，通常是去过一个周末，所以我有足够的机会体验英国中上层的生活。

我的拖延症陋习让我在学术方面吃了个教训。英国银行业和金融市场的权威学者是理查德·塞耶斯教授，他是英格兰银行历史学家，后担任某官方委员会主席，该委员会报告货币政策的适当（在他看来，也是有限的）作用。像普林斯顿大学的弗兰克·格雷厄姆一样，他也是我的导师。

过了几个星期，我不能再拖延着不去见教授了。教授这个头衔，在英国大学中的地位比在美国大学中更高。当听我说明了来意后，他以多年的经验问了一个问题："你是来学习的，还是来玩儿的？"我倒吸了一口气——毫无疑问，我夸大了自己对学术的投入。

我定期参加塞耶斯教授每周的研讨会，他经常会邀请"伦敦城"（银行和其他金融机构）的领导者参会。一位受邀者强有力的观点在我脑中挥之不去，他指出，国际银行和自由货币市场被战争有效地关闭了，但是它们正在卷土重来，20 世纪 20 年代末的投机和过度的风险承担现象会重现。他警示，如果能将不可避免的危机集中于有官方监管的银行体系，而不是没有官方监管的银行体系外部，就能更容易应对危机。

后来，我在区分可控的拉丁美洲银行危机和极具破坏力的亚洲货币危机时，想起了这个警告。20 世纪 80 年代爆发的拉丁美洲银行危机中，美国和外国银行发现它们在拉丁美洲国家和其他新兴市场有大量的贷款得不到偿还。十多年后，亚洲爆发了一场破坏力极强的货币危机，具有传染性的货币投机和国际资本流动，导致情况更为复杂。

利用学期之间的假期与一两个朋友前往欧洲，这个诱惑是难以抵挡的。德国的主要城市大部分还是废墟，慕尼黑市中心被夷为平地，我住的宾馆房间位于地下室。我没能见到我的远亲，没能确认我是沃尔克姓氏的继承人。在欧洲大陆的旅行，使我更深刻地认识到，美国能够免遭战争蹂躏是多么幸运，并且在当时一些欧洲国家仍有转向东方寻求苏联支持的念头时，美国继续捍卫民主价值观是多么重要。

春天来临时，我终于开始认真研究我的论文了。塞耶斯教授为我联系了英国商业银行高管。到现在，我还保存着一些 5 英寸 ×7 英寸的档案卡，上面记录着我与银行高管关于英国和美国中央银行对比的谈话。

或许想一想就知道，对一个不知名的美国学生来说，英格兰银行本身不是那么容易接近的。剩余的时间不多了，但我神魂颠倒地爱上了一个热情且才华横溢的英国研究生，因此完成论文的想法渐渐地被我抛诸脑后。

另外一个问题不能再拖了——美国财政部和纽约联储都想知道，我是否准备回国。

我结识了一位年轻的美国人萨姆·克罗斯，他当时是美国驻伦敦大使馆助理财政专员。我觉得对新人而言，这是一份舒适且有趣的工作，按照英国标准衡量的薪水很高，还能接触到很多有意思的政策问题。所以，以初生牛犊的自信，我告诉财政部，如果能够将我任命为萨姆的继任者，或者把我派到以迷人的异国情调而闻名的贝鲁特，那我就愿意回去。

当时的回复很明确：应该由财政部而不是新员工来决定人员的工作所在地。于是，我的工作定下了。我回到纽约联储，职位是“C级经济学家”，级别很低，但仍能接触到后来成为我终生关注点的政策问题。

第三章

早期经历

1952年，我回到纽约。虽然已经过了投票时间，但我仍能感受到阿德莱·史蒂文森竞选总统时在我的同龄人中激发的热情。他敏锐机智，有在华盛顿之外的相关工作经历，与沉闷的德怀特·艾森豪威尔相比，他非常振奋人心。这足以促使我加入民主党。现在维基百科上我的简介中还有这一条，虽然我在几十年前就摈弃了政治党派。

感恩节晚餐对蒂内克市的沃尔克一家来说是一项盛大的、热闹的家庭活动。那一年，我的前室友唐·马洛尼在晚餐快结束时出现了，和他一起来的是一位名叫芭芭拉·巴恩森的剑桥大学彭布罗克学院的研究生，她是马洛尼在宾夕法尼亚大学医学院同学的妹妹。她后来说，她只是在刚到时被我对英国女王的传统祝酒词吸引。芭芭拉很漂亮，和我一样有一种玩世不恭的幽默感，况且我原来的女朋友仍在遥不可及的伦敦，于是我和芭芭拉·巴恩森相爱了。我们在两年内就结婚了，芭芭拉搬到布鲁克林高地和我一起住。布鲁克林高地位于纽约联储和埃比茨球场中间。没过多久，她也和我一样成为布鲁克林道奇队的球迷了。

纽约联储

对于一个对金融感兴趣的年轻经济学家而言，美联储尤其是纽约联储，是一个绝佳的职业平台。纽约联储也为处于早期学术生涯的经济学家提供一年左右的短期职位。午餐时会有很多非正式的辩论和讨论，艾伦·格林斯潘有时也会加入我们，当时他刚开始他的顾问生涯。

在美联储内部，我记得有一个信条从未被质疑过，即美联储的首要职责、有效经济政策的基石是维持货币稳定。阿瑟·史密西斯和阿尔文·汉森认为，轻微通胀是一件好事，但他们的观点在美联储完全得不到支持。

从大萧条时起，美联储一直维持着有史以来的最低利率（三个月国库券利率为 3/8~5/8 个百分点，长期债券利率为 2.5 个百分点），甚至在“二战”和朝鲜战争早期出现通胀时也是如此。我在毕业论文中严厉责备了这种在维持低利率的政治压力下，无视中央银行维持物价稳定职责的懦弱行为。如果美联储就是这样对待自己的职责的，那它还不如加入财政部好了！最后，在与财政部和杜鲁门总统的公开冲突之后，美联储的独立性才得到确认。这是在 1951 年，距离我在本科毕业论文中呼吁美联储的独立性已经过去了两年多。

联邦储备理事会新任主席威廉·麦克切斯尼·马丁在还是财政部助理部长时，协商签署了“协议”，从而使美联储摆脱了财政部的监管。他开始大力强调美联储维持物价和金融市场稳定的职责，他那句中央银行的职责就是“在聚会渐入佳境时收走大酒杯”的名言已成为中央银行的共识。

1952 年，物价已基本恢复稳定，随之而来的是 15 年的经济增长和低失业率。当然，其间曾有三次短暂的不景气，很大程度上是因为过度建设房屋和库存购买的反复出现。总体而言，美国经济增长强劲，物价稳定。这也让我的一些哈佛大学教授放心了，美国没有像他们担心的那样陷入长期经济停滞。

我到纽约联储没多久，米尔顿·弗里德曼便崭露头角，他对自由市场和纯粹“货币主义”的优点进行了有力的阐述。货币主义的政策建议——找到最佳的货币供给增长率且不论发生什么都要严格盯住——充其量只能说是天真的且是危险的误导。将这样一个固定不变的几乎机械化的准则用于经济政策传导，本质上意味着抛弃美联储的人为判断。毫不奇怪，货币主义方法在我新的美联储同事眼中显然已经过时了。

我花了一些时间试图去理解“货币供给”和经济活动的长期性和周期性关系。弗里德曼宣称，他的分析清楚地表明，货币因其流动性良好并被广泛接受，作为一种受青睐的资产，随着时间的推移，其供给会比也应该比以国民生产总值[1]衡量的经济增长率

1　国民生产总值指一国居民一年内生产的所有商品和服务的总市场价值。

增长得更快。用当时的术语说，即货币的“流通速度”会降低。事实上，莫说后来的几十年，即使是在当时，趋势也是相反的。

更重要的是，在短期内，规则的变化使我们很难准确定义“货币”的含义。支付利息的储蓄存款账户与活期存款一样吗？那么，短期的“定期存款”（如存单）又如何呢？结果，随着规则的变化和时间的推移，我们最终得到了两三个可供选择的货币计量方式，即 M1、M2、M3 等。

弗里德曼比我年长 15 岁，比我矮一些。毫无疑问，他在我遇到的最教条、最具说服力的经济学大师中居于首位。他对自由市场和货币主义的简单倡导，如果不是在分析方面，则几乎不可能在辩论中受到挑战。作为密歇根湖附近的芝加哥大学教授，弗里德曼领导了货币分析“淡水派”运动，与美国东西海岸大学的“咸水派”经济理论抗衡。在他的阵营中，有一位年轻人叫乔治·舒尔茨，时任芝加哥大学商学院院长，后任职于尼克松和里根政府。弗里德曼于 1976 年获得了诺贝尔经济学奖，虽然获奖原因不单单是他在货币政策方面的研究。

我逐渐认同了弗里德曼的基本观点，即虽不能准确定义，但货币供给对于通胀过程具有根本性意义。很多年后，作为美联储主席，凭借对这种关系的常识判断，我试图阐明货币约束是有力打击通货膨胀的关键。但是，当从报道中看到年逾 90 岁的弗里德曼承认他或许过分强调了货币、物价和经济活动的稳定关系时，我备感欣慰。虽说在我看来，这有点儿晚。

不拘礼节不是纽约联储的特点。上自主席，下到初级官员和管理人员，所有人按层级分开，并且实际上，大多也按楼层分开。研究备忘录在层级间传上传下，很少有主席本人的简短批注，也很少开会。

我参与了试图打破现有氛围的努力。美联储系统内部的养老金项目管理机构，由从 12 个地区联邦储备银行中选出的代表构成。在纽约，这一职位通常经无争议投票后由一名副主席担任。所以，当 1943 年进入纽约联储的玛德琳·麦克温尼决定竞选这一职位，并请我担任她的竞选经理时，情况就不同寻常了，她在研究方面的资历较高。

我们工作得很愉快。我临时凑了一个四人团队，在每层（除了“神圣”的行政楼层外）进行游行，向每位员工散发写有“麦克温尼必胜”的竞选胸针。我们扩大了我们的“竞选基础”。会说一口流利的波兰语的统计员维克·米尔科维茨，帮我们在波兰移民占多数的晚间保洁员中拉票。结果麦克温尼大获全胜。[1] 她同我和芭芭拉在我们位于布鲁克林高地的公寓里举办了庆祝活动。

后来我被安排组织年度员工圣诞聚会，地点在时代广场的老阿斯特酒店，我们还请了一支盖依·隆巴尔多风格的乐队，有 1 700 多人参加了聚会。后来，或许马丁主席“收走大酒杯”的规定使聚会暂停了。不管怎样，后来管理层认为，纽约联储不需要延续圣诞聚会这一传统了。

一位相对年轻的纽约联储官员成为学术和政策上的领导者。

---

1 玛德琳·麦克温尼在其他方面也是先驱者。1960 年，她成为第一位美联储女性官员，并管理纽约联储新成立的市场统计部门。20 世纪 70 年代，她帮助筹建第一妇女银行并出任董事长。

罗伯特·鲁萨，一位打领结的密歇根大学经济学博士，因为曾在“二战”期间任职于美国战略情报局（中央情报局的前身）的一个情报部门而没能获得罗德奖学金。他比我年长九岁，当时是一位擅长表达的经济分析师，在系统内的政策辩论中具有强有力的发言权。鲁萨在随后的几年称，是他安排了我在纽约联储的工作，对此我记不太清楚了。但毫无疑问的是，他成了我的导师。

起初，我的工作主要是中级经济学家的那些典型工作——分析银行数据，做些经济预测，回答法规相关问题，为制定政策的联邦公开市场委员会相关会议准备背景材料。作为鲁萨的“勤杂工”，我曾经被他安排为一位将要退休的资深副主席罗素写一首纪念诗。我隐约记得，我以鲁德亚德·吉卜林的《丹尼·德弗》一诗（该诗描述了即将被执行绞刑的英国士兵的步伐）的特有格律为基础。幸运的是，鲁萨和罗素都不太熟悉吉卜林。

几年之后，鲁萨不知怎么安排我去参加一次在华盛顿举行的联邦公开市场委员会会议。能在现场看到马丁主席如何行事是一项罕见的特权。他让其他委员会成员发表意见，然后发表总结，以“我很高兴我们达成了一致。以下是我们的共识……”开头。对我而言，首次参加联邦公开市场委员会会议的经历，给我上了一堂有趣的“如何掌控会议”的课。

后来我了解到，尽管马丁为人十分友好和谦逊，但在涉及政策和维护美联储独立性时却十分强硬——他是我心目中的英雄之一。几十年后，长期担任美联储主席助理的凯瑟琳·马拉尔迪，会在她认为我受到工作压力影响时，鼓励我去马丁那里寻找慰藉。

更加出乎意料的是，我在纽约联储时，鲁萨曾说服纽约联储高层，允许我在交易柜台工作，作为对我教育培训的一部分。

交易柜台是最神圣的地方，那是美联储在扩大或缩小商业银行在联邦储备银行准备金数量的过程中，购买或出售国库券的地方。（购买国债意味着美联储提高准备金账户余额，出售国债则意味着减少准备金。[1]）准备金总量既影响经济体中的货币供给，又影响利率，这两个变量反过来也影响经济活动。简而言之，交易柜台就是将政策付诸市场实践的地方。

只有少数幸运儿被允许进入金融交易室：指导操作的官员、交易员、有限的行政人员，还有我。每只国库券的市场价格，通过主要政府债券交易商的不断的电话交易确定后，都在一个大黑板上实时更新。

数月后，我才被允许与一个交易商对话，真正地完成一笔交易。这种对话，主要的纠结和顾虑在于，我们的用词或者语气一不小心就会让交易对手察觉到货币政策的转向。

交易对手本身是值得信任的专业群体，大部分是 C.J. 迪瓦恩公司[2]、C.F. 金融服务公司[3]、所罗门兄弟公司和纽约贴现公司等小型的、独立的公司。交易对手会单独与美联储官员见面，讨论市

1 银行被要求在其所在区域的联邦储备银行保留一定比例的存款作为准备金（或在银行金库中以现金形式保留）。通过增减准备金账户余额，美联储影响银行存款的扩张和收缩，进而影响货币供给。这间接影响短期利率。作为操作事项，美联储的目的是影响短期利率。

2 作为纽约州的国内商务公司，已经在 1950 年 6 月 27 日申请解散。——译者注

3 金融方面的一个经纪公司，目前已经没有营业额记录。——译者注

场趋势和活动，是帮助我们执行政策的重要合作伙伴。在我能与市场参与者交谈后，一个大型一级交易商的首席交易官给我打电话，指导我应该如何更准确地或者更模糊地与市场沟通。据我所知，他们对美联储的操作守口如瓶。

有件事给我留下了深刻的印象。我开始意识到，与后来计量经济学的流行及其对数学“回归”分析的依赖形成鲜明对比的是，市场价格和交易活动取决于人们对第二天、下个月或明年什么可能发生和什么不可能发生的期望，而这种期望天然具有易变性。罗伯特·鲁萨详细地描述了交易柜台的工作流程及其与交易商的互动，他关于这项工作业务的书，后来被称为他的“小红宝书”，他口述，我编辑。

当时的货币政策传导和沟通方式，使纽约联储交易柜台在对市场反应时有更大的灵活空间。当时对交易柜台的指示更直接，就是日复一日地维持由联邦公开市场委员会设定的隔夜市场利率。[1]

政府债券市场是最主要的金融市场。商业银行持有美国财政部发行的大量债务组合——从三个月期国库券到长期国库票据和债券。按照今天的标准，这些证券的价格变动可能很小，但对银行的买卖意愿影响非常大。国债利率设立了一个借贷成本基准，帮助决定银行是积极放贷还是收缩信贷。

1　在当时和之后的很多年，联邦公开市场委员会对纽约联储交易柜台的指示焦点集中在保持特定水平的银行准备金：自由准备金、非借入准备金或其他变体。这反过来会影响联邦基金利率——银行会按此利率进行隔夜拆借，目的是将短期利率控制在委员会制定的目标范围内。市场利率较预期利率的偏差，被认为能够有效反映市场压力和经济活动。虽然准备金变动也会影响货币供应量的增长，但货币供应量并不是主要的政策目标。现在，交易柜台是一台计算机。我不认为这是一项改进。

当时，市场参与者和政策制定者都很重视财政、货币和债务管理政策。直到最近，债务管理——购买和出售不同期限的国债，作为一种影响市场和经济活动的方式，才再度兴起。财政部作为发行方，美联储作为买方或卖方，不可避免地共担责任，这对于美联储的独立性而言，是一个敏感事项。

长期以来，上溯至 20 世纪 20 年代，纽约联储在制定和执行美联储政策中，都非常有发言权。在美联储成立早期，位于华盛顿的联邦储备理事会领导能力薄弱，主席的影响力很小，理事会其他成员也不为人所知。而纽约联储因其操作职责而备受尊敬的领导者本杰明·斯特朗，则成为国内外货币政策的焦点。

这种模式在 1928 年斯特朗去世后维持了一段时间，但是对其领导地位的尊崇程度有所降低。1929 年的股市大崩盘、严重的银行业危机，以及接踵而至的大萧条，都不可避免地令人质疑美联储政策的有效性。华盛顿的联邦储备理事会强有力的新任主席马里纳·埃克勒斯，最终成功地获得了罗斯福总统的支持，说服国会于 1935 年重新修订了《联邦储备法》的关键章节。没有财政部参与的联邦储备理事会，其管理地位更为明确。仍负责公开市场操作，并与外国中央银行保持密切联系的纽约联储，实际上处于联邦储备理事会的严格管理之下。

能反映出这种严格管理的一个事例是，纽约联储每周都要向联邦公开市场委员会提交非常详细的报告，列明每笔交易的根据。每周三，我都整晚在家起草这些高度保密的报告。芭芭拉总是嘲笑说，我的级别不够高，都没有资格接收我刚刚起草的这些“密级”报告。

在大萧条和战争年代，利率被锚定在历史低位，美联储在货币政策方面的自主权很小。1951 年，美国财政部 – 美联储协议达成后，这种局面才得以改变。

至此，美联储终于能够并开始行使自主权。没过多久，就发生了围绕政策执行基本方式的全面官僚斗争。我与罗伯特·鲁萨关系密切，在第一线亲历了这场斗争。

在华盛顿员工的高度配合和支持下，美联储主席马丁认为，购买或出售不与货币政策传导直接相关的证券，是滥用美联储权力（即不能买卖任何超过三个月期的国库券或隔夜“回购协议”）。换言之，应该停止干预债券市场；美联储不应该试图影响期限在三个月以上的债券的利率，因为这几乎等于影响信贷在不同经济部门间的配置。

马丁的观点被称为“只做短期国库券原则”，因为它将美联储的交易限制在三个月国库券或期限更短的回购协议。但想要拥有更多灵活自由度的纽约联储奋力反抗。我记得我曾撰写文章，甚至发表演说，哀叹“只做短期国库券原则”会导致政策执行和有效性手段的错失，但是华盛顿态度坚决。美联储应该仅限于控制商业银行的准备金，从而间接影响货币供给。债务管理是财政部的权限范围。

最终，决定权在华盛顿。备受尊敬的纽约联储主席艾伦·斯普劳尔于 1956 年辞职。马丁主席明显主导了对斯普劳尔继任者的选择。[1] 马丁的耶鲁大学同学艾尔弗雷德·海耶斯当选，海耶斯举止温和，之前是纽约一家商业银行副主席，并没有知名的政策观点。

19 年之后，即 1975 年，我接替了海耶斯的职务。

“只做短期国库券原则”这一术语早已不再使用，但实际应用却延续了几十年，美联储很少交易期限更长的证券。只有 2008 年金融危机中和危机后对证券市场的大规模干预——美联储购买的大量长期政府债务和抵押贷款支持证券的规模数量远远超过 20 世纪 50 年代的交易——才证实了它的灭亡。以“量化宽松”的名义，债务管理以一种更为夸张的方式重回了人们的视野。

很少有人为此流下眼泪。但未曾杜绝的根本问题是，在没有政治压力的情况下，中央银行在间接为预算赤字融资及影响信贷在经济体中的配置方面，应该做到何种程度呢？

新工作，新家庭

1957 年末，我接到约翰·威尔逊——新重组的大通曼哈顿银行经济部门的负责人——的电话。他问我愿不愿意以首席经济学家的身份加入大通曼哈顿银行。

当时我正处于低谷，这份工作吸引了我。我开始厌倦在纽约联储交易柜台的常规工作——长期的不作为、高度详细的报告制

1 虽然地区储备银行的主席是由该银行的董事会选定的，但必须经华盛顿的理事会同意。这实际上使联邦储备理事会有权否决纽约联储董事会的任何任命。

度，而且没有清晰的上升通道。与同事的闲聊提醒了我学业中的缺漏：没有博士学位，这对我在学术方面而言是一个致命缺陷。同事提醒我，哈佛大学的政策是在通过一般考试后五年内必须提交论文。但那时已经过去了将近六年。

于是我匆忙向公共管理学院申请延期，很快便得到了回复——对于我这个特殊学位来说，没有时间限制。因为缺乏强烈的动力，我的拖延症又占了上风——论文可以等一等，而且是无期限地等下去了。

同时，芭芭拉和我搬离了布鲁克林高地，因为在那里，我们的窗台常被附近港口飘来的烟尘覆盖（更重要的是，这不利于我们宝宝的健康）。我们搬到了新泽西州的普莱恩菲尔德，这里的房子更大，空气也更好。这使我们离埃比茨球场远了，不过我们热爱的 1955 年世界大赛冠军布鲁克林道奇队也搬往了洛杉矶。后来我转而成为纽约大都会队的球迷，但投入的感情是远远不一样的。

我们的女儿贾尼丝一岁多了，儿子吉米也即将出生。薪水的提高会对我有帮助，所以我愿意和大通曼哈顿银行谈谈。结果证明，这是一个很重要的职业决定。

业务重心是服务企业客户的大通国民银行刚与（由亚历山大·汉密尔顿设立的）曼哈顿银行合并，从而获得遍布全市的零售网点。合并后的大通曼哈顿银行，可以与万国宝通银行（经过几次合并后最终成为花旗银行）正面竞争美国最大的商业银行称号。

新组建的大通曼哈顿银行研究部在经济分析方面有足够的实力，能够为客户关系提供支持，向公众提供相关报告。但它也有一个明显的漏洞，即对于将自己视为智库和行业领先者的大通曼哈顿银行来说，薄弱的金融分析能力是不可持续的。

当时，商业银行仍被 20 世纪 30 年代早期金融崩溃之后执行的法规约束。存款利率有上限（活期存款利率为 0）。以提出该法案的参议员和国会议员命名而被称为《格拉斯 – 斯蒂格尔法》的《1933 年银行法》，禁止银行承销和交易公司股票和债券（有效地隔离"吸收存款"的银行与"投资银行"）。外国业务受到限制。联邦法律禁止银行跨州开设分支机构，长期以来大多数州对在州内设立分支机构也有限制，即使纽约州也是如此。

管理层需要预见客户存款的流动和贷款需求的强度，这取决于经济活动的变化和当前的利率水平。作为有美联储工作经历的经济学家，身为管理层的一员，我在这些方面应该有些洞察。贷款委员会相关会议是管理核心，有时也会让我参会，虽然我当时还没有通过大通曼哈顿银行严格的信贷培训项目（那是所有被认为具有管理才能的新员工都必须通过的）。

我很快就了解到，大通曼哈顿银行虽然和纽约联储一样庞大，但是却没有那么官僚化。我现在还记得自己早先在董事长乔治·钱皮恩的办公室讨论我提交给他的一份记录，他对一些事情有更大的疑问：

面对正在复兴的欧洲，美国工业是否正在失去竞争力？

布雷顿森林协议规定的 1 盎司黄金等于 35 美元的固定美元价格，是否将不可持续？

由于没有准备，我当时仅机械地重复了大多数人的观点：欧洲和日本作为我们主要的贸易伙伴，尽管其工业正变得越来越有竞争力，但它们还远未从战争中完全复苏，因此仍需要从美国进口商品；国外长期存在美元短缺；战争末期建立的固定汇率能够继续维持；美国有能力兑现在布雷顿货币会议上的承诺，按需将外国政府持有的美元兑换为黄金；这些都无须担心。

那不是我最引以为傲的时刻。这些担忧和假设，在当时可能不太成立，但在几年后将成为我生活的核心。

大通曼哈顿银行副主席戴维·洛克菲勒，给我提供了另外一种学习机会。他受邀与其他主要商业人物一起参加新成立的货币信用委员会，此项目由当时颇具影响力的非官方机构经济发展委员会发起。由于戴维在此项目上可投入的时间有限，他便派我代表他，与其他委员共事。

委员会的职责范围很广，包括审视国际货币体系、美联储的结构和职责，以及银行的监管范围。对我来说，这是一张“头等舱机票”。它使我能够参加高层讨论，当时讨论的很多问题后来成了我职业生涯的主导问题。我有幸被引荐给联邦储备理事会前主席埃克勒斯，更重要的是能被引荐给从米尔顿·弗里德曼到保罗·萨缪尔森等活跃的、有影响力的经济学家，并与几位理事会工作人员尤其是麻省理工学院的伊莱·夏皮罗和纽约大学斯特恩商学院的拉里·里特成了亲密的朋友。理事会的综合报告后来被遗失了。但这确实有助于支持美联储的独立性，当时这在国会部分议员中受到了质疑。（经历了“二战”的混乱后，当时一些主要的中央银行都失去了独立性。）

在大通曼哈顿银行内部，我负责撰写 20 多名高级官员的每周简报总结（这也是一项特权）。虽然我的正式职位不高，但是高级管理人员都认识我，甚至包括备受尊敬的前公务员和美国驻德国高级专员，大通曼哈顿银行主席约翰·麦克洛伊。很多年来，我们一起努力强化美国德国问题理事会，这个机构在战后早期德美关系中具有重要意义。1989 年，我成为他的扶灵人，对此我深感荣幸。

通过在银行业监管方面的共事，我与大通曼哈顿银行首席外部顾问罗伊·哈伯肯的关系也很近。罗伊是一位来自温斯顿 – 塞勒姆的骄傲且忠诚的摩拉维亚人。我的妻子芭芭拉是巴恩森主教的后裔，这位主教创建了北卡罗来纳州关系紧密的摩拉维亚社区。毫无疑问，这促成了我们一生的友谊。

在此背景下，我了解到大通曼哈顿银行和花旗银行这两个竞争对手之间的一个非常重要的不同之处：面对任何新的法律或法规，钱皮恩、洛克菲勒、哈伯肯的方式基本上是遵从监管；在激进的领导者乔治·摩尔和沃尔特·里斯顿的领导下，花旗银行总是对抗或想办法绕过监管。

20 世纪 50 年代，拥有多家银行并从事一些金融或其他“非银行”活动的银行控股公司兴起。虽然 1956 年的《银行控股公司法》规定了美联储对这些实体的监管，并试图抑制非银行投资，但仍存在漏洞。花旗银行毫不犹豫地寻求扩大其投资活动的方法。但是在大通曼哈顿银行，对此却引发了争论。一位传统的银行家说：“不，我们不想成为控股公司，不想因做其他事情而使重心偏离商业银行业务。”

他还说建立“激励性”的个人薪酬计划，即奖金，将负责任的商业银行业务和顾客第一作为最终信条。

他的考虑可能不够成熟，但他是有预见性的。我们今天所看到的上百万美元的奖金，肯定扭曲了银行高级职员的激励机制，而不一定是为了客户的利益。与此相反，当时大通曼哈顿银行的利润分享计划是每年在大通曼哈顿银行实现保守的利润目标时，给每位员工奖励 15% 的奖金。

几乎再也没有这种与我未来职业更相关的训练了，但在当时，我的未来职业是什么，这并不清晰。我不是著名的大通曼哈顿银行信贷培训项目（该项目长期以来不仅为大通曼哈顿银行，也为几家地区性银行提供了管理人才储备）的毕业生，经济研究部门的负责人数年都不太可能变动，所以只有一点儿可能是我将来会管理大通曼哈顿银行的投资部门，但那并不是我的兴趣所在。

1961 年末，当我接到罗伯特·鲁萨的电话时，这种不确定性便结束了。当时他是新任肯尼迪政府负责货币事务的财政部副部长。

“过来帮助我们吧。”

没几天我就去了，我为成为充满活力的新任政府的一员备感兴奋。

我至今还记得我与乔治·钱皮恩的告别对话，他是一位忠诚的共和党。

“保罗，你的选择是对的。去吧，帮助这个国家。然后再回来，这里还会有你的位置。”

五年之后，我确实回去了，并升任为远期规划主任。

第四章

前往华盛顿

看似沉闷的战争英雄、共和党总统德怀特·艾森豪威尔在位八年后，年轻的新民主党总统约翰·肯尼迪吸引了民众巨大的热情，开启了一个新的时代。但是乔治·钱皮恩向我表达了某种担忧——美国在世界贸易中的竞争地位及其对美元的潜在影响，而且这种担忧日益明显。国家正在经历国际收支赤字——国际支出大于国际收入——越来越多的外国政府要求将其持有的部分美元兑换成黄金。

我们这位未经考验的总统及其捍卫美元的意愿，使金融市场和商业利益方感到不安，这表现为大选前黄金市场价格的突然上涨。肯尼迪立刻坚称，如果当选，他不会让美元贬值。选举结束后，他试图通过任命艾森豪威尔为副国务卿、来自狄龙瑞德投资银行的道格拉斯·狄龙为财政部长，进一步安抚金融界。

美国财政部

罗伯特·鲁萨将长线思考的机会作为财政部职位的卖点。我将负责一个新部门，即财务分析办公室。很快，这里就吸引了几位备受推崇的经济学家，他们都有很有趣的项目。我在马里兰州的切维蔡斯买了一套价值35 000美元的房子后，把家搬到了华盛顿，这比我们在普莱恩菲尔德的房子贵两倍（舒适度也提高了两倍）。我担心在没有任期限制的工作中，以我18 500美元的薪水能否负担得起，但这比起在华盛顿的工作机会来说是次要的。

我很快发现，高级官员，尤其是罗伯特·鲁萨本人，并没有多少时间进行新的研究。因为有太多紧迫事项，我变成了“操作员”——直接投入到日常政策的实施中。

在我刚加入的时候，政府面临的最大问题是税制改革和减税——多大程度？多快？多全面？由狄龙领导的财政部敦促并提醒我们要谨慎行事。负责任的做法是将减税与彻底的改革相结合，以消除漏洞和特殊规定，保持预算平衡。这些都需要时间。

对总统有影响力的凯恩斯主义者负责的白宫经济顾问委员会，希望能迅速采取行动，以兑现竞选承诺（例如5%的经济增长目标），并防止可怕的经济衰退。

对总统支持的争夺，远不是我这个等级的人能参与的，但我确实发挥了一定的作用。我的职责之一是做经济预测，这是我在纽约联储时做过的工作。在长期担任公务员和实用经济学家的赫尔曼·利布林的帮助下，我得出结论：我们将在1962年勉强避免经济衰退，这与经济顾问委员会的担忧相反。这个结论支持了财政部的观点：不要急于推行税制改革，要把它做好。后来，慢慢做、仔细做的观点赢得了胜利。对国家（以及我）而言，值得高兴的是，我们确实避免了经济衰退。1962年，在股市出现1929年以来最严重的下跌几天后，总统在新闻发布会上阐述了税收计划，着眼于广泛的改革。

我记得我曾向副部长乔·福勒提交了一篇关于税收改革计划对经济影响的长篇分析，他热切地向国会和公众倡导这项计划。我的分析结果表明，在当时的情况下（少量失业和无通货膨胀），减税不仅可以直接推动消费，还可以产生“乘数”效应，使投资激增。可以想象，我天真地猜测，新的投资可以带来足够的额外经济增长，使税收增加，从而有效抵销因削减最高税率而带来的大部分甚至全部收入损失。阿尔文·汉森学说的灵魂！供给经济学的先驱！（或者，这是在华盛顿的新工作中初尝甘甜的年轻经济学家的热情表现。）

事实证明，财政部长狄龙在1963年初向国会所做的关于税收法案的初次陈述，即使不说是一场灾难，也可以说是令人失望的。改革项目几乎没有或根本没有得到支持，也没有太多的快速减税的动力。幸运的是，我没有参与这个失败的改革提案，狄龙从国会做证回来后，立即就半开玩笑地把提案称为“哈维的法案”——以税务分析办公室主任哈维·布拉泽的名字命名。

我在财政部的直接上司是罗伯特·鲁萨和他的助理杜威·达

恩，他们都是密歇根人，并长期担任美联储官员，主要负责国际金融。当肯尼迪在1963年末任命达恩到联邦储备理事会任职时，我接任助理副部长一职，我的大办公室与鲁萨的办公室只隔着一个大厅。

在达恩宣誓就职前一周，肯尼迪被暗杀。国家陷入混乱。鲁萨和我一直专注于在国际市场上捍卫美元。正如乔治·钱皮恩担心的那样，外国工业变得更具竞争力。美国出口虽然仍然强劲，但无法完全抵消进口增加、对外援助、军费开支和资本外流激增的综合影响。结果，美国国际收支变为逆差——战后海外“美元短缺”正在变成“美元过剩”。

时常有美元盈余的欧洲国家，开始要求将一些外汇储备兑换为黄金。这是布雷顿森林协议规定的一项基本权利。1945年底，美国的黄金储备为200亿美元，约占全球中央银行和政府持有的黄金总量的70%，是所有外国官方美元持有量的几倍。1961年底，美国的黄金储备已经下降到170亿美元，而国际债务已经飙升至230亿美元。美国的黄金储备不能覆盖“可兑换为黄金”的外国美元持有量。年复一年，缺口还在不断扩大。

自豪地重新回到法国总统职位的夏尔·戴高乐将军，专注于恢复法国的辉煌，对美国公司收购法国公司非常不满，于是加快了法国购买黄金的速度。他的财政部长吉斯卡尔·德斯坦抗议美国的“过度特权”，即通过其贸易伙伴持有美元的意愿能够轻而易举地为其国际收支逆差尤其是美国直接投资融资。

罗伯特·鲁萨在财政部的职业使命主要是捍卫布雷顿森林体

系的固定汇率制度，以及该体系的核心前提，即外国央行和政府可以根据需要，以每盎司35美元的价格将美元兑换成黄金。对罗伯特·鲁萨而言，这既是一个经济政策问题，也是一个道德问题，是美国作为自由世界领导者应承担的义务。在他任职期间，任何考虑美元贬值或结束美元兑换的想法都是禁忌。财政部根本没有认识到美元长期被高估、黄金储备被耗尽的可能性。美国的荣誉岌岌可危。至少在我们这些鲁萨手下的人看来是这样的。

鉴于此，财政部得到了肯尼迪总统的实际支持，肯尼迪总统（据报道，肯尼迪的父亲警告过他）认为国际收支逆差是他总统任期内面临的最大潜在威胁之一。

当然，鲁萨是非常老到的，十分清楚比利时经济学家罗伯特·特里芬和他的“特里芬难题”的不变逻辑：随着时间的推移，黄金（最值得信赖的价值储存手段）无法被快速生产，无法满足不断增长的世界经济对国际储备的需求。因此，作为替代品，外国央行愿意在一段时间内持有美元。

但为了维持美元储备的增长，美国将被迫印制更多美元并继续维持国际收支逆差，这将不可避免地产生通货膨胀，并削弱按固定的35美元价格将美元按需转换为黄金的能力。作为一种解决方案，特里芬建议创建某种在全球范围内被接受的新的储备单位，作为黄金或美元的替代品。

在与欧洲主要央行行长的密切关系的影响和支持下，罗伯特·鲁萨的创造性能量在两三年间爆发了，他找到了分散潜在压力的好方法。国际货币基金组织成员（最终被称为“十国集团”）

相互间借款和贷款的能力得到了增强，可以说降低了对外汇储备增长的需求。他们找到了法律依据，允许财政部和美联储通过所谓的外汇掉期（实际上是中央银行之间的短期互惠借贷安排）来吸收过剩的外汇储备。财政部通过一些（当时是小规模的）外汇借款打破了传统，这很快就被称为“鲁萨债券”。财政部和美联储共同推动了扭转操作，在保持长期利率稳定的同时（这样抵押贷款和其他贷款的成本就不会大幅变动），允许短期利率上升（把资金投入国外寻求更高回报的投资者吸引回来）。[1]

50 年后，这些方法有意或无意地作为美联储 / 财政部更大规模的干预措施的先例，被借鉴使用，即 2008 年金融危机期间及之后，美联储 / 财政部为外国中央银行提供所需的美元，并稳定信贷市场和经济。

当这种金融方法几乎要达到极限时，财政部呼吁立法对流出的美国资本征税。理论依据是“平衡”当时美国的低利率与欧洲普遍存在的高利率，从而降低美国企业向国外放贷和投资的动力。我们希望利息平衡税能减少美元的外流。

我被要求在国税局专家的帮助下起草具体的细则条文。这个过程让我大开眼界。我了解到，一种看似有理论依据、概念简单的方法，在实践应用中可能会非常困难。

国税局想尽快知道，普通的短期贸易融资应被征税还是免

1　因此，1963 年中期，财政部迫切希望美联储将短期利率推高至高于联储主席马丁的预期水平。我记得有人指示我去参加美联储 7 月 16 日宣布贴现率上调的会议，以“确保马丁把事情搞清楚”。他不可能感谢一位财政部的低级官员监督他的言论。

税？美国公司在国外的直接投资应被征税还是免税？而且，如果免税，究竟如何定义直接投资或贸易融资？在加拿大对打破紧密联系的金融体系的顺利运作前景感到恼怒的情况下，这项税收是否适用于加拿大？

最终，短期资本、直接投资以及对加拿大的投资被免税。所有这一切都需要详细缜密的规范性的说明。

然而，在一个重要方面，法律起草变得无关紧要。至少在一段时间内，可能受影响的市场的反应就好像法律已经生效一样。

我很快就明白了一次干预是如何导致更多干预的。如果债券被征税，国外的银行贷款是否也应减少？因此，对银行贷款的“自愿”限制很快就被引入，并不时地被强制实施。

随着这些控制措施的生效，没过多久，市场的“聪明才智”就发展出了所谓的“欧洲美元市场”。实际上，通常存放在纽约的美元存款被越来越多地存放在伦敦。监管、竞争和货币政策的复杂问题被提出，从未完全得到解决。

1964 年 11 月，在林登·约翰逊赢得连任后，罗伯特·鲁萨决定离开，去布朗兄弟哈里曼私人银行担任一个舒适的合伙人职位，这让我感到惊讶。这个决定是出于个人财务问题（当时副部长的年薪为 28 500 美元）、家庭压力，还是纯粹的疲惫，我不得而知。

我没有看出他对布雷顿森林体系失去信心的迹象。但是，那时美国的黄金储备已经下降到外国债务的一半左右。所以这种可能性引起了我的兴趣。多年后，当我觉得时机已到，并以此为前提采取行动时，我不知道他是否觉得我背叛了他的意愿，背叛了他为维持美国“二战”后的货币领导地位而做出的努力。然而，他从来没有用语言或行为表明过这种想法，相反，他无论在公众场合还是私下场合，都表示支持我。

当然，美元之战不仅仅涉及财政部。受人尊敬的经济顾问委员会的经济学家主要关注美元政策是否会导致更高的利率；国务院特别是副国务卿乔治·鲍尔，将财政部的努力视为美元外流的潜在威胁，而美元外流是支付海外驻军和对外援助所必需的。

有时，分歧可能会变得相当激烈，我与内部人讲的一个玩笑是，就任宣誓誓词中的“防止被国内外一切敌人侵犯”，实际上就是暗指国务院和白宫经济顾问委员会。

如果说由狄龙部长担任主席的黄金委员会没能解决这些问题，那也可以说它是为了讨论这些问题而成立的。我的直接参与很有限，但我记得在财政部会议室召开的一次会议。那次，总统的最高外交政策顾问，自信的麦乔治·邦迪、副国务卿鲍尔和美联储主席马丁都出席了会议。当狄龙部长被临时叫走时，我正在向他做简报，他指示我开始讨论。

参会人员对由一个小小的助理副部长来主持会议显然感到不满。邦迪当即宣布，如果会议是为了讨论减少驻扎联邦德国的军队支出以阻止美元外流，他就会立即离开。令我永感宽慰的是，美联储主席比尔·马丁迅速介入：“美元的稳定和我们维持黄金价格的承诺，远比我们在德国拥有多少军队重要。”当狄龙部长回来时，我很高兴我终于可以离开了。

政治与政策

罗伯特·鲁萨离开后，我更多地成了狄龙部长的私人助理。我从这个思维敏捷、训练有素、对自己的地位和权威充满信心的人那里学到了很多东西。我花好几天时间起草的演讲稿，他只需要花几分钟就能修改完。很多个早晨，他会要求我分析这个或那个问题，这些问题通常是他在乘坐豪华轿车上班路上读《纽约时报》时想到的。有时我正开车沿着美国石溪公园大道去上班，他的豪华轿车会与我擦肩而过。

有一件事在今天看来也是典型的政府作风。狄龙告诉我，纽约州州长纳尔逊·洛克菲勒计划在纽约市中心建造世界贸易中心。他需要财政部的支持，以使其具有经济可行性。美国海关作为一个财政部下属的大型机构，在纽约需要很多办公空间。美国海关是否能保证在计划建造的世界贸易中心租赁数千平方英尺的办公空间呢？更重要的是，世界贸易中心将由纽约－新泽西港务局投资和拥有，这个双州机构实际上是由洛克菲勒控制的。港务局想要知道它的债券是否能够免税，以确保低利率和融资的可行性。

几天后，我向财政部长狄龙提交了一份简短的备忘录。

第一，美国海关确实需要新的办公空间。但是在世界贸易中心以北几个街区的坚尼街，美国海关进行的租赁谈判进展很顺利，而且租金要低得多。

第二，市中心办公区明显过剩，绝大部分将是私人商业办公区。根据财政部的指导文件，对其免税是没有根据的。

财政部长狄龙迅速看完备忘录，抬起头说：

“一切都没有问题，保罗。但只要是纳尔逊想要的，他最终都会得到。”

与此类似的情况是，在约翰逊执政期间，我被要求领导一项跨机构研究，以提出联邦政府如何鼓励学生低成本获得贷款。这是一个热点问题，各州和地方政府以及私营实体都在尝试各种各样的方法。我们提议等到各种方法“百花齐放”之时，再来决定联邦政府采取何种合理的干预措施。我记得派驻到我们这里监督我们研究的白宫助理说：“算了吧，马上就要选举了。我们要提出一个方案，一个联邦政府的方案，约翰逊总统将会因此方案获得称赞。”

这两件事都没有结束我在财政部的日子。我与乔·福勒一起度过了有趣的几个月，他之前是副部长，后被约翰逊在 1965 年任命接替狄龙。

福勒部长与约翰逊总统关系密切，且非常忠诚。我第一次被以私人名义邀请到白宫总统办公室，是因为总统想了解如何处理一家连锁超市不断涨价的问题。福勒和我到总统办公室的时候，总统只想着他几天前决定派遣海军陆战队进入多米尼加共和国的事，此事已成为头条新闻。他发表了关于此事的长篇大论式的自我辩解，却一点儿也没提超市涨价的事。这时，总统边说边晃椅子，我的注意力全都在椅子的摇杆上，摇杆一点点地靠近他那只正在熟睡的狗的尾巴。当然，狗尾巴及时地移开了。

福勒上任后不久，就让我经历了一次更大的考验。从科德角休“长”假回来后，他给了我一个长篇演讲的草稿（他擅长做长篇演讲），内容主要是呼吁召开一次有关货币改革的国际会议，并计划把这份改革方案递交给弗吉尼亚州律师协会。虽然他没有详细说明，但最终目标非常明确：创建一种新的国际储备资产，以补充并最终替代黄金，从而减轻美元的压力。这将是特里芬难题的官方解决方法。

我是怎样想的？

坦率的回答是：“不怎么样。”罗伯特·鲁萨不是一再警告，发起这样的谈判将不可避免地引发人们对美元和黄金价格的担忧吗？难道他不应该先在暗中考虑一下外国朋友的感受吗？

“不。”他说。在约翰逊总统的支持下，他就此展开讨论。他只是想简单地以“应急计划”的形式检验这个想法。

这需要时间，但在我离开财政部三年后，他成功了。在我担任负责货币事务的副部长期间，当我面临一场日益加深的美元危机时，激活这个新的官方储备资产——以“特别提款权”这个蹩脚的名称命名——的任务将落在我身上。

1965 年秋，福勒对他从美联储主席马丁那里得到的警告深感忧虑。美联储计划提高贴现率，即美联储向银行收取的短期贷款利率，其预期效果是提高所有市场利率。在当时已经充分就业的经济中，越南战争支出的增加导致通胀率上升。马丁的明确目标是，遏制通胀压力。一场激烈的内部争论开始了。经济顾问委员会和预算局与福勒站在一起，请求延期。我对马丁的观点表示赞同，希望能说服部长做出一些让步：或许可以提高 0.25 个百分点，而不是原计划的 0.5 个百分点。

对我来说，不幸的是，他们成立了一个四人特设委员会来审查这个问题。这个组合很奇怪。虽然我是财政部的代表，但我渴望妥协。美联储研究主管丹·布里尔强烈反对加息，尽管他的上司不坚持这种观点。经济顾问委员会和预算局——现为行政管理和预算局——的代表在不同程度上也是如此。可以预见的是，我们的结论是，这项决定可以等到来年 1 月，以便与新预算协调一致。

马丁坚持要提高贴现率。与约翰逊总统共同商讨该事宜的“仅限负责人”的“四人会”[1]，定于10月6日举行。福勒部长把我也带去了。他提出了问题，总统对提高利率的想法很反感。他伸出胳膊，握紧手指说：“这相当于为了华尔街的利益而从美国工人身上榨取血液。”

马丁主席不屈服。在他看来，抑制通胀是必要的，这是他的责任。“比尔，”总统最后说，“我明天得去切除胆囊。我在医院的时候，你不会这么做吧？”

“是的，总统先生，我们会等到你出院。”

事情就这样办了。1965 年 12 月初，我离开财政部不久，美

---

1 四人会始于肯尼迪时期，是非正式的但富有影响力的团体组织，由四个高层经济机构负责人组成，包括财政部、预算局、经济顾问委员会和美联储。

联储就采取了行动，投票决定将贴现率从 4% 提高到 4.5%。当时在得克萨斯州的约翰逊发表声明说，对此表示遗憾。马丁被叫到“牧场”去接受约翰逊的训话。报道称他们还发生了肢体冲突。

我不知道这整个故事，但它给了我一个教训。随着时间的推移，两件事逐渐变得清晰起来。随着越南的支出增加和经济的升温，美联储迟迟没有采取进一步的紧缩措施。总统否决了他的经济顾问要求增加税收的私下请求。我的猜测是，他明白，国会对税收问题的投票只会变成对不受欢迎的越南战争的公投——而他肯定会输掉这场公投。

不管当时的原因是什么，一些人将 20 世纪 70 年代后果严重的大通胀归因于当时的这些失误。为控制大通胀，我被任命为美联储主席。

我接受了乔治·钱皮恩的邀请，回到私营部门，正好赶上通胀进程的起始。

重回大通曼哈顿银行：1965—1968

我第一次见到戴维·洛克菲勒，是 1957 年我第一次加入大通曼哈顿银行的时候。当时我们俩都刚被聘用，偶尔在行政楼层相遇。他是董事会副主席，我是新聘任的经济学家。我和他中间隔着好几个层级，备感失落。当我再次回到大通曼哈顿银行时，我在财政部的工作经历和我的新头衔“远期规划主任”提升了我的形象。当然，我和戴维无论是在大通曼哈顿银行还是在社会中，仍然处于两个完全不同的阶层。

我记得有一次这样鲜明的对比。一个春天周五的晚上，在他那间希望有助于重振市中心经济的、引人注目的新大通大厦的办公室里，戴维亲切地问我周末计划做什么。我回答说，我计划去当地的苗圃买一些灌木，种在我们新泽西的房子[1]周围。他说，正巧，他也有同样的计划——但他是要飞往佛罗里达，为他那位于纽约州波坎蒂科山的宏大的洛克菲勒庄园的家，购置一些有异国情调的热带植物。

当我能立刻在他办公室的卫生间里认出塞尚的时候，这证明我在普林斯顿大学的艺术课没有白上。在新建筑的四周，更显眼的是他委托创作的大量抽象艺术作品。

多年来，戴维经常周游世界，会见各个政治党派的企业家和国家领导人，并受到王室成员的欢迎。我和他的几次旅行通常都是在离他在波坎蒂科的家更近的地方。我不时为他准备在国会委员会的证词，这些证词现在早已被遗忘了。两党议员总是充满敬意地欢迎他。

我定期与他一起参加福勒部长发起的咨询委员会会议，会议旨在为创建特别提款权的新国际协议提供建议，或至少提供支持。多年来，戴维领导了重要的非政府机构，特别是位于纽约的著名的外交关系委员会和 20 世纪 70 年代初基本上由他创立的三

1　依靠我在大通公司 35 000 美元的年薪，我在蒙特克莱尔购置了一栋大的老房子，占地面积将近一英亩（约 0.4 公顷）。当时不流行大房子，所以我们当时的购买价格相对便宜，为 60 000 美元。我喜欢这栋有百年历史的房子，喜欢它广阔的园林景观。

方委员会。我在这两个组织中都很活跃，这并不是巧合。

在大通曼哈顿银行内部，他分担了领导责任。该银行因为与他家族的长期关系，有时也被称为“洛克菲勒银行”。随着时间的推移，越来越明显的是，领导者对银行未来的愿景各不相同。

从伊利诺伊州的普通环境中脱颖而出的乔治·钱皮恩，已经成为一名强有力的董事长。他像所有国内的商业银行家一样，致力于维护大通曼哈顿银行为人熟知的根深蒂固的信用文化。除企业贷款外，他的首要任务是与全国各地的大企业和其他“代理”银行[1]保持密切关系。

大通曼哈顿银行是他全身心投入的事业。他熟悉业务，并培养了高层管理人员。从组织上来说，钱皮恩负责“业务”运营。

戴维比他小十岁，不需要通过信贷培训，也不需要逐级晋升。凭借本能和经验，钱皮恩拥有更广阔的国际视野，与大通曼哈顿银行传统的关联更少。他负责行使和发挥“参谋”的职能，包括经济部门和规划部门，这两个部门正是我擅长的。

结果是，多年来，大通曼哈顿银行在国内贷款以及与地区银行的关系方面虽然表现强劲，但在拉丁美洲、亚洲和其他发展中国家的业务远远落后于花旗银行。随着国内竞争的加剧以及法律对跨州银行业务的放松，大通曼哈顿银行似乎有必要进行国外扩张，以赶上竞争对手。

1　在允许跨州设立分支机构之前，代理银行为位于其他地方的另一家银行代为履行职能，这在当时是重要的活动事项。

几年后，我被召回财政部，与乔治·钱皮恩和许多大通曼哈顿银行的同事失去了联系。[1] 但远观大通曼哈顿银行，它似乎失去了动力，远远落后于更激进的花旗银行和新的花旗集团控股公司。位于纽约的久负盛名的摩根银行，以及芝加哥和加利福尼亚的大型银行，赢得了本属于大通曼哈顿银行的市场份额。

1 我作为三边委员会主席和监管洛克菲勒信托的委员会成员，直到 2017 年戴维在 101 岁去世之前，我们都保持着密切联系。巧合的是，很多年来，我的办公室都在洛克菲勒中心。

第五章

“世界上最好的工作”

1969年1月20日，我即将担任财政部负责货币事务的副部长，在新的办公室里，我观看了理查德·尼克松总统的就职游行。我的南面是亚历山大·汉密尔顿的雕像，他是美国第一任，毋庸置疑也是最重要的一任财政部长。同时，汉密尔顿也是我最敬佩的"国父"，因为他清晰地阐明了"好的政府依赖于好的管理"。

午后不久，一个密封的信封被送来了，那是亨利·基辛格签署的"秘密"的"国家安全研究备忘录7"。那份备忘录（落款日期为1月21日）速度之快，在政府部门中可以拔得头筹，甚至在总统一行到达我位于第十五大街上方的有利位置前就到了。亨利和他的助手已经在工作了，并为他的权限范围设立了外部限制。

备忘录简明扼要。它指出应设立一个由多个机构参与者组成的工作组，对国际货币政策进行审议并提出建议。作为负责货币事务的财政部副部长，我将担任这个工作组的主席。虽然对我的任命还未公开宣布，但这无关紧要。这份研究备忘录实际上简洁地说明，在我之后的财政部职业生涯中，什么将占据我的大部分注意力。

我开始在美国政府内部扮演一个几乎独一无二的角色，同时负责国内和国际金融事务——这些事务在过去几年里愈加重叠交叉。我对这些政策领域已经很熟悉了。

对我来说，这就是世界上最好的工作。

我首先接到的是最近被任命为财政部副部长的查尔斯·沃克打来的电话。他邀请我与即将成为尼克松政府财政部部长的戴维·肯尼迪一起去华盛顿。

我是在查尔斯担任达拉斯联邦储备银行研究副主席时认识他的。我在纽约联储交易柜台工作时，他偶尔会来拜访我。当他成为当时位于纽约的美国银行家协会主席时，我对他了解得更深入了。他偶尔会向我寻求机构组织方面的帮助。

相比之下，我几乎不认识戴维·肯尼迪，他是一位虔诚的摩门教徒，曾任芝加哥伊利诺伊大陆银行董事长。我知道他有一些美联储工作的早期经验，并被认为是银行界的资深政治家。从外表上看，他很适合这个角色：一头银发、衣冠得体、淡定从容。为什么他会选择我担任主管货币事务的副部长呢？我的导师罗伯特·鲁萨曾经在这个职位上取得了卓越成就。

毕竟，我曾在1960年担任新泽西州普莱恩菲尔德的约翰·肯尼迪总统竞选俱乐部的主席。最后我们赢了，尼克松输了。

他当时肯定与白宫发生过争执，后来我被确定为尼克松政府的两位民主党人之一（另一位是丹尼尔·帕特里克·莫伊尼汉）。

我的职责包括经济分析、债务管理、联邦信贷计划融资监督、美元政策，以及处理与国际货币基金组织和世界银行的关系。随着时间的推移，肯尼迪部长似乎乐于给他的团队留有自主空间和支持：他并不倾向于微观管理。这增强了我的自信心（早在我上幼儿园的时候，帕尔默老师就敏锐地对我的自信心提出了疑问）。

查尔斯·沃克对管理财政部其余大部分工作感到满意：国会关系、税收、引导银行相关立法，以及当时各个财政部机构，从海关、烟酒、枪支到国税局、特勤局，甚至是海岸警卫队。

我们这个强大的团队包括法律总顾问鲍勃·奈特、经济学家穆拉伊·韦登鲍姆、负责税务的助理部长埃迪·科恩、负责国际事务的助理部长约翰·佩蒂、负责海关事务的助理部长吉恩·罗西兹和负责财政事务的助理部长约翰·卡洛克。很快，我们便成了亲密的朋友。

我认为，我之前在美联储、大通曼哈顿银行和财政部任职期间，与罗伯特·鲁萨、道格拉斯·狄龙和乔·福勒共事的经历，已经让我做好了充分的准备。美元问题对我来说太熟悉了，而且一些外国金融官员中的熟人（还有一些是工作关系）也帮了我很多忙。

尽管有那么多的朋友情谊托底，我还是有一种不祥的预感。美国的黄金储备下降到110亿美元以下，而对外国的负债几乎是这个数字的4倍，通货膨胀率超过4%。25年前布雷顿森林会议建立的国际货币体系处于危急关头，该体系旨在帮助世界经济从战争中恢复过来，如果这个体系崩溃了，那我们根本无法想象这会对贸易、就业、和平造成何种后果。我们现在已经没有时间可浪费了。

正是在这种背景下，肯尼迪部长和他的两名副部长被批准在总统办公室召开情况介绍会。在介绍会上，查理和我都做了预警，认为通货膨胀的压力正在增强。总统如果能在执政初期采取行动，那么与在后期应对更为棘手的通胀相比，情况将更为有利。

我认为尼克松总统并不是特别赞成我们的建议，会议时间并没有延长。

1968年发生的两件事扰乱了本就不稳定的国际货币事务。公开市场上对黄金的强劲需求，需要各主要国家央行的干预。这些央行从储备中抛售黄金以防止黄金超过长期确立的每盎司35美元的价格。这是肯尼迪政府早期为捍卫黄金价格而与一些国家[1]达成的协议的一部分。随着官方黄金储备的持续流失，1968年法国决定停止出售黄金。在华盛顿一场由美联储主席马丁主持的紧急会议上，其他成员同意停止干预市场，不再在公开市场维持每盎司黄金35美元的价格，但在官方政府间交易中继续维持该价格。黄金的“市场”价格和“官方”价格很快就出现了分歧，人们对美元的黄金价值及其未来币值稳定性明显持怀疑态度。

1 比利时、英国、法国、联邦德国、意大利、荷兰、瑞士和美国。

1968 年下半年，十国集团[1]在波恩召开了紧急会议，以应对欧洲汇率日益紧张的局面。随着联邦德国的经济复苏，其出口变得越来越具有竞争力，从而积累了巨额贸易顺差。而法国的进口则大于出口，黄金储备呈现枯竭现象。按照经济逻辑，需要联邦德国马克升值（使联邦德国出口更加昂贵）和法国法郎对称性贬值（使法国出口更加便宜）。

经过多次无果而终的谈判，马克升值和法郎贬值在政治上都不被接受。值得一提的是，一直致力于维护法国荣誉的戴高乐总统，实施了包括汇率管制、预算削减、工资和物价冻结在内的内部限制政策。他将法郎的疲软归咎于被当年早些时候学生和工人的示威游行所鼓励的法国国内的政治反对派。5 个月后，78 岁的戴高乐在公投失败后辞职了。

学术界人士和一些白宫经济顾问委员会的官员不断呼吁，要求允许国际货币出现更多的波动，这进一步加剧了货币事务中的不确定性。他们提出的建议包括扩大交易差价，实行“爬行盯住制”或“滑动平价制”，允许或鼓励货币的小幅贬值或升值。米尔顿·弗里德曼则公开主张采取更为激进的行动：建立一个自由浮动的汇率体系。在他看来，新的体系能够让市场迅速有效地纠正国际收支失衡，并更好地协调各国货币政策之间的差异。实际上，他是在提议放弃布雷顿森林体系的主要部分，让货币服从市场的指挥。他认为这完全是理性的，不考虑其他国家的意愿。

1 十国集团实际包括 11 个主要经济体，就国际金融和经济事务开展协商。

他在学术上的主要反对者是罗伯特·鲁萨。鲁萨认为，20 世纪 30 年代的经验充分证明，浮动汇率制度会带来不稳定性，这与布雷顿森林体系体现的秩序恰恰相反。

在美国或者国外，很少有人支持轻易放弃固定汇率制度。这是我第一次作为副部长到巴黎参加经济合作与发展组织第三工作组会议[1]时，我的一位欧洲同行提出的一个强有力的观点。

当时，惯例是在官方会议后（本身是机密会议），主要成员撤离到郊区一个隐蔽的地方——那一次是在荷兰外交大使的住所，目的是鼓励大家在没有员工和媒体的情况下，在餐桌上开诚布公地交换意见。事实上，我很快就遭到了比利时央行行长的口头（几乎也算是身体上的）攻击，他在我面前挥舞着手指说："如果你出去鼓吹这些关于汇率自由浮动的言论，投机行为就会拖垮整个货币体系。你们美国人的头上将沾满鲜血！"

我知道他是有一定道理的。讨论中的技术变化无法显著改变我们的国际收支逆差，只会放大对美元未来预期的不确定性。因此，在会后的新闻发布会上，当被问及对汇率自由浮动的看法时，我试图表现得对此无动于衷："学术界已经对这些想法进行了很多讨论，而这些讨论也仅限于学术界。"

以每盎司 35 美元的黄金价格为支撑的货币体系仍面临着投机压力。事实证明，在 1969 年的大部分时间里，美国利率的上升——反映出一种似乎要决定应对通胀压力的努力——支撑了市

1 经济合作与发展组织是一个国际经济合作论坛，第三工作组是其下设小组，小组成员私下会面以解决国际收支失衡问题。

场对美元的信心。但这种情况并不持久。对于亨利·基辛格的国家安全研究备忘录 7 中建立的“沃尔克小组”来说，给可能出现的危机设计解决方案仍是一项首要任务。我与早些时候在财政部工作时认识的许多同事通力合作，为总统准备了建议。

我们中没有一个人准备轻易放弃布雷顿森林体系的固定汇率和美元可兑换黄金的框架。然而，我们的分析确实强调了变革的必要性。到 1969 年中期，美国剩余的黄金储备仅占对外美元负债的 25%，远低于 8 年前肯尼迪政府开始时将近 80% 的比例。特里芬难题是显而易见的。

我们很快就得出了结论：可能发生的法郎贬值，会引发进一步的不确定性。事实上，在戴高乐辞职 3 个多月后，1969 年 8 月，法郎确实贬值了。

最容易想到的方法是，大幅提高官方黄金价格，这将使我们黄金储备的美元价值立即翻倍或增至三倍。但这主要有利于南非和苏联这两个政治上不友好的黄金生产国，并会奖励像法国这样一直要求用美元购买黄金的少数欧洲国家，无法保证它能实现我们的真正目标：降低美元相对于其他货币（如马克和日元）的价格，以促进出口、减少进口，并缩小国际收支逆差。

为实现这些目标，黄金价格 10% 或 15% 左右的小幅波动，可能有助于美元贬值。但实际上，其他国家可能会很快仿效美元相对于黄金的贬值。不管怎样，美国会放弃对黄金固定美元价格的承诺，而这是布雷顿森林体系的关键，也是保持各国合作和美国领导地位的基本要素。这对我们最亲密的盟友尤为有害，因为它们没有将美元兑换成黄金。这也无法解决特里芬难题。依靠与黄金兑换价格固定的美元，来满足不断扩张的世界经济增长带来的储备需求，这样一种体系正接近其自然极限。

接下来是循序渐进的变革，创造更多官方认可的国际储备资产作为黄金和美元的补充。鼓励经济上强大的盟友采取货币升值——联邦德国，尤其是日本——恢复国际收支平衡，恢复国内物价稳定。这些方法对保持市场对美元的信心至关重要。

这些考虑，促使我在白宫内阁会议室向总统做了一次很长且复杂的陈述，当尼克松总统最终宣布会议结束时，肯尼迪部长对我说："保罗，他没有说不，你被亮了绿灯。"（直到后来我才知道，尼克松先生经常在结束会议时不发表评论，而是在后来的备忘录中做出决定。）

有希望建立对美元信任的一个措施，是与南非艰难地谈判，迫使其以市场价格出售新生产的黄金，而不是以官方价格出售给中央银行。这个问题在1968年形成双层黄金市场后一直没有解决。结果是，至少暂时，市场价格下降到（或略低于）官方价格。但这不可能持续很长时间。

我们可以采取的另一个更为系统的措施，是提议激活最近达成一致的特别提款权。这是乔·福勒向弗吉尼亚律师协会所做的应急计划演讲的最终产物。这一看似温和的举措也受到了欧洲人的质疑，他们习惯性地担心美国试图通过这样或那样的手段逃避货币纪律。

我立即前往世界各地，推销这些新的特别提款权的想法。我们成功了，但是数量降低了：第一年激活35亿美元的“纸黄金”，接下来两年各30亿美元。以今天的标准来看，这个数字很小，并且远低于提升对美元信心所需的金额。

美联储主席马丁终于在1970年初从美联储退休了，他的限制性货币政策被尼克松指责为1960年选举失败的根源。伯恩斯（时任教授，是尼克松的顾问）成为新任主席，他是一位备受尊敬的商业周期专家，且与总统关系密切。但对我来说，这位新任美联储领导近乎反常地愿意放松政策，降低货币市场利率，即使是在美元面临贬值压力的时候也要这样。我不止一次地恳求我的长期伙伴和朋友，美联储董事杜威·达恩，劝说主席不要在我准备会见外国副部长时实行宽松政策。

最终，这些措施——南非的黄金销售、激活特别提款权，甚至是略微紧缩的货币政策——都不足以挽救美元或解决潜在的收支赤字。美国的竞争优势不够强大，反映为贸易顺差缩小，根本就不足以抵销大量政府海外支出和长期资本外流。这个时候，需要采取更根本的方法。

作为商业周期课程的学生，我非常尊敬阿瑟·伯恩斯教授。我知道他也强烈地，甚至在感情上，认为美联储的独立性至关重要——他会经常将其与最高法院进行比较。但是很明显，他一直受到白宫的压力，这种压力在多大程度上影响了他的政策，我不得而知。毕竟，在通胀仍处于萌芽阶段时，央行行长天生不愿意“收走大酒杯”，开始采取紧缩措施。不管怎样，美联储当时救不了美元。

沃尔克小组就改革方案进行了激烈的辩论，每个成员都有充分的机会表达自己的想法。最年长、最睿智的乔治·威利斯领导财政部的国际事务。他是我们当中唯一一位在 1944 年布雷顿森林会议中有官方职务的人。他在我们的会议上不停地做记录。当被问到对一项提议的看法时，他总是用低沉沙哑的声音回答：“这不可行。”

在一次会议上，我很恼火，于是问他：“好吧，乔治，那你说什么是可行的？”

“没有方法。”他以更生硬的方式回答。

我不服输。相反，我开始感觉到，我们迟早不得不中止我们将美元兑换为黄金的承诺，这是迫使汇率充分调整和推进改革的唯一方法。我们需要选择合适的时机，不能等到黄金需求激增而无法被满足的时候才采取行动。

为了做好准备，我让一位小心谨慎的资深内部经济学家约翰·奥滕私底下估算，如果要平衡对外支出，美元的市场价值需要降低多少。几周后他给出了答案：如果美元对欧洲货币和日元贬值，则至少需要贬值 15%；如果全世界都愿意接受美元贬值——这种情况不切实际——则为 10%。

这足以促使我开始写一份长长的备忘录，阐明我提议的办法：“暂停”（将美元兑换为黄金）、谈判新的外汇价值，以及“改革”。这些措施都是为了“重振”布雷顿森林体系。

就在那个时候，一股强大的新的政治力量来到了财政部。这就是得克萨斯州前民主党州长约翰·康纳利，他因在达拉斯陪同当日遇刺的肯尼迪总统时受伤而闻名全国。康纳利在白宫作为阿息委员会成员，在改组政府时有力而善辩的表现，使尼克松看中了他，便在 1971 年初将他安排在财政部，取代戴维·肯尼迪成为财政部长。

我认为接下来会有人事变动，便准备了一封辞职信。本届政府中唯一一位民主党派内阁成员康纳利，在我们的第一次会议上对我的辞职信不予理会。他告诉我和其他财政部官员，他唯一的要求就是忠诚。

我们的个性大相径庭：一个是无所顾忌的得克萨斯政治“动物”，一个是谨小慎微的毕业于常春藤盟校的经济顾问。不知怎的，我们竟然异类相吸了——相处得很好。他在华盛顿初期时独自生活，有时会邀请我陪他一起与商界的高级别朋友共进晚餐。

康纳利在没有接受过经济培训的情况下，反而本能地认为美国陷入了经济困境，需要美元贬值，尤其是对日元贬值，以减少进口竞争，帮助我们的出口商。作为一名曾在太平洋服役的“二战”老兵，他以“如果他们不愿意接受艾奥瓦州的牛肉、佛罗里达州的柑橘和罗得岛生产的产品，那么他们最好准备在横滨的码头上，坐在丰田车里观看自己的索尼产品”这样直截了当的话而闻名。

这并不是一种尊重“精心修剪的国际金融竞技场”（我在他的一次演讲中插入了这句话）的谨慎外交方式。从本质上讲，他对经济学家和一些政府顾问讨论的技术改革想法没有耐心。在这一点上我们意见一致。

他的人格魅力给白宫和财政部的人都留下了深刻的印象。肯尼迪部长已经失去了对总统的影响力和与他接触的机会，相比之下，尼克松似乎在几乎每一个问题上都希望得到康纳利的建议。从前不屑于财政部并习惯发号施令的白宫官员突然被告知，几乎一切事务都要与财政部核对。就连白宫常驻经济顾问——乔治·舒尔茨、保罗·麦克拉肯、皮特·彼得森——也突然不情愿地被迫退居二线。阿瑟·伯恩斯在日记里，生动地描述了约翰·康纳利的到来给白宫造成的混乱和不确定性。

所有其他占用时间的事项，都不能转移这位新部长对国际金融体系日益严重的危机的注意力。一天，他走进我的办公室，提出了问题："我们该怎么办？"我关于这个问题的备忘录还没有定稿，便递给他一份草稿。

之后我再也没有看到过那份文件，但有迹象表明，他认真考虑过这些建议。他明确表示，这是他（和财政部）牵头的领域。

5 月初，联邦德国停止捍卫美元（停止买入美元以打击抛售美元和买入马克的投机者），并允许其货币暂时浮动。5 月底，康纳利在慕尼黑与联邦德国财政部长和主要银行家举行了首次官方会议。50 家大型国际银行的首席执行官和官方受邀来宾参加了一年一度的国际银行业大会。

康纳利是最后一位演讲者。我们准备了一份关于改革和货币调整必要性的草案，结论并不出人意料，也就是说，长期顺差国家采取货币升值，正如联邦德国做的那样。他以一项坚定的声明取而代之："任何问题的解决都需要理解，任何参与者都必然有一些不可改变的立场。我相信这一点，不带有任何傲慢或轻蔑，我想充分表明，我们不会贬值，不会改变黄金价格，我们将控制通胀。”

这是抵御投机者押注美元会贬值的一种方式。

我问他，如果考虑到现实情况，我们的立场则很可能需要改变，那么他是否真的如此笃定。他的回答我永远记得：“这是我今天无法改变的立场。我不知道今年夏天我的立场会是什么。”

他的演讲很有力，也许还因为他有点儿发烧而显得更为有力。金融界很快意识到，有一位新的美国领导人需要认真对待。

使局势进一步复杂化的是，美国经济开始艰难前行。失业率超过 6%，通货膨胀率顽固地保持在 4% 左右，与随后的事态发展相比，这没有那么糟糕，但也没有接近政府承诺的水平。在慕尼黑会议上，阿瑟·伯恩斯重申了他的“收入政策”，旨在遏制工资和物价上涨。

经过多次内部辩论后，康纳利于 6 月 29 日被任命为政府经济政策的官方发言人，并宣布了后来被称为“四个不”的政策：不进行强制工资和价格控制，不设立工资和价格审查委员会，不减税，不增加联邦开支。这一切很快就会被打破，但对货币体系的担忧似乎暂时被搁置一旁。

然而，在幕后，随着我们的外汇储备向 100 亿美元下滑，部长开始私下向总统提出暂停将美元兑换成黄金的必要性。他在 8 月初对我说，总统对此深信不疑。或许我可以向行政管理和预算局局长乔治·舒尔茨和经济顾问委员会主席保罗·麦克拉肯简要地说明我们的想法。但是总统希望将行动推迟到8月国会休会后。

早些时候，我在财政部召集了一个由三四人组成的小组，包括总法律顾问助理迈克尔·布拉德菲尔德和美国在国际货币基金组织的执行董事比尔·戴尔，提出了一项方案：（1）宣布暂停将美元兑换为黄金及其背后的逻辑；（2）说明在“过渡性”浮动之后，有必要对汇率进行实质性调整；（3）实行为期三个月的工资和物价冻结，以防止即刻出现通货膨胀反应；（4）澄清只有在汇率谈判之后，我们才能考虑更适当的改革制度。其中的细节，甚至详细列出了谁在什么时候去通知我们最亲密的外国同盟中的谁。但是，之后令我后悔的是，我们没有把反通胀的紧缩货币政策的要求放在首要位置——毕竟，这是美联储的事情。

康纳利部长在没有审查细节的情况下，坚持对进口商品征收附加费，尤其是针对日本的进口商品。我不喜欢这样的想法，这看起来是布雷顿森林协定中禁止使用的“经济武器”的再次使用，并一再将其从“行动”文件草案中删除。但康纳利一直坚持要加上这条，他深信，在货币谈判的同时，还需要开放外国市场和更好地分配北约的开支。（今天当我写下这些话时，美国正处于特朗普政府执政期间，可谓“万变不离其宗”。）

因为谈判要推迟到夏季休会结束之后，康纳利便回到了他在得克萨斯州的牧场，并指示“如果需要请给我打电话”。果然，他没有等多久就接到了电话。

众议院银行委员会主席，活跃分子和雄心勃勃的亨利·罗伊斯于8月7日（星期六）发表了一份报告，以众议院－参议院联合小组委员会的名义要求改变美元汇率，特别是对日元的汇率。两个月前，罗伊斯敦促美国关闭黄金窗口并暂时让美元浮动。他可能看过我们的方案。

几天之内，市场投机就开始活跃起来了。美元面临抛售压力，并且可能出现更大的黄金需求，这被英国周末提出的兑换要求证实了。我打电话告诉康纳利我们等不及了。他匆忙返回，并去见尼克松总统。他们同意周末采取行动。我早就预料到这一天的到来，也一直害怕这一天的到来。我花了数年时间捍卫的国际货币体系，即将分崩离析。

戴维营

总统助理、经济咨询委员会成员、预算局局长乔治·舒尔茨和我等约 20 人被叫到戴维营。为保密起见，我们被禁止与外界沟通。但我一直记得经济咨询委员会成员赫布·斯坦对一位年轻海军军官一个随意问题的本能回答，那位军官想知道人们为什么这么兴奋。

“这是历史性的一天。”

这正是我的感受。

在我们抵达阿斯彭小屋后不久，总统为会议制定了框架，把它交给了康纳利，康纳利列出了计划：

- 暂停美元与黄金兑换。

· 维持官方黄金价格不变。

· 实行 90 天的工资和价格冻结。

尼克松和康纳利在我的计划中添加了几项，包括 10% 的进口附加费、一揽子减税和信贷政策、一些特定的贸易限制，以及在最初冻结后延长价格控制的模糊提议，几乎没有提到与外国同盟政府合作进行改革的事情。

阿瑟·伯恩斯不同意。他争辩道（在我看来，这完全不切实际），他可以迅速与他的“朋友们”，法国财政部长吉斯卡尔·德斯坦和国际清算银行的耶勒·泽尔斯特拉，谈出一个令人满意的汇率关系。总统给了他一次私人听证会，但决定还是不变。

所有这些讨论，都在尼克松演讲撰稿人比尔·萨菲尔的 1975 年的回忆录《垮台之前：内部视角看水门事件之前的白宫》中进行了详细描述。今天，我仍然感叹他的洞察力之强，他敏锐地察觉到那个周末对我来说意味着什么。

> 即使我们在开玩笑的时候，房间里的人也知道沃尔克正备受煎熬。他接受的教育就是国际货币体系，他的使命几乎就是要捍卫它；布雷顿森林协议对他来说是神圣不可侵犯的；所有与他一起成长的和世界各地与他打交道的人，都彼此信任会在危机时坚持该体系的规则，以及美元与黄金的兑换等内容。然而，在这里，他正在参与推翻所有他认为是永恒不变的事情；对他来说，这不是一个愉快的周末。

周六，我们把各个部分组合在一起，用很少使用的包罗万象的《1930 年关税法》和《1962 年贸易扩展法》来为征收进口附加费的行政命令找到法律依据。财政部助理总法律顾问迈克尔·布拉德菲尔德，实际上是我的律师，在制定和捍卫我们的法律战略上起到了至关重要的作用。按照我的要求，特勤局把他从床上叫起来去戴维营。临时通知我准备的演讲稿被弃置不用了（这是很恰当的），总统与比尔·萨菲尔一起准备周日晚上要宣布的发言稿。

国务院没有派代表出席，显然反映出总统对自己能否向外国政府充分捍卫此项新政策缺乏信心。我被告知，国家安全顾问亨利·基辛格正在欧洲，国务院的同级官员正在休假，不便打扰。国际货币基金组织也未按其协议条款要求收到通知和批准请求。作为拙劣的替代者，我邀请国际货币基金组织的总裁皮埃尔－保罗·施韦泽到秘书办公室观看总统周日晚上九点在电视上的直播。他对直播的内容及事后才从新闻中得知的方式感到不满。

国务院助理部长也没有出席，我曾请他审查新闻稿初稿。他对康纳利提出的一项补充感到特别不安：美国将告知加拿大，我们打算终止一项长期建立的免除汽车和汽车零部件贸易关税的双边协议。“加拿大人会非常愤怒！”他大声喊道，不经意间证实了总统对该部门忠诚度的担忧。

幸好这一条款被单独列在新闻发布稿的最后一页，当时正在印刷。我建议他去财政部文印室把每一份的最后一页撕掉，他照做了。后来据我所知，没有人真正关心这条遗漏。

我还违反了禁止通知国际同行的严格指令，给我的日本同行柏木雄裕打了一通电话。尼克松发表演讲时，日本的金融市场即将开放，我希望他能提前得到提醒。

我不知道这通电话能否让日本人更容易应对这场危机，后来这场危机被他们称为“尼克松冲击”，那时与中国改善关系的第一次“尼克松冲击”刚发生不久。他们辩称，无论如何，他们都无意将持有的美元兑换为黄金，当时日本的美元持有量正快速增长。但我知道，我的举动受到了日本官员的高度赞赏。柏木雄裕，甚至他的妻子、儿子和女儿，至今都已经和我保持了 50 多年的朋友关系。

第六章

货币改革受挫

8 月 15 日，尼克松发表讲话，声称用“大胆的领导”来“创造没有战争的新繁荣”。这与我匆匆写下的“我们犯了错，但我们会做得更好”的合作请求和含糊的道歉截然相反。

讲话奏效了。媒体铺天盖地地报道工资与价格控制，以及给企业带来的利益。股市飙升，道琼斯工业股票平均价格指数当时出现了创纪录的最大单日涨幅。

国外一片哗然。货币交易场所暂时关闭，美国游客突然发现他们的美元至少短期内在许多地方不被接受。尼克松总统突然单方面停止美国履行了几十年的 35 美元兑换 1 盎司黄金的官方承诺，给美国一直致力发展和捍卫的国际金融秩序带来了阴影。

在美国空军的帮助下，我与达恩州长和萨姆·克罗斯州长连夜启程前往伦敦，与欧洲同行（碰巧还有两位日本同行）会面，解释我们迫切需要采取行动的原因。我们需要大幅调整汇率。全面的系统改革很重要，但还可以再等等。

尽管市场参与者一直呼吁通过采取行动来减少国际收支赤字，但他们的震惊甚至被背叛的感觉显而易见。欧洲媒体的反应是喜忧参半。在巴黎，法国媒体不断鼓吹美国领导的终结，法国经济和财政部长吉斯卡尔·德斯坦则平静得出人意料。我抽空去看望了女儿，她正好参加夏季交流项目路过巴黎。报纸登出了我们在豪华轿车后微笑的照片，指责我们是在度假。

康纳利同意我的观点，即应该将“临时性”浮动维持一段时间，以此来考察我们的贸易伙伴对美元充分贬值的反应，美元贬值将使我们的出口在世界市场上更具竞争力。我们坚决反对提高黄金价格。9 月在伦敦召开的十国紧急会议仅达成将于稍后再次会晤的决议。会上康纳利提出美国国际收支余额会波动 130 亿美元，这表明需要做出重要调整才能实现美国经常账户的最低盈余，以平衡资本和官方外流。面对外国官员的批评，他留下了那句著名的回答：“美元是我们的货币，但却是你们的问题。”我的国外同行们也开始认识到实施过渡性浮动的逻辑和终止美元兑黄金的必要性。他们渴望尽快达成和解，但仍然不同意我们认为必要的贸易和货币措施。

11 月下旬，双方态度都有所软化。在我看来，我们让步过多了。

尼克松总统十分重视即将到来的中国之行。受到亨利·基辛格的鼓励，他计划于 12 月拜访法国总统乔治·蓬皮杜和英国首相爱德华·希斯。他希望通过解决货币问题来平顺政治之途。十国集团罗马会议召开前夕，康纳利告诉我，总统愿意接受美元与黄金之间价格的变动，以促成与法国的协议。

结果，这是我参加过的最奇怪的官方会议。在与同行的初步会晤中，我建议美元首次贬值 11%（相对于其他工业化国家的货币均值）。这个降幅足以让我们取消进口税，但不会重新打开黄金窗口。

按照字母表的排序，康纳利恰巧是当时的十国集团主席。第二天早上，在科西尼宫举行的闭门部长级会议上，有些人为的因素使我成为美国发言人。正如预期的那样，我们的同行坚持认为，美国需要做出更大让步，其中最强烈的要求是，改变黄金价格，以使他们能够更容易接受本国货币的相对升值。

在与康纳利私下磋商之后，我提出了美元对黄金贬值 10% 或 15% 的假设。康纳利立即回应“贬值 10%”，并询问其他部长的意见。

沉默了近一个小时，联邦德国财政部长卡尔·席勒，这位曾经不羁的学者，表示联邦德国可以接受 10% 的美元贬值，并愿意“增加一些百分比”。“一些”是什么意思？席勒用德语回答，“一些”非常清楚，“不是指一，而是指二”。这就让美元可能相对马克贬值 12%。沉默了一会儿后，有人建议会议休会到午餐后，各国财政部长要同他们的国家元首商议。

我们第二天才能知道其他部长的确定性答复。康纳利提出美国还要求十国集团成员增加国防开支并减少与美国的贸易限制，其他财政部长立即表示他们做不了主，这是欧共体的管辖范围。

康纳利问道：“相关负责人来了吗？”

“是的，他在接待室。”

“请他进来。”

这个问题把时任欧共体委员会副主席的雷蒙德·巴雷问得手足无措。他对情况一无所知，对康纳利的要求不知该如何回答，但这也是情有可原的。五年后，他成为法国总理。

会议结束了。尴尬的部长们要求销毁所有磁带记录。康纳利保证他会销毁记录，并向媒体发出确切的简短声明，称罗马会议已经取得了进展，但还未达成协议。

那天晚上，我对康纳利政治直觉的影响力有了更深刻的认识。在罗马七丘之一的山顶宫殿举行正式晚宴后，他站在那里，即兴颂扬古罗马、意大利和现代欧洲文明的胜利成就，指出各国财政部长有责任推动世界货币体系乃至人类自身和谐发展。

他的演讲激动人心。康纳利曾被视为粗鲁的得克萨斯州霸王，对国际合作漠不关心，但这次会议，他显示出自己是一个博学、强有力的全球政治家。

四周内，协议达成。

12 月中旬，尼克松和蓬皮杜在亚速尔群岛的美国军事基地举行会谈，会谈内容包括罗马会议条款，双方顺利达成一致。尼克松准备访问中国，急于讨论地缘政治问题。但蓬皮杜作为罗斯柴尔德投资公司的前银行家，在黄金价格方面说服了尼克松。他说法国一直将黄金作为抵御动荡的堡垒，黄金价格是个政治敏感话题。罗马会议后，黄金价格已经悄然发生了变化。蓬皮杜坚称，黄金价格要涨到每盎司 38 美元，法国法郎的黄金价格保持不变。美元将对法郎贬值，但贬值程度不足以令人满意。

当蓬皮杜和尼克松继续讨论其他议题时，其余的货币问题留给了康纳利和吉斯卡尔·德斯坦参加的平行会议，我和雅克·拉罗西埃作为副手陪同。虽然法国黄金价格的涨幅比罗马会议讨论的 10% 要高一些，但吉斯卡尔承认，除非我们实现国际货币体系的全面改革，否则美元兑换黄金不可能也不会恢复。日元需要大幅升值。可以围绕新的“中心”价值确立更大的货币交易区间，使汇率能在更大的幅度内波动。我们的讨论比尼克松和蓬皮杜之间的会谈长一点儿，这令领导人感到不耐烦。当我们最终达成协议的时候，才发现现场没有秘书，在场的人都不会打字。我们委托基地一位陆军中士的妻子找一名打字员。我在打字员背后读，打字员把我几乎无法辨认的笔记打成一份正式文件。我现在还留有一份带签名的复印件。

对我来说，圣诞节前在华盛顿达成的《史密森协定》有点儿虎头蛇尾。十国集团的大多数成员都同意，在金价调整后，本国货币对美元相应地升值。正如承诺的那样，联邦德国马克升值更多“一些”，日元被迫升值近两倍。但美元贬值幅度仍远低于 10%~15%，在我看来，这是必要的最低值。当然，我也知道在一次会议上重新调整这么多货币已经是史无前例的了。

康纳利邀请尼克松出席，并对协议表示祝福。他大做文章，称赞它是“世界历史上最重要的货币协议”。我转向我的一个助手并低声说：“我希望它能维持三个月。”

永远浮动?

六个月后，英国通货膨胀和贸易平衡被打破，出现了对英镑的投机，协议出现了裂痕。英国不再维持英镑的官方价格，6月下旬，英镑开始浮动。1972年末至1973年初，投机资金从意大利里拉流向瑞士法郎，数额更为巨大，对《史密森协定》的持久性提出了挑战。到1973年2月，外汇市场受到干扰，美元已经到了需要政府干预来稳定的程度了。

我想，为什么不抓住时机，推动美元进一步贬值，以加强美国的竞争地位?

5月中旬，康纳利部长辞去了他在财政部惊心动魄的18个月的职务。我需要说服他的继任者乔治·舒尔茨。我的想法说起来简单，实施起来却困难重重。美国将把美元计价的黄金价格再提高10%，要求日本将日元兑美元升值20%。我希望，欧洲和一些从日元升值中受益的发展中国家，能够允许本国货币对美元升值10%。

令人惊讶的是，我的想法得到了认同。总统赢得了连任，授权我开始谈判。1973年2月初一个繁忙的周末，我先是在星期五晚上秘密乘坐空军飞机抵达日本，在日本财政部长爱知揆一东京的家中和他会谈。当然，我提出的升值幅度让他大吃一惊，他不能立即同意日元升值20%。爱知揆一果敢且富有合作精神，他提出，如果欧洲货币对美元升值10%，则可以让日元汇率上浮，甚至接近 20%。

我觉得这样很好，准备去波恩会见联邦德国财政部长赫尔穆特·施密特。我认为施密特最有可能帮我达成协议。但按照规定，空军机组人员在第二次夜间飞行之前需要更长时间的休息，而候补机组人员却在阿拉斯加的安克雷奇。我在华盛顿的副手杰克·班尼特与国防部长商量，免除了这项规定。

由于航班延误，我在波恩着陆时，正好遇到施密特的飞机飞往巴黎。鉴于事先知道我要来，他想先和法国达成一致。我在波恩过夜，第二天见到了施密特和联邦德国央行行长。开局顺利，我又一鼓作气去了巴黎和伦敦，甚至罗马，那里的货币市场已经出现动荡。

最后，在吉斯卡尔的巴黎公寓里举行的一次星期日午夜会议上，终于达成共识。关于汇率的提议得到了各方一致同意。

此外，没有人反对乔治·舒尔茨的做法，即随着汇率的大幅调整，美国可以安全地解除对外国投资和银行贷款的控制。（我们解除了对国内工资和物价的控制，以及 10% 的进口附加税。）

但有一点我很失望。我认为，新达成的汇率和黄金价格（42.22 美元）会很容易受到新的投机活动的影响。为了表达信心，我们应该准备集体干预以稳定黄金市场：实际上是建立一个新的黄金池。不幸的是，这一点并未达成一致。

日本派了一位我熟识的前财政部长与我去波恩。一旦欧洲人确认了协议，日本也会跟着确认。我四天跨越大约三万英里（约 4.8 万千米）的长途跋涉结束了。2 月 12 日星期一晚，舒尔茨部长在华盛顿公布了这些变化，包括取消了我曾经参与制定的利息平衡税。

西欧和日本的大部分外汇市场在公告后的第二天就关闭了。当它们重新开放时，黄金价格起初持稳，但很快就在没有官方阻力的情况下大幅上涨。到 3 月初，对美元的投机压力实在太大，导致日本和西欧国家再次关闭外汇市场。

欧洲主要国家邀请美国于 3 月 9 日（星期五）在巴黎召开紧急会议，这次会议非常重要。上午的会议上，各国财政部长表达了对缺乏实际选择权的不满。最后认为，临时浮动似乎是唯一合理的途径。

舒尔茨一直是尼克松的顾问，赞同浮动汇率和自由市场。1971 年黄金窗口关闭时，作为总统顾问，他就建议这样做，但当时被康纳利和伯恩斯以及总统否决了。我不确定，一旦他承担起财政部长的全部职责，他会怎样做。

巴黎会议上的其他人还不太熟悉舒尔茨，他整个上午都保持沉默。最后，主席问舒尔茨，是否可以接受暂时采取浮动汇率。他回答说，是的，如果这是十国集团的共识，那么他可以接受。

这种“临时”安排在 50 年后仍然存在。全球没有达成一致的货币标准，各国货币都有不同程度的“浮动”和“固定”，美元仍然是全球储备货币。

一周后，布雷顿森林体系在巴黎的私人午餐中悄无声息地画上了句号。阿瑟·伯恩斯再次恳求乔治·舒尔茨努力恢复美元的固定汇率。考虑到如果不解决通胀问题，美元就不可能稳定，我的直觉是，“那么，你最好回华盛顿收紧货币”。

他没有去。

在巴黎举行的记者招待会上，记者问这项协议将对美国货币政策有什么影响。伯恩斯夺过麦克风宣布：“贴现率的决定权在华盛顿，不在欧洲。”

改　革

在《史密森协定》签署后的一年，决定进行临时浮动之前，国际货币体系彻底改革的基础就已经奠定。1972 年，乔治・舒尔茨成为财政部长后不久，问了我一个非常合情合理的问题：我们对货币体系改革有什么计划？诚实的答案是，基本没有计划。随着国际货币基金组织年会的临近，我们需要做好准备。

我开始着手做这件事。几周后，沃尔克团队就给出了改革框架，舒尔茨部长就此在国际货币基金组织年会上发表了前瞻性讲话，特别呼吁在新设立的谈判机构内进行货币磋商。我们建议十国集团应与基金组织总裁和理事会保持一定距离。欧洲国家在十国集团和国际货币基金组织席位占比很大。这意味着，将一些较大的发展中国家代表拉进组织作为制衡，对我们有好处。这并非没有实际意义，欧洲严格限制美元在国际货币体系中的作用，而这些发展中国家可以削弱欧洲的力量。在我看来，欧洲的做法根本不切实际。

具有讽刺意味的是，正是美国政府主导了布雷顿森林会议，在近40年前创建了国际货币基金组织，现在又要创建一个新的谈判机构来绕过基金组织。但世界经济和政治都发生了变化。相对于日本和大型发展中国家，欧洲小国家的影响力丧失了。日本和大型发展中国家可能会接受不那么严格的汇率制度。以我的观点来看，这并非偶然。

结果是成立了新的委员会，由来自20个国家的财政官员和央行行长担任委员。正如一位新成员描述的，委员太多，没有共识，只是自说自话。但在我看来，这只是世界与美国的对话。[1]1972年9月，在华盛顿国际货币基金组织年会前不久，我亲自向当时国际货币基金组织总裁皮埃尔-保罗·施韦泽表达了美国官员的不满。

就个人而言，我很钦佩施韦泽，"二战"期间他参与了法国抵抗组织，进过集中营。他的叔叔阿尔伯特·施韦泽还是诺贝尔和平奖得主。但是，施韦泽在与康纳利、舒尔茨和肯尼迪部长会面时屡次试图掌控货币磋商，指责美国，有时甚至侮辱美国代表，因此他不受人欢迎。

最后，为尽释前嫌，我建议告知施韦泽美国将支持他的重新任命，条件是他同意只任职一两年。

施韦泽意识到这是不信任投票，他告诉新闻界不希望被重新任命。这一年，在基金组织会议开始时，成员们热烈鼓掌欢迎施韦泽。我认为，会议主要批评了强硬的美国，并表达了对施韦泽

1 第二年，舒尔茨邀请法国、联邦德国和英国的财政部长在白宫图书馆参加非正式会议，这就是五国集团前身。不久之后，日本也加入了。

个人的钦佩。舒尔茨部长提议在20国委员会推进改革讨论，他富有建设性的讲话挽救了大局。

从会议开始，在施韦泽的明确支持下，欧洲人极力推行“资产结算”制度，目的是阻止美元作为储备货币广泛使用，并防止美国享有“过度特权”。针对这些，法国早在几年前就谴责过。简而言之，所有国家都必须以议定的中性资产，如黄金、特别提款权或两者的组合，来进行国际收支结算。现有的美元余额将转进基金组织的“替代账户”，实际上为本国货币汇率价值提供担保。美国不能再毫无顾忌地保持高额赤字，从愿意持有美元的顺差国家那里轻松融资。如果没有资产结算制度，美国就会滋生通货膨胀，争论就此开始。

我们的反对意见是，几十年来，美国实际上很少或几乎没有出现过通货膨胀，这比大多数贸易伙伴的表现都要好。不巧，美国当时正开始经历普遍的通胀。实施浮动汇率制度，似乎结束了维持美元在世界市场上价值的任何担忧。但事实上，美元汇率的急剧下降，会造成进口成本增加，从而输入通胀。

在我（和许多人）看来，受到严格控制的资产结算体系对于顺差国家和逆差国家来说都显得不切实际。即使金价大幅上涨或新特别提款权的分配大幅增加，资产结算体系也会因缺乏足够的灵活性而崩溃，导致汇率更加不稳定，市场管制增加。

我们建立了一个备选的“储备指标”体系。其基本思想是，大量减少储备资产，甚至迫使减少或消除逆差（如有必要，可通过货币贬值实现）。同样，随着时间的推移，大量储备资产的积累也可能意味着需要减少或消除顺差。一些货币的可兑换性恢复了，但美元（或其他货币）仍可作为有用的储备资产，并可增加资产弹性。围绕“中心价值”的浮动区间将扩大。对于某些国家来说，浮动汇率是万不得已的办法。

舒尔茨在学术界以调解劳资纠纷和芝加哥大学商学院院长身份著称，芝加哥大学以活跃的经济系而闻名。当我和他一起工作时，我知道他天生就是一个合作者和调解人。他与他的内阁同事耐心地考查着我提出的以特定汇率价值为中心对货币体系进行改革的想法。

虽然我认为磋商取得了一些进展，但20国委员会未能及时在1973年9月国际货币基金组织在内罗毕举行的年度会议上达成协议。石油危机正在酝酿，进一步加剧了通胀压力。水门事件也增加了不确定性。我判断，吉斯卡尔·德斯坦愿意实实在在地促使各国意见统一，他呼吁磋商暂停一年。

磋商再也没有恢复。当然，这是一个令人遗憾的结果。我在财政部工作的大部分时间都致力于稳定和改革国际货币体系，但最终都失败了。

不可能三角

今天，从长远的角度来回顾，我觉得自己对两个大的教训重视不足。

第一个教训是，国际货币改革的目标本身存在内部矛盾。这些目标超出了一个对国家政府负责的财政部副部长和他的外国同行所能协调的范围。主权国家通常希望：第一，完全自主调控货币政策和财政政策；第二，享受资本跨境自由流动的好处；第三，有稳定的、可预测的外汇汇率。

从概念上讲，如果一国允许汇率相对自由浮动，就能够实现和保持前两个目标。（这样做的国家包括美国、加拿大、日本和英国。）

如果一国愿意牺牲对货币政策的控制，则可以实现后两个目标——资本自由流动和稳定的汇率。（最极端的例子是欧元。欧元区各国货币消失，中央银行为整个地区制定货币政策。）

或者，如果一国不允许国际货币和资本自由流动，则可以保持固定汇率和货币政策的独立性。（20 世纪 60 年代，美国朝着这个方向发展；今天，中国正在努力解决这个问题。）

但三者不能同时实现。在沃克尔团队的讨论中，乔治 · 威利斯是正确的，他说："怎么做都没用。"

这是"不可能三角"。

此外，有序的国际货币体系需要一个固定的参照点——基准价格，如黄金、被广泛接受的国际货币，或两者的组合。但是，正如特里芬教授在布雷顿森林体系时代教导我们的，在贸易扩大和经济增长的背景下，几乎不可能长时间维持固定的金价或黄金与单一储备货币之间的可兑换性。最终，如果货币过度扩张，货币存在的基础——信任就会减弱。

而决定汇率（或资本管制，甚至是货币政策）永远不可能单方面完成，这使问题更加棘手。最明显的就是，每一次汇率变动都会影响其贸易国的货币价值。问题的解决之道在于，通过协议或约定，设定一个基准价格，用它来衡量一国的货币价值：之前是黄金，现在更普遍的是美元。但随后，美元变成了“第 n 种货币”，不经其他贸易国同意就无法改变汇率，这正是《史密森协定》的重点。

现在看来，当时显然缺乏维持有序的国际货币体系所必需的国家间的妥协和规定。于是，这种“非系统性”盛行了近 50 年。

第二个教训不是逻辑或者经济理论的问题，而是政治现实的问题。1971 年和 1972 年，尼克松总统的重心并不在于维持稳定货币。（水门事件的爆发和对其的掩盖成了重中之重。）国际规则丧失，加上缺乏强有力的财政政策和货币政策，通胀进程开始了。

由于命运的巧合，几年后，我注定要领导应对大通胀和与之相关的拉美银行业危机。

受益匪浅的财政部经历

在离开财政部之前，我确实有机会对美国政府借钱的方式进行一些有益的改革。在这方面，我们可以在不涉及立法或国际协议的情况下自行完成大部分改革。

几十年来，美国财政部出售国库券和长期国债（一年期以上的债券）的标准做法，是将债券发售日期，以及这些债券的到期日、固定利率和总金额等，通知潜在的买家。对财政部来说，其中存在一些不确定性，例如投资者需求是否足以完成发售。从市场的角度看，投资者和交易者等待发售时间和条款时存在风险。

为了将市场担忧降到最低，美联储认识到必须确保债券发行之前、其间和之后的市场利率稳定。随着发行规模和频率的增加，美联储这种所谓保持利率“平稳”的做法变得越来越尴尬。

我们通过拍卖解决了上述问题。长期以来，美国国债发行一直采用拍卖的方式，现在一年期或一年期以内的债券也进行拍卖。在拍卖过程中，潜在买家会收到关于新债券规模和到期日的通知，但没有价格或利率方面的通知。之后感兴趣的买家可以提交愿意支付的价格和购买的金额，财政部会设定一个限价，保证新债券能够全部卖出。

尽管多年来疑虑一直未消除，但即使是对市场价格变化风险最大的 30 年期债券，拍卖的方式仍然管用。美联储不用再担心较长时期内保持市场利率平稳的问题了。

我还监督了新的联邦融资银行首次出售合并债券。合并债券主要是为了整合一些历史上由专门的政府机构单独销售的债券，这些机构如美国农场主住宅管理局、田纳西河流域管理局等。从法律上讲，作为联邦政府的义务，这些机构的债券与美国国债具有相同的地位。但因为每个机构的融资金额相对较少，这些债券的交易受限，利率也比流动性更强的国债高得多。

我们说服国会合并这些机构的贷款，并把新合并债券（现在规模大得多）与国债一起出售，一定程度上是为了掌握这些分散机构的融资总量。今天，联邦融资银行的债券直接出售给财政部，由国债定期融资。

大型的抵押贷款购买者和承销商，房利美和房地美[1]名义上是私人政府机构（这本身就是矛盾的），旨在帮助个人住房融资。它们持续向市场发行自己的债务——严格来说并没有政府担保。然而，它们的产品条款和期限需要财政部批准。我在财政部任职后期，利率随通胀上升，房利美越来越担心借贷成本的增加，于是其公司高管申请应该允许他们有限销售非常短期的债务，如私人商业票据，主要是节省利息成本，因为短期债务的利息比长期债券低。但扩大"限额"销售的诱惑令人难以抗拒，过度依赖不稳定的短期资金风险太大，基于以上考虑，我拒绝了他们的请求。

几年后，我担任美联储主席后，新任房利美主席戴维·马克斯韦尔前来与我会面。他解释说，现在规模庞大的"机构"正濒临破产。他们卖掉了许多短期债务，但还是难以满足利率上升的需要。

我在财政部的继任者显然没有领会我的谨慎！

当时，房利美蒙受了巨大损失。但整个事情象征着充满政治动机的结构性缺陷，正是这种缺陷导致了2008年的金融危机。房利美成立于20世纪30年代，是一家成熟的政府机构，可以对长期住房抵押贷款市场提供支持。60年代后期，房利美被"私有

1 更正式的名称是联邦国家抵押协会和联邦住房贷款抵押公司。

化”了，纯粹是为了将其移出联邦预算的开支项目。但是，它的政府机构的光环依然存在，其债券有资格被美联储购买（根据法律，美联储可以购买联邦“机构”债券）。

并非完全巧合的是，数年后，当我担任投资银行家时，房利美与我接洽，要求我为其资本规划的充足性做担保。我签署了一项有条件的规划，但很快就失去了约束力。

房利美与其新获批准的竞争对手房地美赚得盆满钵满。它们都是住宅抵押贷款的活跃买家，包括 2008 年危机前许多质量欠佳的贷款。危机初期，政府对其提供了支持。直到今天，这两家机构仍处于财政部的管控之下。在金融监管方面，还有很多工作尚未完成。

插　曲

我决定在 1974 年初离开财政部。那时尼克松政府几乎被众所周知的水门事件所吞噬，陷入了混乱。乔治·舒尔茨也受够了。5 月，他离开财政部进入了著名的贝克特尔公司。比尔·西蒙踌躇满志，他原是舒尔茨的副手，并掌管联邦能源局（成为尼克松的“能源沙皇”），成为新一任财政部长。后来，我发现有人说我也有可能继任部长。但面对当时高度政治化、功能失调的政府，我根本没有这个打算。我早就应该多关心我的家人了。

私营部门不乏有吸引力的岗位，一些公司开出了六七位数的薪酬。做出决定之前，对普林斯顿大学的感情及其对公共事业的热忱促使我重新回到了伍德罗·威尔逊公共和国际事务学院，任教一两个学期。

我在财政部任职期间，芭芭拉担负着家里的大部分重担，我们一家人都享受在华盛顿的生活。我们有很多来自财政部、美联储和其他地方的志同道合的好友，包括达恩家、韦登鲍姆家、布里尔家、奥肯家、罗西兹家、科恩家、沃利希家和鲍勃·所罗门家。芭芭拉对政治和华盛顿的态度犀利尖刻，但她总能以一种令人信服的方式表达观点，这使她特别受欢迎。我们的女儿贾尼丝也秉承了她妈妈的态度，在自己的汽车保险杠上贴上了“弹劾尼克松”的标签。

我第一次在财政部任职期间，贾尼丝在马里兰州的切维蔡斯我们家附近的一所小学上学。1969 年，我们搬到华盛顿市中心的克利夫兰大道时，贾尼丝就读于联邦德国维尔之友学校。它是华盛顿特区私立学校中较为自由的一所学校。

我儿子吉米面临独特的挑战。他出生时患有脑瘫，花了好几年时间，做了多场手术后才能够行走，但他的心智很健全。

芭芭拉一生都在与糖尿病做斗争，她决定让吉米在正规学校接受教育。幸运的是，她联系到罗伯特·巴罗斯，这位富有献身精神的年轻人刚开始创办一所新的天主教小学——天主之母小学，他同意接受吉米读到高中。从那以后，在芭芭拉的主张和请求下，著名的圣奥尔本斯学校校长——备受尊敬的卡农·马丁，向一个身体条件特殊的学生敞开了大门。

我记得当我离开财政部时，因为我自认为剥夺了贾尼丝拥有家乡的权利，便向她道歉。“你是什么意思？”她直截了当地说，“华盛顿就是我的故乡。”

20 世纪 60 年代和 70 年代的华盛顿截然不同。除了种族分化（1949 年我找工作的时候，黑人还是被分隔开的），华盛顿是个生活舒适、便利的中型城市，拥有世界级的博物馆等文化机构。大部分市民是中产阶级专业人士，包括公务员和国会议员家庭，他们并不是大富之家。我记得顶级餐厅很少，只有一家新的四星级酒店。

那些享有盛名的律师事务所都是本地的、小型的事务所，占据了 K 街办公楼的一两层楼。当时“游说”尚未成为本地盛行的产业。除了商会和美国劳工联合会 – 产业工会联合会（劳联 – 产联），几乎没有特殊利益集团在此设立办事处。以今天的标准来看，那时以权谋私行为还是很少的。

几十年过去了。今天，对我来说，华盛顿已经变成了一个大不相同、令人不愉快的地方，这里到处充斥着财富，以及跟在国会议员和官员后面的说客。

我要远离那里。

第七章

回到起点

我快 50 岁了，还不确定想在哪里度过职业生涯的剩余时光。（90 岁时，我还在考虑这个问题。）

我在财政部的前任上司乔·福勒在投资银行高盛站稳了脚跟。他热爱（当时的）合伙人文化，并敦促我也加入高盛作为其假定的继任者。[1] 鲁萨想让我去布朗兄弟哈里曼私人银行担任高管。我还和汤姆·克劳森进行了简短会谈，他承诺给我美国银行旧金山地区排名第二的薪水。（当时仅约 11 万美元。）美国银行总部设在旧金山，芭芭拉不同意搬家去旧金山。与信孚银行的会谈更正式一些，我的朋友查利·桑福德在那儿任职，他正在整顿一家特别保守的公司，那时他还不是首席执行官。

但是，从我离开财政部的那一刻起，阿瑟·伯恩斯就一直想

1　高盛在 1999 年上市之前，他一直是高盛的有限合伙人。之后不到一年，他就去世了，享年 91 岁。

让我回老东家纽约联储，接替行长艾尔弗雷德·海耶斯的位子。我对他这么做很是怀疑。为什么是我？我们之间经常发生冲突。很明显，他和海耶斯处于几乎公开的对立中，海耶斯在公开市场委员会会议上一直反对伯恩斯。

纽约联储不是我的抱负所在。虽然承诺的薪水是我在财政部的 2.5 倍，但它的政策影响力不够，而我已经习惯了这种影响力。我知道自己不会受到广泛热烈的欢迎，很多情况下，我们对于国际货币问题的看法不同。

但是，从某种意义上说，那是我的老东家。纽约联储作为公共服务机构，在一定程度上避开了政治的野蛮势力。这一点很重要。所以，1974 年夏天，在去加拿大的一个偏远地区钓鲑鱼的路上，我用好不容易找到的公用电话给伯恩斯打了个电话，有点儿不情愿地回复他："好的。"

后来，我才完全了解伯恩斯和纽约联储几位董事之间的摩擦：这些董事本身就是纽约法律、商业和慈善团体的领导人，法律规定他们有权任命行长。但伯恩斯控制着联邦储备理事会的投票权，这恰恰是批准纽约联储任命的必要条件。海耶斯坚持要做满任期，所以我 1975 年 8 月以后才能接任。

在普林斯顿大学短期任教

接任纽约联储行长之前，我在普林斯顿大学的伍德罗·威尔逊学院任教。我觉得学院收到的捐款很多，但在公共管理教学和兴趣激发方面不够积极。我在那里任教有助于激发这种兴趣。

很快，我就意识到教学很有挑战性。领导由高素质的大三、大四学生组成的会议或工作小组颇费功夫。我对教学大纲和其他专业工具了解多少？我知道怎样指导研究生助手，可以在学生论文中纠正语法错误。当然，还可以邀请一些知名的客座演讲人。当十多年后担任终身教授时，我感到指导这些才华横溢的学生并向他们提出问题令我充满了成就感。我今天偶尔还会看到其中一些学生。

在纽约信贷危机期间，我和芭芭拉还精心挑选了一套宽敞舒适的曼哈顿公寓。就在我们完成交易的那个月，公寓的价格指数创下了数十年来的新低。事实证明，这里相当不错，这也是我最好的资产。

领导纽约联储

我曾在纽约联储任经济学家，那是我的第一份工作。我清楚地记得担任行长第一天的情形。在行政楼层的新办公室里——原来任经济学家时我可没资格去行政楼层——我查看了精心设计的办公桌，在一个隐藏的书架下发现了惊喜：一份手写的清单，上面列出了纽约联储前行长艾伦·斯普劳尔在收到出任世界银行行长的邀请后思考的优缺点（结果是弊大于利）。在好奇心的驱使下，我按下了桌子里藏着的一个按钮——没想到这是紧急警报——银行立刻被关闭了。门关上了，所有的铃也都响了。上班的第一天就很不顺利！

我也很快威胁说要辞职。由于政治敏感性，伯恩斯主席派来一位联邦储备理事会成员，要求我放弃任职满五年增加政府养老金的协议。我已经答应了他的请求，接受了比他原来承诺的更低的薪酬。但我认为养老金是原则性问题，不容商量。最后，纽约联储行长的短暂任期使我现在每个月收到的政府养老金增加了大约 300 美元。

鉴于我在华盛顿和纽约的工作经历，我有点儿天真地认为自己可以帮助化解长期以来联邦储备理事会和纽约联储之间的隔阂。我取得了相当大的成功。即使后来我在阅读伯恩斯的日记时发现，他找到了充分的理由指责我，对我当公开市场委员会副主席时提出反对意见，以及对我在终止美元与黄金的可兑换性一事中扮演的角色相当不满。

我一直认为，纽约联储在金融中心履行基本职责，监督各大银行，为总部设在华盛顿的联邦储备理事会、联邦公开市场委员会及其主席，提供专业知识以及洞察银行和金融市场的行为，在金融系统中具有特殊的地位。但在政策方面，伯恩斯明显不愿正面对抗通胀，这令人越发懊恼。

我和纽约多数的重要官员都相处得不错，和迪克·德布斯关系尤其好。他是第一副行长，资历很高，本可能担任行长。在去摩根士丹利之前，他真诚地帮我顺利度过了过渡期。他和他的妻子与芭芭拉建立了珍贵的友情。艾伦·霍姆斯负责监管国内和国际贸易部门，与我共事了很长时间，赢得了整个系统的真正尊重。霍姆斯承受的压力很大，既要对纽约联储行长负责，又要对华盛顿的联邦储备理事会及其控制欲很强的主席负责，不知他在这个职位上度过了多少个不眠之夜。

我很快就发现，纽约联储的官僚作风并没有比我之前工作时改变了多少。刚到任那几天，我让助手处理掉办公室外面一株快要枯萎的大型植物。大约过了一个星期，我问助手它为什么还在那儿，她的回答令人沮丧：政策规定，如果我没有植物，那其他官员都不能有植物。这件事必须由集体决策。

当时，纽约联储中地位最高的部门是国内外业务、研究和法律部门。操作部门处于次要地位，这是个挑战，我开始尝试为此去做一些工作。

我的探路者是位叫杰瑞·科里根的年轻人。在我来之前，他从经济研究部门被调到行政部门当董事会秘书。

杰瑞是个直率的爱尔兰裔美国人，拥有福特汉姆大学的经济学博士学位，他的优点是不空谈理论，把全部精力都放在了纽约联储上，充分了解它的优缺点，而且管理严谨。在他的帮助下，我对银行的内部运作投入了大量精力。杰瑞很清楚要做什么，判断力精准，升迁很快。

纽约联储和其他储备银行一样，负责检查银行、支票结算、电汇和维护本区域货币流通。我很快发现，我们大多数常规操作的效率排名都比较靠后。因此，我决定做得更好，并制定了宏伟的目标，根据需要引进了一些技术人才。我们的排名不在最前面，但有所进步。在最后的年度报告中，我可以小小炫耀一下取得的业务进步，包括将员工总数从 1974 年高峰时的近 5 300 人减少到 1979 年底的 4 350 人。

有件事伯恩斯倒是和我意见一致：我们都对向拉丁美洲国家提供的银行贷款不断增长非常关切。规模较大的商业银行从富裕的中东产油国获得大量存款，转而将这些资金变为获利丰厚的贷款投向欠发达国家，特别是拉丁美洲国家，如墨西哥、阿根廷和巴西。随着时间的推移，规模较小的地区性银行——甚至是社区银行——即使没有相关国际经验也这么做。试图限制此种贷款的经历，给我上了监管方面的重要一课。

伯恩斯同意我提出的一种示意性方法，即可以指示哪些银行和国家面临最大风险的信号灯系统。简言之，当银行向高风险国家贷款过多时，信号灯是红色的；当风险低时，信号灯是绿色的；当然，风险介于两者之间时，信号灯是黄色的。原则上，作为监管的常规部分，这些信号由各储备银行管理，但在实践中，监管者和银行没有或不能严格使用这些信号灯。我不久就明白了，含混不清只是无所作为的借口，这是执行规定时常见的问题。

即使是我们在政府中的同行，也对此很敏感。有一天，经验丰富的货币监理官约翰·海曼向我咨询了关于墨西哥的问题。法律规定，美国的国家特许银行向单一借款人的贷款不能超过其资本的 10%。而墨西哥政府作为一个单一实体，其贷款正在接近一些银行的上限。但可以肯定的是，它的各“独立”机构是不同的实体。

应该停止贷款吗？如果国务院有意见就不行！如果我们不想

因终止"必要的"资金循环使用而饱受非议，那就不要这么做。

当时最激进的放款银行是花旗，花旗银行行长沃尔特·里斯顿来参加教育会议时曾前来与我会面，那时我刚上任不久。他解释说花旗银行一直在赢利。根据他的记录，以及他看到的相对平静的金融环境，他认为花旗不需要资本。1 他将把花旗的实际资本保持在董事们所能容忍的最低水平。作为拉丁美洲贷款的"领头羊"，他的基本想法是，国家不会也不可能破产。我可没编造。

事实上，美联储当时没有对银行资本施加正式的管控。几年后，当我担任美联储主席时，我更加清楚地认识到了这一点。当我鼓励银行增加资本时，伊利诺伊大陆银行和芝加哥第一银行的高管告诉我，我的方向错了。他们不知道，正是这种态度迫使我将资本充足率列为美联储关注的重点。

在这种情况下，妥协继续，贷款依旧。几年后，这一切都落在了美联储主席身上。

花旗银行领导层对监管当局不屑一顾。在此期间，我得出了几条监管方面的重要经验。

刚到纽约任职时，我曾接到一家重要的国外央行的投诉，称花旗银行在外汇交易利润方面有逃税行为——当税务稽查员来的时候，花旗银行会把利润转移到另一个国家。我做了个错误决定，要求花旗银行对此进行内部调查。花旗银行自己的律师事

1 银行用来贷款或购买证券的几乎所有资金实际上都是从其他人那里借来的，包括存款人、债券持有人和其他贷款人。资本则是另一部分资金，是银行股东的钱。如果银行的贷款收不回或证券贬值，则资本必须足以承担损失。

务所主导了此次内部调查，但没有发现任何值得关注的地方。美国证券交易委员会也对此进行了调查，但没有采取任何行动。最终，相关欧洲国家监管当局收回了税款，并处以罚款。

几年后，我担任美联储主席后，货币监理署查出，花旗银行为开立支票或储蓄账户的客户提供价值超过 30 美元的礼品——赠送烤面包机，并以法定最高利率吸引新存款客户，这违反了相关规定。明令禁止这种做法后不久，监理署发现花旗银行又这么干，并将礼品成本混入内部账户。这个问题就严重了：伪造银行账簿。

于是我们再次责令花旗银行进行内部调查。布朗克斯一家分公司的经理被解雇了，但此外再没有人承担责任。美联储工作人员建议对其罚款 100 万美元，这在 20 世纪 70 年代末期是个大数目，并将是有史以来最多的罚款。考虑到这也许太过分了，董事会认为 50 万美元的罚款就会引起人们的足够重视——但我们错了——只有一本贸易刊物上的一则小消息提到了罚款的事。

没人关注烤面包机。但银行的文化呢？

货币政策

在纽约的那些年，1973—1975 年的经济衰退之后，当时“滞胀”似乎对经济产生了遏制作用。回顾过去，很容易看出，理事会对于重点应放在通胀上还是 20 世纪 70 年代中期衰退后的经济复苏问题上，犹豫不决。从我的角度来看，我们显然将宽松货币政策维持太长时间了。新的立法反映了人们对于缺乏充分就业感到日益不满并表示政治关切。

1977 年，联邦储备法修订案要求中央银行“保持货币和信贷总量的长期增长，使其与增加生产的经济长期潜力相称，从而促进实现充分就业、物价稳定和长期利率平稳的目标”。这个目标很合理，也是现在美联储“双重目标”的起源。

第二年，国会通过了《充分就业和平衡增长法》，也被广泛称为《汉弗莱－霍金斯法》，以支持该法案的参议员和众议员的名字来命名。新法不仅有货币主义的味道，还要求美联储主席每年两次向国会汇报货币政策计划，以及理事会的货币和信贷增长目标。这确实是一个细化了的目标，它使之前关于充分就业、稳定物价和现在容易被遗忘的中长期利率平稳的“目标”更加具体化。货币政策的一个关键问题是，所谓双重目标，可能会在某种程度上，导致美联储理事会和公开市场委员会的决策或清晰一致或出现混乱。我担心的是出现混乱。

实际上，担任纽约联储行长期间，我越来越担心货币政策过于宽松。一些银行行长敦促我对此强烈呼吁，以表达担忧之情，从而在实际上迫使政策改变。

我这么做了。事实上，1977 年底，新当选的民主党总统吉米·卡特任命商人出身的威廉·米勒接替伯恩斯后，我就开始更加强烈地表达异议。威廉·米勒是一个聪明、能干的企业领导人，他无意将自己的观点强加给委员会。他发现至少在一次贴现率决定中他的个人意见被否决，这似乎与他个人无关，但不可避免地损害了他的“市场”信誉。我感到很沮丧，但没有心情领导和组织公开的反对。归根结底，最后承担政策责任最多的，是华盛顿的联邦储备委员会，而不是地区银行。一般来说，统一战线是很重要的。

1978 年底，我们发现浮动汇率并没有终结货币危机。对美国通胀进程和美联储政策的疑虑导致美元走低，并在 10 月创下历史新低。我只是辅助卡特的财政部长迈克尔·布卢门撒尔和他负责货币事务的副部长托尼·所罗门制定了一系列紧急措施。纽约联储开始全面提高贴现率，财政部向国外中央银行出售以外币计价的国债（卡特债券），这两项措施发挥了作用。美国和其主要贸易伙伴连续数月对货币市场进行了强力干预。

这确实是一剂猛药，在最初是成功的。但到了春天和夏天，这些措施的效果逐渐消失。

我们需要彻底改变方向。

第八章

抗击通胀

吉米·卡特总统陷入了困境，他遇到了持续上涨、看似棘手的高通货膨胀。到 1979 年，政策措施对高通胀似乎已经无能为力了。

物价指数以每年 13% 的速度增长，部分原因是 1979 年初伊朗伊斯兰革命后，大阿亚图拉霍梅尼取代了美国支持的国王，石油危机再次爆发（这是十年来第二次）。汽油短缺，人们不得不排起长队，接受限量供应，这些消息成为当时新闻的主要内容。新的预算方案在政治上，甚至在经济上，都没有希望通过。1978 年底，为稳定美元而做出的诸多努力，并未产生持久的效果。

说得委婉一些，就是公众越来越不满。总统躲到了戴维营。一个多星期以来，他咨询了顾问、商界巨头、政治家、教师、神职人员、劳工领袖，甚至一些民众的意见。但值得注意的是，他没有问美联储的意见。

7 月 15 日，总统下山发表了演讲。我认为这是一篇很好的演讲，他正确地认识到了这个国家动荡不安的情绪——“信心危机”。这篇演讲后来被称为“萎靡演讲”，闻名于世。虽然演讲稿中通篇没有出现这个词，但的确表达了这个意思。

几天后，几位内阁部长辞职，包括财政部长迈克尔·布卢门撒尔。威廉·米勒原是德士隆集团董事长，不到两年前接替伯恩斯任美联储主席，深得卡特赏识。他在这个时候成了财政部长。

于是，美联储主席职位出现了空缺。美联储主席通常被认为是最重要的经济政策官员，因此职位空缺对建立信心无益。

来自白宫的电话

两三天后，威廉·米勒打来电话，问我愿不愿意来华盛顿见总统。

这个电话出乎我的意料，我从未见过总统，我还在公开市场委员会的会议上投票反对过米勒。不过，我还是上了去华盛顿的飞机。

今天，当清理旧文件写这本书时，我会发现一些遗忘已久的东西。例如一张用处方笺写成的字迹潦草的便条，上面写着我想向总统提的三点建议：确保美联储的独立性，美联储必须直面通货膨胀，实施更加紧缩的政策。

这些只是简单的要点。我在椭圆形办公室提出了这三点建议，甚至（友好）地指了指坐在附近的米勒，他那时仍然是美联储主席。会议很简短，正如后来被准确描述的那样，总统本人也是这么描述的。

我回到飞机上，打电话给鲍勃·卡维什和拉里·里特——两个我最亲密的朋友，让他们和我一起去新开的意大利餐馆帕尔玛吃饭。我告诉他们："我刚错过了成为美联储主席的机会。"

芭芭拉对此一点儿也不失望。她的糖尿病和类风湿性关节炎越来越严重，她想留在纽约，离医生、朋友和吉米（当时在纽约大学学习，住在家里）都近一些。

第二天，我接到了总统的电话。当时是早上七点半，我还没起床。我答应了，同意成为美联储主席。之后我想，如果这位早起的佐治亚州花生农知道我还没起床，那他还会不会给我打电话呢？

芭芭拉理解我，她知道这是一个我不能拒绝的工作。她最后的决定很简洁："你去，我留下来。"我们约好，我周末会回纽约。

1979 年，美国虽充满不安情绪，但华盛顿的执政效率比今天要高。在 7 月 25 日获得参议院提名不到一周后，我参加了参议院听证会。几天后，会议一致通过我成为主席。8 月 6 日，我宣誓就职。

联邦储备系统有个不正常的现象，主席的年薪只有 57 500 美元，比我当纽约联储行长时的 11 万美元低得多。我租了一套离美联储不远的一居室公寓，每月 400 美元。公寓楼里挤满了乔治·华盛顿大学的学生。我给这间带厨房的宿舍配了家具，只有一张床、一张桌子和几把椅子。贾尼丝那时在邻近的弗吉尼亚州北部学习医学和护理课程，她每周邀请我吃一顿晚餐，并答应帮我洗衣服。

白宫关于我任命的辩论基本上已经结束，经济学家（他们支持我）与政治家（对任命一位过于独立的美联储主席感到不安）的态度对立。我开始和理事会以及我熟悉的联邦公开市场委员会一起工作，怀着一种共同的使命感，挽救一个已接近通胀极限的经济体。理事会的新任副主席是来自佛罗里达州的投资银行家弗雷德·舒尔茨，他很有政治天赋。我任职几周前他才到任，他是我重要的合作伙伴，对国会议员施加干涉，并承担了一些艰巨的任务。我把杰瑞·科里根从纽约带来做我的幕僚长。

在我任职十天后，距上次提升贴现率还不到一个月，理事会又将贴现率提高了 0.5 个百分点，创下 10.5% 的新纪录。

按历史标准来看，当时的市场利率已经很高，但通货膨胀率更高，年增长率接近 15%，达到美国在和平时期的最高增速。美联储工作人员通过模型和“回归”得出结论，认为很可能出现经济衰退，而且很快就会出现。

9 月 18 日，当我再次要求理事会就提高贴现率进行投票的时候，出现了信任问题，投票结果是 4：3。在一个月多一点的时间里连续三次提高贴现率，收效甚微，而且经济衰退的风险迫在眉睫。对我的一些同事来说，这有些严重。

起初我并不担心，可以寄希望于支持我的三位成员——弗雷德·舒尔茨、亨利·沃利希和菲利普·科德威尔——继续对抗通胀，所以，我认为自己占了绝对多数。

但市场上的声音却有所不同，在他们眼里，不一致的投票结果表明，美联储正在失去勇气，继续对抗通胀的决心有所动摇。即使现行利率仍低于不断增长的通货膨胀率，我们也不会再提高利率。美元贬值压力加大，黄金价格创下新高。

美联储失去了公信力。我们长期以来小幅调整短期市场利率的模式——无论是改变贴现率还是直接干预政府证券市场——都收效甚微，周期太长，无法影响预期。我们需要新的货币政策的出台。

为了产生更直接的影响，我们可以严格控制商业银行存放在联储的存款准备金的增长，这将有效抑制存款和整体货币供应的增长。简单地说，我们将控制货币的数量（货币供应）而不是货币的价格（利率）。有句广为引用的格言，将通货膨胀形容为“过多货币追逐太少商品”，明确、简洁地道出了通胀产生的原因。

我知道，许多央行行长早在几年前就一直在推行这种货币政策方式，强调对货币供应量的关注。几年前，我曾提出一个问题，即美联储是否应该更加关注货币供应量的增长，这种方法后来被贴上“实用货币主义”的标签（与米尔顿·弗里德曼倡导的更极端和机械化的货币主义形成对比）。

在通货膨胀面前妥协和退缩多年后，现在是时候采取行动了，应该向市场和公众传递令人信服的信息。美元与黄金的固定价格，以及布雷顿森林体系的固定汇率制度早已消失。人们普遍认为，美元的价值现在取决于美联储控制货币供应和结束通胀进程的能力。

和今天一样，那时我们也无法逃避一个事实，即价格稳定是美联储的最终责任——我认为这应是所有央行的最终责任。

去贝尔格莱德参加国际货币基金组织年会之前，我委托两名美联储官员——佩德罗·斯滕莱特和斯蒂芬·阿克西尔罗德准备拟定新的措施，他们当时分别负责纽约交易部门的管理和华盛顿地区货币政策的执行。新措施应着重强调抑制货币增长，而不是设定一些被认为合适的利率水平。

我和威廉·米勒以及经济顾问委员会主席查理·舒尔茨一同前往贝尔格莱德。在政府专机上，我向他们介绍了我的想法。他们也认为我们需要强化对抗通胀的公信力，但建议应谨慎采取完全不同的措施。他们意识到利率可能将急剧上升，担心会对经济增长产生影响。

应联邦德国总理赫尔穆特·施密特的要求，我们在汉堡短暂停留。施密特还是财政部长的时候，我就了解他那直率的作风。他总体上对美国表示同情，但他认为美国的政策，包括（不限于）货币政策，总是不一致且低效，因此他已不再抱有幻想。

他滔滔不绝地说了近一个小时，说犹豫不决的美国决策者让通货膨胀疯狂发展，损害市场对美元的信心，以及欧洲对维护汇率稳定所做的努力。

我只是静静地坐在那儿。对于我必须采取行动的理由，没有什么有说服力的观点。我邀请德国央行行长奥特马尔·埃明格尔一同飞往贝尔格莱德。他曾陪同施密特，长期以来一直是我的对话者。

我利用这个机会表示，我正在考虑实施新的措施。正如所料，埃明格尔是支持我的。当时我迫不及待地想回去工作，但我待了挺长的时间。我听了阿瑟·伯恩斯在杰科普森基金会的年度演讲“中央银行的苦恼”。在演讲中，他（恶意地）对中央银行是否还能控制通货膨胀表示怀疑。在基金组织年会正式结束之前，我离开了贝尔格莱德，希望在附近一个空无一人的机场避开关注，但没能如意。

10 月 4 日星期四，我和理事会再次投票。上次反对提高贴现率的“鸽派”也表示支持，他们对市场因投票结果不一致的强烈反应深感震惊。公开市场委员会的特别会议定于星期六举行。当时教皇约翰·保罗二世正在华盛顿访问，这大大分散了公众的注意力，特别会议的消息并没有被泄露，而谣言四起，甚至有的说我已经辞职或者死亡了。混乱愈演愈烈。

我曾耐心地仔细阅读过一份公开市场委员会的会议纪要，在多年前确实读过。它忽略了语气上的细微差别。在不知情的读者看来，我似乎不愿意接受，甚至反对直接以货币供应量为政策目标，毫无疑问会对利率产生不利影响的提案。我只是想确保每位委员会成员都知道相关风险和主要行政官员的反对意见，对利率急剧上升可能引起的经济衰退有所认识。卡特总统也意识到了我的担忧，他非常恰当地告诉他们，他不会干涉新任命的主席。

当然，我的目标是达成共识，防止事后猜测和指责。这一点我成功了。那个周六下午晚些时候，媒体一接到通知，马上从家中或教皇的报道活动中被召唤而来。美联储新闻官员乔·科因，一位虔诚的天主教徒，说服他们称教皇肯定会理解的。

我们动用了美联储针对市场的所有“弹药”：将贴现率提高一个百分点至 12%、要求银行增加存款准备金、呼吁停止向“投机”活动贷款，以及最核心的——不管对利率有什么影响，承诺抑制货币供应量增长。

我们知道市场的快速反应会推高短期利率。如果利率上升超过暂定的“上限”，委员会将再次开会。我们——至少是我——希望长期利率不会上升，这将反映我们成功地降低通货膨胀的市场预期。

但是好运并未降临。长期利率反映了短期利率的上涨。短期利率很快就达到了我们所说的上限。经过一番讨论，我们没有进行干预。之后每次会议上设定的上限被突破时，我们都没有进行干预。三个月期美国国债利率最终超过了 17%，商业银行优惠贷款利率最高达到了 21.5%，对市场反应最灵敏的抵押贷款利率超过了 18%。美国金融史上从未出现过如此高的利率。

更让人吃惊的是：新年到来之前，经济没有衰退。这种怀疑的情绪以及物价持续上涨的势头，在我和几位典型的小企业主以及当时的美国证券交易所总裁阿瑟·莱维特共进午餐时得到了充分的反映。他们耐心地倾听了我精心准备的分析：日子艰难，资金紧缺，但救济正在路上，通货膨胀很快就会消退。一位坐在我右边的商人第一个给出回应：“没关系，主席先生，我刚刚和公司工会开完会，很高兴地答应他们今后三年每年工资增加 13%。”

这暗示了他的怀疑。我不止一次地想，他的公司是否还在继续经营。

人们怨声载道。

农民用拖拉机包围了美联储在华盛顿的大楼。被迫停工的住宅建筑工人，在 2 英寸 ×4 英寸的木板上写上信息给委员会看。（我对其中一条信息很感兴趣，上面写着“降低利率，减少货币供应”。）不出所料，经济学家更是争论不休。米尔顿·弗里德曼领军的货币学派，不仅没有宣称美联储最终采用了一种更加货币主义的做法，反而坚持认为我们采取的措施不正确，而应该采取更容易消除经济增长负面影响的做法。主流经济学家正好相反：质疑我们是否充分考虑到了失业率上升带来的风险。事实上，几个月来失业率并没有上升。

社区团体不止一次地在我们的总部抗议。1980 年 4 月，全国人民行动小组的盖尔·钦科塔带领约 500 人在我们的大楼外游行，并要求与我会面。

常规理事会会议结束后，我让乔·科因邀请几位游行带头人到我的办公室会面。那是个炎热多雨的日子，我到我们的大楼外时，发现他们十几个人在露营，衣着随意。之后半小时，我们交换了意见。我谈到了遏制通胀的必要性，他们要求为社区住房项目提供利率优惠。我同意让美联储工作人员参加他们的区域会议来解释我们的政策。在此基础上，我们一同走出美联储大门，盖尔称赞我们愿意会晤的积极态度，并同意保持联系。掌声响起，这种祥和的景象被记录下来并在晚上的电视节目播出。有时你会很走运。（参加此后社区会议的工作人员却受到了激烈的诘问。）

但并非所有的分歧都能如此和谐地得到解决。1980 年 12 月，美联储坚持要我同意接受“个人安全护送”。一年后，有一次一名武装分子不知怎么就进入了美联储，威胁要挟持理事会成员。我的演讲偶尔会被尖叫的抗议者打断，有一次听众席中还被放入了老鼠。这些一般都是由极右翼激进分子林登·拉鲁什及其支持者组织的。

信贷管制

1980 年初，美联储——更重要的是卡特总统——的计划并未取得很大进展，通胀和利率继续保持在高位。经济衰退倒是没有出现，已经高企的失业率也几乎没再增加，但这只能让人稍稍宽心而已。

总统最初的预算约为 160 亿美元赤字，没有大幅削减公共项目，由于利率飙升，他的政党的一些成员都觉得不能接受。他决定重做一遍，问我是否愿意与他的幕僚一起与国会协商。作为美联储主席，这其实与我无关，但我最终还是作为观察员出席了白宫内部会议，会上他同意削减开支。一个接一个，试探性的削减呈现在他面前。他一次又一次地同意他们的要求，结果却遭到一名工作人员的反对，他告诉总统，有的压力集团会反对。最终，预算收紧的信息被淡化了。在我看来，卡特总统的天性比他的幕僚和民主党更为保守。

总统又提出了一个要求。他可以“触发”信贷管控，这是几年前国会为了向尼克松总统施压而通过的。自此之后，美联储开始有权实施这些管控了。

这是一个透明的政治策略。我们并不想这么做。过度的信贷并不是问题所在。总统清楚地知道，他可以在政治和道义上支持限制性很强的货币政策，帮我们一把。在一揽子预算和货币限制措施中增加信贷管控，将会打消对我们抗击通胀和加速利率下降的共同目标的疑虑。

在这种情况下，我们不能反对。我们很快设计了不动真格的“管控”方案。停止汽车和家庭购物贷款。信用卡贷款量在达到之前的峰值后才会受到限制，这到圣诞节前都不大可能，还有九到十个月的时间。其他的消费信贷形式并不多。

3 月 14 日下午，卡特总统在东厅举行的一个大型仪式上宣布了预算削减和信贷管控的反通胀计划，旨在支持美联储政策。

几周内，我们开始收到意想不到的报告。货币供应量急剧下降。零星证据表明，制成品订单正在下降。很早之前所预测的衰退似乎开始了。

当我们得知，白宫正被总统的支持者寄来的被剪断的信用卡淹没时，情况变得更加清晰。“总统先生，我们和你在一起”成了人们常说的话。众多美国民众还清信用卡，直接导致银行存款和货币供应量急剧下降。

我们的政策目标就是货币供应量，所以只得迅速改变立场。利率暴跌。我们在 6 月放松了信贷管制，并在 7 月和 8 月全面解除了管制，经济和货币供应开始强劲复苏。到 9 月下旬，我们感到别无选择，只能收紧政策，将贴现率从 10% 提高到 11%，以此发出政策紧缩信号。这时已经临近总统大选。卡特总统不得不在费城花园聚会上发表温和的批评意见，称美联储关注货币供应量的决定“不明智”。[1]

国家经济局随后将这段短暂的经济低迷列入了它备受推崇的经济衰退名单。对我来说，它应该被标记上星号，备注“人为造成”。毫无疑问，这是另一个教训，一个严肃的教训——监管“控制”，即使是微弱的管控，也可能对经济产生意想不到的后果。

回过头来看，这个错误花了我们 6 个月的时间。抗击通胀的延误，自然无法帮助卡特总统在竞选中连任。值得称道的是，他只有一次表示过对紧缩政策的担忧。

罗纳德·里根：新一任总统

1981 年初，随着新任共和党总统上任，我们又回到“战壕”，努力控制货币增长。预计的经济衰退全面来临。抗击通胀的进展缓慢。利率和货币供应量虽然增速放缓，但仍然居高不下。联邦储备理事会决定继续坚持下去。

当然，人们对前好莱坞演员、加州州长罗纳德·里根，以及新政府对经济政策的态度，抱有诸多猜测。阿瑟·伯恩斯几乎气

---

1 几年后，有次和卡特一起钓鱼时，我问他是否认为美联储的货币政策使他在 1980 年大选中损失惨重，输给了里根。他脸上露出苦笑说：“我想还有其他的因素。”我十分敬佩他。

疯了，他急忙赶回华盛顿，提醒我他参加了一个会议，在米尔顿·弗里德曼、沃尔特·里斯顿和比尔·西蒙等人的支持下，会议正着手在货币政策和组织机构方面控制美联储。还有一小撮人公然要求以某种方式回归金本位制度。

在这种背景下，当我得知里根总统在就职几天后就要来美联储与我会面时，我有点儿担心。

据我所知，除了富兰克林·罗斯福总统在 1937 年新大楼落成典礼上到访外，还没有总统来过美联储。鉴于他的几位顾问对美联储的态度，他肯定会提出问题。我建议应按照惯例由我去白宫拜访，这样更合适。但不知怎的，最后竟达成了奇怪的妥协方案。我们将在财政部，与新任财政部长唐纳德·里甘和几位顾问会面。

会上我就坐在新总统旁边，不知道他会说些什么。

“好消息是金价已经下跌。我们可能会控制住通货膨胀。”他说。我从不吻男人，但此时有这个冲动。

总统确实就美联储的作用提出了一两个问题，之后谈话转到了我关心的话题：控制赤字的重要性。

毫无疑问，在接下来的几年里，总统在准备记者招待会或其他事情时，他的幕僚曾多次敦促他接管美联储，但他从来没有公开这样做过。他曾向我解释说，当他在伊利诺伊州上大学时，一位教授关于通胀危险的课程让他印象深刻。他明白我们任务的重要性。

里根总统在这场抗击通胀的战斗中做出了重要但鲜为人知的贡献。1981 年 8 月，他解雇了数千名罢工的空中交通管制员。虽然罢工的目标不仅是工资，还有工作环境，但工会的失败向人们发出了一个强有力的心理信号——对工资的要求不会被无限制满足。

不过，我们与财政部的关系差强人意。里甘部长曾任美林公司首席执行官，政治经验不足。他总是被顽固的货币学派和供应学派纠缠着，两个学派站在各自的立场，都对美联储提出强烈批评。对我来说，“幸运”的是，他们对彼此的批判更厉害，这导致他们之间缺乏信任。我不想讨论具体的短期政策行动，而唐纳德·里甘不喜欢我在预算或其他财政政策方面的“智慧”。在金融监管问题上，我们立场相同，但意见并非总是完全一致。

包括里甘部长在内的财政部官员，对于美联储周复一周却无法确保对货币供应量的控制而吹毛求疵。我们知道从技术上来讲，这是不可能做到的。有一次，我给酷爱打高尔夫球的唐纳德·里甘发送了一幅精心制作的全景图，内容是一位高尔夫球手将球打进右边或左边的长草区，有时打进沙坑，但最终以标准杆击球入洞——但他并不欣赏其中的幽默。[1]

几乎从一开始，媒体就报道了白宫工作人员对美联储的不满。但我与总统的几次会面仍然亲切友好。里根的预算办公室主任戴维·斯托克曼是个直率的人，他也支持抗击通胀，并经常催促我坚持下去。我的前财政部同事穆拉伊·韦登鲍姆，担任白宫经济顾问委员会主席后对我们表示充分理解，他的继任者马

1　几年后，当里甘担任白宫办公厅主任时，他试图说服我离开美联储，接替美国银行的汤姆·克劳森担任世界银行行长。纽约众议员巴伯·科纳布尔后来当了世行行长。

丁·费尔德斯坦也一样。

在国会听证会上，我时常要面对充满怀疑甚至敌意的提问，但我并未把要弹劾我的恐吓放在心上。我知道，参议院银行委员会主席威廉·普罗克斯迈尔和众议院金融服务委员会的一些成员会为我辩护的。我感到美联储得到了公众私下的甚至公开的支持，人们愿意忍受一些短期痛苦来战胜通货膨胀。即便是那些处在存亡关头的团体——农场团体、社区活动家和住宅建筑商——也理解我们。

一件相当有戏剧性的事让我放下心来。1982 年 1 月，我应邀在拉斯维加斯举办的全国住宅建筑商协会年会上发表讲话。在去开会的路上，我碰巧遇到了一位脾气很坏、不太友好的参议员，他说："你在这儿干什么？住宅建筑商会杀了你。"

也许是因为我对他的话有点儿担心，所以在年会上讲话时，我表现得比平常更为雄辩。我告诉住宅建筑商，我知道他们的日子不好过，但如果我们在抗击通货膨胀时有所放松，那么所有的痛苦就都白受了。我演讲的结束语是，"和我们一起坚持下去。通货膨胀和利率将会下降。我们还有很多房子要建"。

全体起立鼓掌！

1982 年 5 月，我收到了一封让我至今记忆犹新的信。这封只有一页的打印信件，是一名刚毕业的大学生寄给我的。他正在一家小型国际银行参加管理培训，他说他一直密切关注着我的事业，看过最近关于我的杂志封面故事（这些故事讲述了我和我的家人做出的牺牲），他想在这个艰难时刻给予我支持和赞扬，因为他觉得对我有种“奇怪的强烈认同感”——这封信是我儿子吉米写给我的。我用同样的语气回复了他，感谢他给我订阅了填字游戏，并向他保证，我知道他良好的家庭教育在很大程度上是得益于他的母亲。

1982 年春天，我也充满了焦躁的情绪。失业率达到了战后最高点。虽然通胀率下降了，但货币供应量仍远远高于预期目标。我开始想：“利率都到 15% 了，货币供应量为何还这么高？”但我知道我们不能公开松动政策，我们仍应坚持原计划。

终于，1982 年夏天，通货膨胀率大幅下降到一位数。先行指标似乎正在好转，货币供应量也有增长放缓的迹象，但由于技术原因，仍然不便公开解释。向拉丁美洲国家，尤其是向墨西哥提供的过量银行贷款，给金融体系带来了新的风险，亟待关注。

7 月，我们开始放松政策，四周内连续三次降低贴现率。8 月中旬，我的老朋友，人称华尔街“末日博士”的亨利·考夫曼通报了这一转变，预示着最糟的时刻已经过去。市场一飞冲天。

到年底，通货膨胀率一路降到 4%。短期利率降到了峰值时的一半。尽管失业率仍接近 10%，但复苏进程已经明显开始。

我在美联储的司机佩尼亚先生提供了战胜通胀的确凿证据。在去华盛顿一次盛大晚宴发言的路上，我在佩尼亚先生旁边的座位上看到一本书，书名是《如何应对通货膨胀》。

令人震惊的是，我的司机居然对我没信心！但是，佩尼亚先生解释说，他之所以买这本书，是因为这本书的价格从 10.95 美元降到了 1.98 美元。随后的晚宴上，人们都很喜欢听这个故事。

在与联邦储备理事会进行了繁复的讨论之后，由于担心失去来之不易的公信力，我们很不情愿地决定改变政策重心，不再紧盯货币供应量。事实上，制度的改变，主要是放开银行存款利率管制，引发了对狭义货币供应量统计和定义的修订。因为银行可以自行决定存款利率，所谓的 M1a、M1b、M2 和 M3 常常出现分歧。

在 10 月 9 日的商业委员会年会上，我对通货膨胀得到控制表示满意。我发现货币供应量指标不稳定且不可靠，同时，我强调我们的基本反通货膨胀政策没有改变，这只是战术问题。通货膨胀率的大幅下降使我们既能维持原有政策，又能切实可行地改变策略，支持经济复苏。

到 1983 年中期，大多数指标向好，但我有个私人问题仍未解决。我会连任主席吗？有一个人强烈反对：芭芭拉·巴恩森·沃尔克。

她的类风湿关节炎越来越严重。家里经济状况不佳，她开始兼职做会计工作，有一段时间，她把我们宅院后部的房子都租出去了。我们达成了家庭协议，如果总统选择让我连任，则我只能干满四年任期的一半。

我要求拜会总统。其间发生了一个小插曲。

我在白宫的走廊里等待里根总统，那里离家庭区很远，可以俯瞰后草坪，当时花园里正在举行聚会。出乎意料的是，南希·里根穿着华丽的红裙子出现了。我们从未见过面。我生性不会赞美别人，但不知何故，这句话却不由自主地冒了出来：“里根夫人，您看起来很漂亮！”

之后，我与微笑着的总统进行了简短而亲切的会面。我唯一的请求是请他尽快做出决定，平息我可能连任的猜测对我们都有好处。我的家庭协议是，无论如何，我不会干满一个完整的任期，也许只能干几年。总统在日记中记录说，他理解这一点。

几天后，当周末我正要离开纽约的公寓去垂钓时，我接到了一个电话。总统说，他将在几分钟后的每周电台广播中，宣布我连任。芭芭拉哭了。

这次参议院的确认投票并不一致。反对票刚好对称：右翼共和党和左翼民主党各有 8 人反对；84 位参议员赞同。

被绑上桅杆

曾经有人问我，1979 年 10 月星期六晚上的政策，是否故意造成经济衰退？

故意造成的？不。

是否在制定政策时就清楚地认识到，加速的通货膨胀进程迟早会以经济衰退告终？

当然，我也确信，通胀过程持续的时间越长，经济深度衰退的风险就越大。

有趣的是，美联储工作人员甚至在星期六一揽子政策公布之前，就已经得出经济处于衰退边缘的结论。在当年余下的每个月，员工普遍认为，尽管利率已经上升到两位数的高位，预期的衰退也已经开始。

我想，如果某个德尔菲神谕祭司在我耳边悄悄地说，我们的政策会导致利率攀升，会达到 20% 或更高，那么我可能早就收拾行李回家了。

但这种选择不为公众所知。我们要传递一个信息，一个传递给公众和我们自己的信息。

货币与价格水平之间的关系，是经济学中最古老的命题之一。早在 18 世纪 50 年代，苏格兰哲学家大卫 · 休谟就提过。米尔顿 · 弗里德曼和他的追随者，成功地向公众普及了这个（过分）简单的命题："所有的通货膨胀都是货币现象。"

这虽然简单了些，但也为我们向美国公众介绍新政策措施打下了基础。

同时，这种政策措施也加强了美国联邦储备理事会一直缺乏的内部纪律：我们不能放弃以抑制货币供应量增长为目标的政策措施，否则就有可能丧失信誉。而信誉一旦丧失，就很难恢复。夸张一点说，我们注定要坚持到底。为了追求价格稳定，我们被"绑在桅杆上"。

我当时是否意识到，在我们宣称成功之前，利率可能会上升到多高的水平？

不知道。

从今天的角度来看，有没有更好的路径？

据我所知，没有——当时没有，现在也没有。

令人尴尬的会谈

正如这本书说的那样，美联储必须始终与执政政府保持联系。鉴于双方在汇率和监管方面的职责交叉，两者在国际事务中必须进行协调。如果只是为了提升行动的效率，全面使用“紧急”和“隐含”权力时，这就需要协商了。但前提是，保证美联储制定货币政策的独立性。

在职业生涯中，我只遇到过一次这样的挑战。1984 年夏天，我被召集到白宫面见里根总统。奇怪的是，这次会面地点不在椭圆形办公室，而是在图书馆。当我到达时，总统与办公厅主任詹姆斯·贝克坐在一起。他似乎有点儿不舒服，一句话也没说。贝克告诉我：“总统命令你在选举前不要提高利率。”

我瞬间惊呆了——不仅仅是因为总统超越了他的权限，明确地向美联储下达命令，而且让我想不通的是，我当时并没有计划收紧货币政策。在伊利诺伊大陆银行倒闭之后，市场利率已经上升，我认为联邦公开市场委员会可能需要稍稍放松政策来安抚市场。

怎么说？怎么办？

我一句话也没说，走了出去。

我后来猜测，之所以选择图书馆，可能是因为那里没有录音系统，不像椭圆形办公室，会谈不会被记录下来。如果我把这件事重复给联邦储备理事会其他成员、联邦公开市场委员会或参议员普罗克斯迈尔，就像我曾经承诺的那样，如果这种情况真的发生了，那么这件事肯定会被泄露，这对谁都没有好处。那我该怎么解释我被下令不要做当时我其实并不情愿做的事呢?

当后来考虑这件事时，我认为，那时并不适合发表关于国会拥有宪法赋予的权利来监督美联储，以及行政部门有意孤立美联储的简短演讲。

总统的沉默、明显的不安，以及选择的会谈地点，使我确信，白宫会保持沉默。只有我和凯瑟琳·马拉尔迪知道这件事，她一直是美联储主席的忠实助手。

但是这件事也提醒人们，在选举即将到来之际，政治因素可能会对美联储施加压力。这也不是我最后一次见到詹姆斯·贝克。

第九章

国内外金融危机

20 世纪 60 年代初，财政部派我去参加联邦存款保险公司新楼落成典礼，地点就在白宫前面的十七大街上，我听到了时任众议院银行委员会主席的民粹主义者赖特·帕特曼在落成典礼上的讲话。他说，几十年来，倒闭的银行太少了，实际上几乎没有银行倒闭。他认为这是缺乏冒险精神的表现。

他说得有道理，但后来我们显然做过头了。

在大萧条和战争年代的破产潮和监管改革（包括创建联邦存款保险公司）之后，美国的银行体系还经历过一段长期、缓慢、有序的增长。直到 20 世纪 80 年代，我们才放开了对外国银行的限制和存款利率上限，提高了资本充足率（之前资本充足率标准仅为 10%）。“定期贷款”这种将信贷分几年来还的做法刚刚兴起。1933 年《格拉斯 – 斯蒂格尔法》禁止商业银行从事大多数形式的投资银行业务。独立的投资银行公司之间合作谨慎，没有重大的交易活动。

1970 年 6 月，宾夕法尼亚州中央运输公司的破产——当时是美国历史上最大的破产——对作为大量借款人[1]的商业票据市场构成了直接的威胁。联邦政府的援助被考虑并最终被拒绝了。尽管美联储明确表示愿意在必要时向银行提供援助，并要求纽约联储实施监督，但真正影响银行业稳定的危险还没有出现。

1974 年 6 月 26 日美国交易日中，德国私人银行赫斯塔特突然倒闭，国际支付系统震颤不已。但在纽约联储的帮助下，情况很快便得到了控制。1974 年 10 月，在纽约长岛快速发展的富兰克林国民银行破产，它是欺诈案的受害者。

所以没过多久，美联储在国会的死敌帕特曼主席就如愿以偿了。金融危机成了家常便饭。

20 世纪 70 年代末，我熟知的金融世界开始崩溃。商业银行的独特角色受到了新的竞争对手的挑战。不受监管的货币市场基金迅速扩张，它提供的收益率高于银行存款。投资银行开始为创造收入而进行交易，并竞相为雄心勃勃的企业收购和杠杆收购提供融资。传统上保守的“节俭”机构——储蓄和贷款协会以及互助储蓄银行，利用宽松的监管和存款利率上限高于商业银行的优势，变得更加积极主动。高通胀无疑加剧了金融市场的不确定性和投机行为。

因此，那些从石油收入丰厚的中东国家吸收存款的银行，也

1　高盛作为宾夕法尼亚州中央运输公司唯一的商业票据经销商，在公司倒闭之前能够退出。高盛后来被投资者起诉。

变得更加积极，甚至抛弃谨慎原则向拉丁美洲和其他地区放贷。

后果显而易见。除了抗击通货膨胀，新任美联储主席很可能会忙得不可开交。挑战不仅来自国内金融体系，还来自国际银行体系。

国内危机：救助克莱斯勒

1979 年就职后不久，我就被要求帮助执行国会的决定，防止美国工业标杆倒下——克莱斯勒汽车公司濒临破产。国会成立了一个三人委员会来监督救助行动。参议院银行委员会主席普罗克斯迈尔参议员坚持我的提议，认为三人委员会应由美联储主席、财政部长米勒以及长期受人尊敬的审计长埃尔默·斯塔茨组成。他的理由很简单：他只信任美联储。这位民主党要员提出的令人瞩目的理由，至今让我记忆犹新。

撇开大公司是否应该得到救助这一基本问题，要求政府实施救助的法律写得很明确：每个利益相关方，包括工会、债权人银行和地方市政府，都应对公司的生存做出“贡献”。换了新的管理层，由敬业能干的财政部雇员提供员工协助，所罗门兄弟公司应邀负责协调债权银行的参与并寻找并购伙伴。

此事让我了解了政府齐心协力处理危机的能力。国会几乎规定了受影响各方必须做出的承诺的性质，因此，谈判的选择很有限。即便如此，对工会问题的处理也引发了政治顾虑，我的委员会同僚建议：美联储是非政治性机构，可以自愿帮助协商必要的协议。我邀请汽车工人联合会主席道格·弗雷泽在我的办公室见面。据报道，后来他说我是他见过的最强硬的谈判对手。之后，工会同意大幅削减工资和附加福利。实际上很简单：我只是依法办事。

我需要对那些在最后期限前还未能达成共识的银行同样强硬。最后，我会见了资深的银行家。我对他们说，要么现在同意对贷款进行估值折扣或展期，要么回家宣布破产，注销现有贷款。他们同意接受估值折扣。

克莱斯勒幸存下来了。在我看来，财政部辛勤工作的官员——总法律顾问罗伯特·蒙德海姆和布莱恩·弗里曼，后者被任命为克莱斯勒贷款担保委员会执行董事，完成了艰难的任务，值得称赞。我的主要助手唐纳德·科恩也是如此，他是一位资历相对较浅的美联储经济学家，思想务实。后来，他担任了理事会副主席。

尽管克莱斯勒公司新任董事长李·亚科卡抱怨不断，政府还是坚决要求其卖掉公务飞机，这引起了公众的共鸣。[1]一款设计精良的 K-car 刚刚投产，克莱斯勒变得很有竞争力。所有债权人，包括美国财政部，最终得到了数百万美元。危机中的新增贷款包括新股认股权证。随着公司情况的好转，这些认股权证（根据合同，持有者可在一定时期内以固定价格购买股票）的价值急剧上升。

1　1985 年，克莱斯勒收购了豪华公务喷气式飞机制造商湾流宇航航空公司，算是对此事的报复。四年后，又把它卖掉了。

亚科卡，这位耀眼的推销大师，恳求里根政府取消这些认股权证，辩称这些认股权证本质上是一种不劳而获的不当报酬。他没有获胜，克莱斯勒最终支付了3亿多美元回购并注销了财政部持有的认股权证。我妻子给我寄来一张小小的打字便条，随信附上了一则唐·迭戈雪茄的广告，上面印着英俊的李·亚科卡，他的手里拿着雪茄。便条上写着："你愿意借钱给这个人吗？"我手写了回复："不愿意！"

源于本土的金融压力

1980年初，在一次例行的理事会会议中，我接到了仅次于美林公司的第二大经纪公司贝奇·哈尔西·斯图尔特·希尔兹[1]首席执行官哈里·雅各布斯的电话，他说他的公司濒临破产。

纳尔逊·亨特及其兄弟获得了由白银担保的巨额贷款。押注于通胀加剧的亿万富翁几乎垄断了白银市场，白银价格从每盎司约5美元飙升至每盎司近50美元。银价太高，以至家庭银器都脱销了。

1980年1月，大宗商品交易所开始打击白银期货交易，先是规定了仓位限制和披露要求，之后又规定交易只能用于清算合同。3月14日，美联储出台新的信贷控制计划，明确禁止银行为"纯投机性地持有大宗商品或贵金属"融资。银价迅速下跌，降

1 今培基证券。——译者注

至白银作为亨特贷款和购买融资融券抵押品的价值，已低于贷款的规定价值。

雅各布斯在3月26日给我打的电话中解释说，如果价格下降，严格来说，他的经纪公司将无力偿债，无法承受众多短期债权人的挤兑。

“关闭市场。”他恳求道。

我赶紧给美联储、财政部和证券交易委员会打电话，但他们既不愿意也没有权力介入商品市场。我们开始着手调查事实。调查从商品期货交易委员会开始。起初，他们拒绝提供“机密”信息。尽管如此，我们很快就发现，银价继续大幅下跌会导致美林蒙受巨大损失，之后是芝加哥第一银行——一家重要的中西部银行，这两家银行都持有大量的亨特白银贷款。

次日，白银价格急剧下跌之后稳定了下来，也就是人们熟知的“白银星期四”，刚好可以让我们度过周末。然后，周五晚些时候，我获悉亨特家族还与恩格尔哈德矿产和化学公司签订了大量期货合约，要求亨特兄弟以高于市场的价格购买大宗白银。星期一就是付款日，亨特兄弟并没有现金。

碰巧，那个周末，我计划在佛罗里达州博卡拉顿市的一个银行会议上发言。银行家聚集在同一家酒店，同意告诉我他们周日晚上关于解决亨特兄弟问题的磋商情况。起初，他们什么也没告诉我。绝望之际，我从床上被唤醒。（也许那对我会有一些心理影响。）无论如何，第二天一早，我得知了最后一刻的交易——亨特兄弟在阿拉斯加北部博福特海的部分石油钻探权被菲利普兄弟公司收购。这是一家大型的商品交易公司，也是恩格尔哈德公司的子公司。

在接下来的几周里，在没有资金继续进行投机的情况下，美联储允许由普莱联邦德国石油公司合并和担保剩余的白银贷款，它是亨特兄弟资产中实力最强的。亨特兄弟所有的资产，包括牧场和赛马，都锁在一家信托基金机构，受美联储监督。虽然没有花政府一分钱，但美联储在帮忙抵御危机方面的参与，还是不可避免地引起了国会和公众的关注。

大约一个月后，宾夕法尼亚州第一公司陷入了危机，它拥有该州历史最悠久的第二大银行。在费城联储前经济研究官员约翰·本廷的领导下，宾夕法尼亚州第一公司大量购入长期国债，由于利率上升，这些国债已经贬值。在美联储提供紧急贷款的支持下，联邦存款保险公司和几十家银行向它提供了包括贷款和信贷额度在内的 15 亿美元救助。公司还收到了两千万张购买普通股权的认股权证，这足以控制多数股权。之后，这被证明是一种重要的模式。

伊利诺伊大陆银行：太大而不能倒？

之后的一两年，两家小型政府证券经纪商倒闭，不曾引起风波。1982 年 7 月，一家似乎无关痛痒的俄克拉何马州的宝恩广场银行破产，其存款额不到 5 亿美元，大约一半由联邦存款保险公司担保。虽然规模不大，但它已经为投机性石油开发商提供了

20 多亿美元的贷款。缺乏强有力的监管，不择手段的“零售”银行会引发大麻烦，这就是一个实例。这些贷款被卖给了美国各地的几家大银行，尤其是伊利诺伊大陆银行。担任主席后不久，我就曾警告，伊利诺伊大陆银行和另外一家芝加哥的大银行资本不足。

受限于伊利诺伊州法律，伊利诺伊大陆银行只能在芝加哥一地开设。成为主要的商业银行后，它想扩张到全国。它是一家大型的“代理”银行，代表许多较小的中西部银行提供服务，依赖“批发”存款（即从那些代理银行和其他机构获得的巨额存款），这些存款远超过联邦存款保险公司 10 万美元的保险上限。利用这些对利率相当敏感的存款，伊利诺伊大陆银行买入了大量宝恩广场银行的“油田”贷款。

仲夏时节，伊利诺伊大陆银行主席罗杰·安德森乘飞机来拜访我，当时我正在怀俄明州一条盛产鳟鱼的小溪边钓鱼。他告诉我，宝恩广场银行的贷款组合可能会毁了他的银行。有迹象表明了存款人的不安。我们与货币监理署和联邦存款保险公司一起，密切监控他的银行。事实上，监理署直接负责监督宝恩广场银行和伊利诺伊大陆银行，或许还有美联储，应该早点儿采取行动。我记得稍后我联系过我认为的伊利诺伊大陆银行的主要董事，要求他自上而下改变管理层。结果却被告知，这些应和银行主席商议，只有主席才能做决定。理事会的有效监管仅仅如此。

随着问题的加剧，该银行大量频繁地从美联储贴现窗口[1]借出紧急贷款，并从很多较小的银行那里融资，最后对管理层进行了改革。但到了 1984 年 5 月中旬，市场信心消失，我们身边出现了最紧急的情况。

我和联邦存款保险公司都倾向于仿效对宾夕法尼亚州第一公司的成功救助，呼吁一些主要银行家做出重大贡献。我就近在纽约的一个摩根担保分行安排了一次会议，邀请六七家主要银行参加，我们从车库进入以避免引起注意。银行家本周早些时候已经同意为伊利诺伊大陆银行提供 45 亿美元信贷额度，他们对此持谨慎态度。

我和联邦存款保险公司主席比尔·艾萨克一起做出了决定。美联储将继续通过贴现窗口向伊利诺伊大陆银行提供充分的流动性支持，只要它有足够的抵押品。联邦存款保险公司将以次级债务的形式提供 20 亿美元的资金。比尔要求这些银行提供 5 亿美元的贷款。

最大的银行——花旗银行的代表很快就宣布，他们无意拯救一家主要竞争对手。但谈判仍在继续，并且取得了进展。

那天下午，我要去哥伦比亚大学接受一个荣誉学位，因为有些担心如果我没参会，会发出什么信号。比尔一直在，因为他的决策正将联邦存款保险公司的资金置于危险境地。

1　一些人认为，伊利诺伊大陆银行崩溃使从美联储贴现窗口借贷变成一件不光彩的事，这预示着该银行陷入困境。此前，此类隔夜贷款是银行应对偶尔出现的准备金短缺时的一种常规方式。如果银行经常依赖它，那将是一个坏兆头。

回来后，我发现他已经决定比我的原计划多走一小步，我原本打算给所有银行及其控股公司的债权人提供明确担保。[1]但归根结底，这是将联邦存款保险公司的资金置于险境，比尔的理由是需要充分恢复信心。这些银行最终签署了5亿美元的注资协议，并将信贷额度提高到55亿美元，它们现在放得还不够开，因为这笔贷款实际上受到了联邦存款保险公司的担保。

虽然眼前的危机感消退了，但从一开始我们就很清楚，对大陆银行的快速解决方案并不能持久。7月，联邦存款保险公司就第二轮救援进行了谈判，有效地控制了公司，并建立了新的管理层。伊利诺伊大陆银行虽然存活了一段时间，但由于管理混乱而失去了竞争地位。股东一直没有挽回损失。

人们常常认为，这一事件使“太大而不能倒”为公众熟知。当货币监理署，即大多数大银行的监管者，在后来的国会证词中，承认越权为11家大型银行提供了救助时，关于政府是否愿意救助大银行的模棱两可的说法便几乎都消失了。

代表几千家小银行（如宝恩广场银行）的美国独立社区银行家协会认为，它的成员处于竞争劣势地位：储户、所有债权人和“系统重要性”的放款人将受到损失保护。在实践中，大多数小银行的存款人倾向于小额存款，并享有联邦存款保险公司保险的全面保护，免受损失。在我看来，无论是当时还是现在，伊利诺伊大陆银行的管理层和股东，按照所有合理的定义，都确实“失

1 根据联邦存款保险公司1984年的年度报告，伊利诺伊大陆银行欠未参保储户和债权人300多亿美元，而参保的存款只有30多亿美元。

败”了。

在2008年金融危机中，关于“太大而不能倒”的辩论再次响起。直到今天，它仍在扰乱银行立法和监管的政治事务。在我看来，奥巴马总统在2010年签署的《多德–弗兰克法》对于建立一个有效解决银行倒闭的程序大有帮助。它本身很复杂且必然受到国际关注，它要求开除经营失败银行的管理层，并在必要时以股东和债权人而不是纳税人的利益为代价清算或重组银行。

储蓄和贷款协会崩溃

之前开始的大量金融机构倒闭潮也波及了“储蓄”行业：储蓄和贷款协会，并且还轻微影响到了它们的姐妹机构——储蓄银行。新政期间，储蓄和贷款协会得到支持并开始发展，后来借着特殊税收和监管措施（包括存款保险）的东风，发展势头进一步增强，数量庞大，达到几千家，占据了小额存款和住房抵押贷款市场。它们的基本融资模式本质上是有风险的：储蓄和贷款协会吸引“股份”——基本上是利率略高于商业银行利率上限的短期存款，为固定利率抵押贷款投资提供资金，固定利率抵押贷款期限通常为30年，并带有某种形式的政府或准政府保险。

在经济萧条和战争期间，这种融资方法效果很好，但不能适应高通胀和利率快速上升。20世纪80年代初，银行存款利率上限被取消了。股票成本不断上涨，现有抵押贷款价格持续下跌，基本耗尽了储蓄和贷款协会的收益和资本。

由于监管部门的“宽容”，这实际上意味着储蓄和贷款协会可以延迟确认其资产负债表上的资产价格下跌，大多数银行都设法活到了 20 世纪 80 年代中期，但收益并未增加。迫于强大的政治压力，监管部门准许这些银行将业务扩展到商业贷款和（本身存在风险的）房地产开发与所有权领域。刚开始只是几个州的监管当局，之后联邦政府也被迫放宽贷款限制。

在一些听证会上，我恳求国会对此加以限制。储蓄和贷款协会没有能力管好贷款和投资权的广泛扩张。房地产开发与市场风险形成了明显的利益冲突。联邦住房贷款银行——相当于储蓄和贷款协会的联邦储备局，其董事会的新任主席埃德温·格雷，则进一步加剧了我的担忧。

格雷在白宫工作过一段时间，1983 年被里根总统任命为主席。他的金融事务经验不足，是一个真正诚实、想法天真的人。他对由储蓄和贷款协会资助和融资的大量投机甚至欺诈性的房地产开发，感到震惊不已。他很快了解到，在规范危险的行业行为方面，联邦住房贷款银行的监管很薄弱，在某些领域几乎不存在。

他成了那些反对监管行业人士和他们有权有势的国会朋友的出气筒，一些行业领袖指控他挟私报复。真正令人不快的结果是，国会对他改革措施的抵制。最后，五位参议员，即所谓的基廷五人组，恐吓格雷放宽对倒闭储蓄和贷款协会的监管要求，特别是查尔斯·基廷的林肯储蓄和贷款集团。

犹他州参议员杰克·加恩，参议院银行委员会主席，是一个聪明而诚实的参议员，他强烈支持扩大储蓄和贷款协会的权力。在听证会上，他问我："沃尔克先生，你能指出储蓄和贷款协会权力扩张引起的问题吗？""不，还不能。"这是当时我唯一能给出的答案。当时提出切实的证据来证明我感觉最终会出现的问题还为时过早。

这是个"我死后将会洪水滔天"的例子。储蓄和贷款协会行业基本崩溃。联邦政府最终花费近 1 500 亿美元（约合今天 2 500 多亿美元）。基廷入狱，一些收到基廷捐款的参议员也受到参议院道德委员会的调查，部分人离开了参议院。在今天金融业游说的背景下来看，这是一段有趣的历史。

尽管埃德温·格雷做出了勇敢而诚实的努力，但他在离开政府后却发现很难找到工作。令他欣慰的是，他那值得信赖、忠诚、经验丰富的法律总顾问威廉·布莱克在他的书《抢劫银行的最佳方式就是拥有银行：公司高管和政客如何掠夺储蓄和贷款协会》中讲述了他的努力。

他直言不讳。

捆绑在一起：大型银行和拉丁美洲

那些国内危机虽然是金融业务恶化的征兆，但在我眼里，那不过是后来被称为拉丁美洲债务危机的一个助兴节目。事实上，这是一场国际银行危机，几乎囊括了所有的行业领军人物和许多没有头脑的追随者。

20 世纪 70 年代和 80 年代初，向拉丁美洲国家和其他几个发展中国家（当时统称为“欠发达国家”或最不发达国家）发放的贷款持续而大量地增加。借款国家需要资金来弥补赤字，而银行手握大量从大发石油财的中东涌入的低成本存款。拉丁美洲的债务从 1979 年的 1 590 亿美元增加到 1982 年的 3 270 亿美元，仅 3 年就增加了一倍多。到 1982 年底，这些贷款平均是美国八大银行资本的两倍多。一些主要的外资银行也不甘落后。

在早期阶段，这种“石油美元的再循环”很受欢迎，因为它是自由市场对高油价和融资发展需求的反应。事实上，这个阶段为一场大规模的国际债务危机埋下了伏笔。借款人和贷款人都有破产的风险。

危机起源于墨西哥。

1981 年，当时的财政部长曾警告激进的左翼总统何塞·洛佩斯·波蒂略，墨西哥的财政状况正在过度扩张，轻易的借贷可能会停止。波蒂略派儿子和朋友去银行查看情况，他们报告称银行的放贷积极性仍然很高。财政部长被炒了鱿鱼——正确来得太早多数会受责罚。

在接下来的几个月里，墨西哥有关官员——新任财政部长席尔瓦·赫尔佐格和中央银行行长米格尔·曼塞拉，变得越来越担心。与以往做法相反，他们决定与美联储和财政部，以及国际货币基金组织总裁雅克·拉罗西埃保持密切联系，这预示着危机即将来临。赫苏斯·席尔瓦·赫尔佐格英语流利，是耶鲁大学的经济学硕士毕业生，他后来把我们每月在美联储餐厅的会议称为“柠檬蛋白酥午餐”，这里有我介绍给他的他最爱吃的甜点。

1982 年初，当一些风险较高的银行减少了新增贷款时，压力开始形成。按照惯例，墨西哥很少公布其国际储备规模，1982 年 5 月公布的储备规模下降了。墨西哥要求增加其储备规模，作为回应，美联储同意一晚上发放 6 亿美元作为既定“互换”安排的一部分，实际上是预先安排的短期贷款。后来，我们同意发放更多，这是一笔真正的贷款，计划持续到夏天。这是基于以下预期：9 月初左翼和反资本主义的总统洛佩斯 · 波蒂略将让位给新当选的米格尔 · 德拉马德里。新总统更加保守，和企业走得更近，同时支持席尔瓦 · 赫尔佐格和曼塞拉，而且准备充分应对即将到来的危机。

不幸的是，我们的时机有点儿不对。墨西哥在 8 月就资金不足了，比我们预期的提前了一个月。在没有外援的情况下，它无力偿还债务。真是不凑巧，当天下午有人通知我，伊利诺伊大陆银行的主席要来小屋看我，那里可以俯瞰蛇河里上行的鳟鱼。我召集所有的人到甲板上，收拾好行李，返回了华盛顿。

墨西哥官员会见了拉罗西埃，并已经得到警告，完全违约将导致不可接受的后果，会引发整个拉丁美洲甚至范围更广的银行业危机。美国财政部认识到墨西哥违约将给自己的银行系统带来巨大损失，于是立即着手准备即刻可得的政府资金。这些主要是对墨西哥的石油进口预付款和农业出口融资的支持。美联储方面敦促欧洲和日本央行的同行明白，在墨西哥新政府向国际货币基金组织寻求继续融资之前，加入我们的临时安排才符合他们的利益。

周末，我和纽约联储行长托尼·所罗门、联邦储备理事会工作人员特德·杜鲁门和迈克尔·布拉德菲尔德，更重要的是还有财政部副部长 R.T. 麦克纳马一起，与席尔瓦·赫尔佐格和基金组织合作，制定了一项可行的战略。虽然只有不到 50 家国际银行在业务量上真正举足轻重，但墨西哥从一开始就邀请了 100 多家银行债权人参加在纽约联储举行的会议。选择这个地点只是为了增加严肃感，除了托尼·所罗门致欢迎词外，没有美联储或财政部官员出席。报道称，席尔瓦·赫尔佐格在会议开始时向债权人保证他们将安然无恙："我叫耶稣，我的首席助手是天使。"（"天使"古里亚现在是经合组织驻巴黎的长期负责人。）

他直截了当地描述了当时的情况：墨西哥没有钱偿还到期贷款，违约既不符合墨西哥的利益，也不符合银行的利益，墨西哥需要新的贷款来偿还到期的债务并支付利息。他要求银行组织一个债权人委员会，商讨一个可行的计划。国际货币基金组织之后将会接手。

据报道，之后会场沉默了一段时间，几乎没有人提问。

席尔瓦·赫尔佐格按计划行事。他向新闻界解释说，他提出的设立一个协调委员会来处理银行贷款的建议被采纳了。毕竟，没有人提出反对。

花旗银行是美国的核心银行，它的主席沃尔特·里斯顿长期以来一直鼓吹向欠发达国家放贷是安全的："国家不会破产。"现在他的银行损失最大。他很快就推举花旗银行年轻但经验丰富的拉丁美洲银行家比尔·罗兹来领导债权人委员会。

这是一个幸运的选择。事实证明，在银行家中，比尔在与官方团体——政府、央行和国际货币基金组织合作方面具有罕见的才能。接下来的几年里，比尔将多次造访美联储和基金组织。后来，在发展中国家面临破坏性金融危机时，他成了公认的权威。这虽然没有提高他在花旗银行同事中的知名度，但对于应对持续的危机却至关重要。

就在那些讨论开始时，迫在眉睫的墨西哥危机，因总统洛佩斯·波蒂略的离任演讲而进一步加剧。他在国际货币基金组织在多伦多举行的年会上发表演讲，宣布墨西哥银行将被国有化，所有对国外的支付将被冻结，这将破坏救援进程。央行行长米格尔·曼塞拉被迫辞职。席尔瓦·赫尔佐格也想辞职，但被说服坚持到新总统上任。12 月，德拉马德里正式就职。

我们迅速通过国际清算银行在多伦多召开了央行行长会议。幸运的是，英格兰银行行长戈登·理查森和瑞士国家银行行长弗里茨·洛伊特维勒，这两家主要央行的令人尊敬的领导人，对于要求国际清算银行和中央银行继续提供支持表示理解和信任。他们更有口才和说服力，非我一人之力所能及。利用美联储和财政部的货币互换安排，我们成功地找到了一种可以争取时间的办法。

很快就有了成功的方案。国际货币基金组织的拉罗西埃的作用不可忽视。现有债务和新增贷款能否“展期”将取决于墨西哥在新总统任期内是否同意一项严格的经济改革计划。国际货币基金组织可以提供中期信贷作为支持，但前提是所有重要的债权银行——拉罗西埃著名的“关键群体”都同意。相应地，基金组织需要检查墨西哥经济改革计划是否充分。

这项方案被好几个国家采用，最终延伸到拉丁美洲以外。作为国际货币基金组织的新任总裁，拉罗西埃迅速采取行动，与谨慎的理事会达成一致，克服了程序上的障碍，建立起在复杂的国际机构中被广泛使用的先例。这套方案的关键在于借款人承诺实施令人满意的、由基金组织批准的改革方案，并在银行放贷机构中达成了一致的意见。

我有点儿担心美联储如此积极的参与态度，基本上是在财政部管辖的领域中促使美国政府与国际货币基金组织进行主导。这些问题很可能（也确实）蔓延到其他拉美国家以及世界其他国家。里甘部长全程参与了我们的计划，但我能感觉到他的不安。为确保政府继续支持我们的主导地位，我同意与白宫办公厅主任詹姆斯·贝克会面。这是我第一次见到他。

我递给贝克一份简短的备忘录，概述了迄今为止的一般做法，并指出拉丁美洲可能会出现更多问题。他立即表示支持这项计划。这确保了财政部与美联储之间充分积极的合作，特别是与麦克纳马的合作，他是里甘部长指派的这项任务的具体承担人。

事实上，几乎所有主要的拉丁美洲国家（哥伦比亚除外）的问题都层出不穷，像十根针同时落下一样。[1] 政府、国际银行系统和主要经济体都处于危险之中。我们有许多工作要做。

1　最终，九个拉丁美洲国家几乎全部通过比尔·罗兹在十年间进行了债务重组。

詹姆斯·贝克很快就会成为财政部长。1985 年 10 月，汉城国际货币基金组织会议上宣布了共同计划的后续部分，加上了他的名字，被称为“贝克计划”，基本做法保持不变，增添了世界银行和其他国际机构向合作国家增加贷款的预期。

在经济压力和国际货币基金组织的支持与贷款的双重刺激下，墨西哥、阿根廷、厄瓜多尔和其他国家的领导人在抑制通货膨胀、控制预算和建立更加开放、更具竞争力的经济方面取得了很大进展。

渐渐地，信誉意识得到了恢复，银行资本状况有所改善。从花旗银行新任董事长约翰·里德开始，主要银行开始压缩贷款敞口。我希望拉丁美洲内向型、具有保护主义色彩的政策变得更具竞争力、更稳定。

在这十年间，我已经离任。乔治·赫伯特·沃克·布什和新任财政部长尼古拉斯·布雷迪领导下的新政府在危机中出台了新计划。所谓的“布雷迪计划”是经过巧妙开发的，规定借款人如果想要获得利率更低、本金更少、期限更长的贷款，就需要向债权人提供可靠的担保。与十年前相比，借贷双方都处于更有利的地位，很大程度上同意了这种借贷方式。这场危机被认为已经结束。

事后的思考

20 世纪 80 年代被称为拉丁美洲“失落的十年”，但我的看法不同：这只是失去的机会之一。

墨西哥、阿根廷、厄瓜多尔和委内瑞拉都实施了强有力的改革方案，似乎一度取得了成功。经济增长确实缓慢，这是多年来大量过度借贷和半社会主义、半封闭的专制体制造成的，不可避免。这种得到银行宽限并在货币基金组织政策监督下获得国际货币基金组织、世界银行和泛美银行中长期贷款的方法——都是国际认可的——只是爱之深、责之切。但对我来说，主要在于它可以促使经济体摆脱传统的拉美模式，即高度依赖外部信贷的封闭的社会主义经济。

还有别的可行的选择吗？一些人建议，从一开始就削减 10% 或 15% 的债务可能更可取一些。但一刀切的做法是不现实的。新的资金将无法弥补持续增加的赤字。这只能让借款人产生可减免更多债务的预期，从而严重损害一些贷款银行的偿付能力，并不能为借款人提供真正的解决方案。

如果把债务削减一半或更多呢？但是，又有谁来对银行进行资本重组，并确保借款人做出改革呢？

今天在我写这本书时，令人惋惜的不是“失落的十年”，而是最近该地区政治和经济都陷入了倒退。

委内瑞拉资源丰富，但却是整个经济动荡中最失败的民主国家。

阿根廷饱受几代庇隆主义之苦，历届政府为维护大有希望的改革和货币稳定所做出的诚意努力最终以失败告终。它正再次接受考验。

巴西是最大的南美洲国家，具有巨大的潜力，但它已经陷入了政治腐败，似乎无法维持曾经非常有希望的改革措施。

墨西哥的经济与美国紧密相关，而且是北美自由贸易协定的受益国。墨西哥实力确实已经大增，但仍然远未达到应有的水平。而且，具有讽刺意味的是，两届总统都致力改革，在获得广泛赞誉和支持后不久，未能在 1994 年有效地管理看似简单的汇率调整。相对而言，这是一场小范围的危机，但足以引起 20 世纪末亚洲经历的危机，泰国一场表面上可以控制的汇率危机，最终演变为影响整个亚洲大陆经济发展的金融风暴。[1]

今天，回顾过去，我认为，拉丁美洲的现状是由债务危机造成的。人们为应对危机付出了艰苦的和建设性的努力，但结果却令人遗憾。这场债务危机的根源，是长期缺乏具有适度纪律性的经济政策，不计后果地向银行贷款也助长了其气焰。现在，拉丁美洲不可避免地陷入了“二战”后范围更广的经济和政治秩序的崩溃之中。

1 印度尼西亚是受危机影响最严重的东南亚国家，我曾在那里担任了很长一段时间的正式和非正式顾问，当时和我一起的还有新加坡国父李光耀等人。

第十章

未竟事业：修复金融体系

1984 年，在我的第二个美联储主席任期内，货币政策有效击退了通胀，经济恢复增长。但或大或小不断发生的金融危机却传达出不同的信息：需要注意美国和国际金融结构中长期被忽视的短板。

与此同时，得益于日益增长的贸易和贷款，跨境资本流动活跃，再次引发了货币流动问题。

汇率管理

稳定的物价（消费价格指数一度连续下降了几个月）和经济的增长吸引了海外资金，为美国庞大的预算和国际收支赤字提供融资。美元长期疲软的日子似乎已经过去，但欧洲和日本的情况不太乐观。尽管我一再恳求，德国仍无法降低利率以支持经济强劲发展。

各国财长和央行行长就干预外汇市场的有效性进行了积极的讨论，但并没有采取具体的行动。1984 年 9 月，在国际货币基金组织举行会议前夕，德意志联邦银行突然进行了大规模干预，以抛售“超级美钞”来购买低迷的联邦德国马克，推动马克升值。一些分析人士将德国的做法与 1978 年卡特政府对美元的救助相比较。尽管我请求财政部长唐纳德·里甘也进行干预，但美国只是被动地站在一边。

制定和执行汇率政策产生了微妙而困难的问题。美国和大多数国家一样，通常由财政部牵头制定汇率政策。但是央行在执行货币政策的过程中，会不可避免地对汇率产生影响，有时甚至是严重影响。此外，中央银行有能力为大规模的外汇操作提供资金。

根据我的经验，实际操作的结果是，美国只是与各国进行了交流，要求不再进行干预。因此，德意志联邦银行被孤立了，其干预操作的影响逐渐消失。

1985 年 2 月上任的财政部长贝克更加激进，尤其对市场干预的潜在重要性信心更足。这一点早在财政部对英国首相玛格丽特·撒切尔向里根总统提出的请求做出回应时就已经很明显了。撒切尔夫人提出 1 英镑的价格不能降到 1 美元，这对英国来说是一个政治敏感的水准。毕竟，在“二战”前的一个世纪里，正常情况下应该是 1 英镑兑换 4.80 美元。

更通俗地说，贝克显然认为，美元汇率太高了。随着进口的大量涌入，美国的公司和就业机会受到威胁，保护主义压力越来越大。作为一名政治家，贝克并没有像政府其他人一样被激进的自由市场和自由放任的经济思想困扰。

我感到贝克部长和他雄心勃勃的副部长迪克·达曼对争议激烈的建立主要货币“汇率目标区”的设想产生了兴趣。我的恩师罗伯特·鲁萨也支持这个设想。它是一种使主要货币达成并维持相对稳定的方法，符合竞争性平衡。

进入春季以后，合作干预确实帮助降低了美元汇率，但随着干预的结束，汇率在夏季再次上升。贝克显然担心美元走强会导致美国工业界怨声载道而产生政治后果。没有征求我的意见，贝克当时已经开始与五国集团财长探讨一项明确的协议，促使美元贬值。

考虑到目前和预期的经济状况，我预计美元汇率已经过了峰值，将在秋季开始下跌。退一步讲，我并不想让官方强力向下拉动汇率，以免引发汇率投机性的加速下滑。所以我们进行了内部磋商。

贝克很好地理解了货币政策在影响汇率方面的潜在作用，以及将更多的美联储资源纳入市场干预的必要性。他同意我的主张，即不能公开事先计划好的干预，我们应当防止投机者做出反应从而导致汇率“自由落体”。

9 月底，五国集团在纽约的广场饭店举行会议。据我所知，选择这个地点是为了避开美联储的领域及其领导。这次精心安排的会议进行得很顺利。随后拍照时，我被推到了前面，我感到很困惑。“狡猾”的贝克先生显然认为我需要在他掌控之内，致力完成这个计划。

正如预期的那样，美元汇率立即下跌了。最初的干预可能很快就会暂停。跌势还在断续下行。到了年底，我认为已经足够了，但贝克不这样想。我们对各自的国会证词各执一词，观点一再出现分歧，但并没有引发严重的冲突。

但现在回想这些时，我觉得当时我们的分歧可能已经产生了更严重的后果。

1986 年 1 月，在五国集团伦敦会议上，我得到了一份由贝克主导的财长们在前一天晚上的一次非公开会议上达成的公报草案，里面充满了放松货币政策的意图，这当然是美联储的职责范围。我反对并且不愿签署任何声明，就像五国集团在广场饭店前的做法一样。德意志联邦银行行长卡尔·奥托·波尔同样强烈反对。这项内容最终被删除了。

第二天的头版报道引用一位“不愿透露姓名”的财政部高级官员的话说，五国集团成员同意降低利率。我知道这名不愿透露姓名的官员可能是谁。

背　叛

也许我拒绝接受公报草案的内容，使贝克部长在同行面前丢了面子。我不能确定，但不久之后，我在自己的理事会里遭遇了背叛。

普雷斯顿·马丁曾任联邦住房贷款银行董事会主席，与当时的加州州长里根关系密切。1982 年他接替弗雷德·舒尔茨担任美联储副主席时，我对他了解甚少。我支持了布什副总统提出的另一位候选人，我以为身边又会多一位经验丰富的同事。马丁自然是踌躇满志的。

几年中，我们一起工作得很好。之后我开始注意到他一些不寻常的行为：他不告知我他在国内外的出行；不提前打招呼就在美联储公开市场委员会会议上投反对票；最后，在 1985 年 6 月的一次公开演讲中，批评我和联邦储备理事会坚决支持的拉丁美洲债务计划。我想当众责难是有一定道理的。（我最近得知，在我的声明公布后，美联储的内部理发师——“理事会理发师”莱尼告诉马丁：“你和我有个共同点——我们在美联储都走到头了。”马丁大笑。别人就是这么告诉我的。）

在星期一的一次例行理事会会议上（按照惯例，这一天是员工演讲和处理日常事务的日子），马丁出乎意料地提出了降低美联储贴现率的建议。我立即提出，将讨论推迟到星期四的正常“政策”日，但我的请求被忽视了。两位新来的理事会成员曼纽尔·约翰逊[1]、韦恩·安格尔，以及经常和我意见不同的玛莎·西格当场加入马丁一伙，一起要求降息。无须讨论，降息已成定局。

我显然是被“伏击”了。在这种情况下，我从会议上退出

1 约翰逊曾告诉我，他答应贝克，成为美联储理事会执董后第一次投票就会支持宽松的货币政策。由于没有预料到这次意外的投票，我没将他的警告放在心上。约翰逊后来成了一名重要且负责的副主席。

来，打电话给芭芭拉，告诉她我准备回家吃晚饭。

巧合的是，当天，我与席尔瓦·赫尔佐格和詹姆斯·贝克约定在美联储餐厅共进午餐。午饭后，我把贝克拉到一边，告诉他我回办公室后就将给总统呈递辞职信。毕竟，这时是 1986 年 2 月，已经临近我先前向妻子承诺并与总统约定的要离开的时候了。

在我忠实的助手凯瑟琳·马拉尔迪难过地准备我的辞职信之前，她告诉我，新任委员之一韦恩·安格尔想见我。他建议进行第二次投票。马丁很快出现并且同意了。投票结果发生了逆转，因为我承诺，如果我能与德意志联邦银行的卡尔·奥托·波尔和日本央行行长澄田智达成协议——我当时一直在促成此事——那时我们再按原计划继续。

几周后，也就是 3 月初，这事就成了。这次中央银行间的协调非常成功，反映出我们之间的相互信任，也反映出我们个人的实质性担心。事实上，我一直在恳求卡尔·奥托·波尔降低德国乃至欧洲的利率。可以理解的是，他一直拒绝单独去做这件事。

不久之后，美联储理事会内部的对峙情况被泄露了。3 月底，在“政变未遂”不到一个月后，普雷斯顿·马丁就辞职了。随着时间的推移，我和新任委员，包括后来上任的委员之间的关系变得更加牢固，我们相互尊重，但生活从来都不是一成不变的。

在这种情况下，我的任期还有 18 个月就要结束了，这时辞职似乎很令人难堪。因此，我一直干到任期结束。无论是从白宫还是从我妻子那儿，我都没有听到过公开的不满。里根总统正忙着处理伊朗门事件。芭芭拉已经接受了作为公职人员妻子的命运。

卢浮宫

汇率目标区的构想，以及央行合作的深层需要，都超越了广场协议的范畴，需要更为宏大的计划。

贝克部长显然对 1986 年底的美元汇率感到满意，开始与日本及其他五国集团部长探讨是否有可能建立一个框架，使汇率稳定在当时的水平。再一次，美联储的立场对于协议的达成起到了至关重要的作用。

这个目标完全符合我的想法。事实上，我习惯于通过写演讲稿来呼吁重新聚焦汇率稳定。我的观点十分简单：在一个经济开放的世界里，资本和贸易可以自由流动，稳定甚至固定的汇率合乎逻辑。我认为这不是我毕生的愿景，但欧元的创立可能是向前迈出的一步。

这种想法，与诺贝尔经济学奖得主鲍勃·蒙代尔[1]的思路不谋而合，但与里根政府早期的自由市场和反对国际货币改革的反干预主义教条截然不同。财政部长贝克也没有主动帮助美联储实施新的改革措施。

相反，1987 年初，财政部要求在法国财政部所在地巴黎卢

1 由于此前蒙代尔在最优货币区域的开拓性工作，他经常被人称为“欧元之父”，同时他也奠定了供给侧经济学的研究基础。

浮宫召开五国集团会议。(《萨莫特拉斯的胜利女神》和莱昂纳多·达·芬奇的《蒙娜丽莎》分别在卢浮宫的左右两翼。)据史料记载，意大利财政部长也获悉了这次会议的消息，他出现在会场门口要求进入。经过长时间的谈判，他拒绝了为他提供事后决策简报的提议并且离开了。然后，加拿大部长也出现了，他接受了简报的提议，五国集团变成了六国集团。下一次会议之后，变成了七国集团。

我们讨论实质内容所花的时间比试图保全面子的时间要少得多。贝克部长做好了充分准备，“五国”就相当狭窄、不现实的汇率区间（最初仅上下浮动 2.5%）达成了一项未公布的协议，并会在财政和货币政策方面加强合作。我还特别记得美国对预算纪律的承诺。我向贝克指出设定预算平衡的目标显然超出了我们的意愿和能力，他的回答使我想起 15 年前康纳利的誓言，那时他正在一次重要的国际会议前进行首次演讲。贝克的预算“承诺”与康纳利承诺的“我们不会贬值，我们不会改变黄金价格”一样短暂。

短期之内，市场表现良好，通过一些干预措施，汇率保持在既定区间附近，但协议商定的措施目标太过宏大。到 3 月时，美元汇率已跌至区间下方。当时国内经济强劲，美联储本来可以提高贴现率。我决定先不插手，以便日后采取更有力的措施。因此，我们只是稍稍约束了市场。这是我在 8 月 11 日任期结束前最后一次几乎看不见的政策举动。

那时，卢浮宫协议中狭窄的汇率区间基本上已经不起作用了，也没有国家对补充财政和货币政策做出强有力的书面承诺，关于国际货币改革的核心问题仍未解决。

尽管如此，我仍然希望有一天能够实行真正的改革。1995年，我在伦敦大学发表了著名的斯坦普演讲，呼吁人们更多地关注汇率，包括明确承认当时100日元兑1美元的普遍汇率是合理的，近乎达到均衡，应该将这一汇率保持在合理区间内。欧洲晚些时候可能也会进行改革，因为它们统一了货币，其价值可能会与美元相当。当我回到座位上时，英格兰银行行长埃迪·乔治俯身对我低声说："演讲不错，但这不会发生。"他是对的。

我最后一次参与制定全面的货币改革纲要是在很久之后了，那时[1]金融危机已席卷全球。这份纲要被称为"皇室倡议"，由国际货币基金组织前总裁米歇尔·康德苏、亚历山大·拉姆法吕西和托马索·帕多阿－斯基奥帕[2]主导，他们都是备受尊敬的欧洲改革支持者。但2011年欧洲债务危机迫在眉睫，倡议并没有引起广泛关注。

银行资本重组

20世纪七八十年代，国际金融市场监管放松，迅速扩张，主要国际银行的竞争加剧。除了为海外商业客户提供较为传统的贷款服务，美国各大银行还在欧洲和亚洲金融中心开展了活跃的

1　2011年。——译者注

2　他在2010年12月18日不幸逝世，他是一位珍贵的朋友与同事。

贸易活动。而国外银行——规模和美国本土银行一样大甚至更大——也在美国变得活跃起来。美国银行自然备感压力，认为自己的处境极为不利，要求国外银行也接受同等的资本和监管要求。

不同国家的态度迥异，统一的统计定义缺失，要对国内外银行进行比较困难重重。尽管如此，某些异常点还是很突出。尤其是，日本大型银行的资本与资产比率极低。而且这种资本资产比率的计算包括了很多的股权持有量，波动性极高。

即便如此，银行界仍然认为，资本决策和差异是不同商业模式和竞争因素的反映，而不是风险管理的关键因素。花旗银行主席沃尔特·里斯顿认为花旗银行——当时规模最大的美国的银行——根本不需要资本。我在1980年与芝加哥银行高管的短暂会面中也体会到了他们这种态度。显然，这是监管者头一次质疑他们的资本是否充足。他们认为没有必要担心美联储新任主席的这个“建议”，毕竟他没有明确的权力。

宾夕法尼亚州第一公司和伊利诺伊大陆银行经历的阵痛，拉丁美洲危机造成的巨大威胁，以及储贷协会资本的明显不足，引发了人们的长期思考。但由于缺乏国际共识，并没有出台强有力的竞争性的（和政治性的）措施。

由国际清算银行[1]主持召开的十国集团央行行长会议达成了问题的解决之道，将成立新的巴塞尔委员会（国际清算银行总部设

1　创立于1930年的国际清算银行，偶尔被称为“中央银行的中央银行”。

在瑞士巴塞尔）对现有标准和做法进行评估，以便分析问题，理解问题。

这个进程很缓慢。连美联储内部都不愿单方面采取行动，这反映出让美国不同监管机构达成共识本身就很难，每个机构都只关心自己的部分。这仍然是一个长期问题。

最终，我促成了参加国际清算银行会议的央行行长采取行动，这已经超出了巴塞尔委员会自身的范围。巴塞尔委员会正尝试制定统一的统计方法，但进展并不顺利。制定和执行统一标准，巴塞尔委员会有些“力所不及”。

资本充足率这个问题一直存在，拉丁美洲债务危机让问题更加突出，这表明大量放款银行在资本方面的不足，且各国的做法存在明显差异。美国银行和监管机构提出支持，特别是对资本不足的日本银行的“不公平”竞争感到担忧。欧洲银行界也最终达成共识。但是，计算方法上的巨大差异使其进展困难重重。

美国的做法是通过一个简单的“杠杆”比率来评估资本充足率，换句话说，就是银行的总资产与用于吸收资产损失的保证金之比。（历史上，在 1931 年银行业崩溃之前，资本充足率通常为 10%。）

欧洲各央行坚持采取更复杂的“基于风险”的方法，根据资产的风险程度来计算资产。他们认为，某些资产——包括国内政府债券、住房抵押贷款和其他主权债务——不需要太多资本，这是常识。相比之下，无论信用评级如何，商业贷款需要严格且较高的资本金要求。

这两种方法各有优缺点。该如何打破这个僵局呢？

1986 年 9 月，欧洲之行结束时，我计划在伦敦停留，与当时的英格兰银行行长罗宾·利－彭伯顿共进一顿非正式的晚餐。在那种舒适的环境下，我没有经过太多的考虑，就向他提议，如果这是达成协议的必要条件，我会尝试把基于风险的计算方法介绍给我的美国同事。

他在欧洲同僚那里遇到了实际的政治困难，其中一些人对制定全球标准漠不关心，没有人想采用“美国制造”的方法。罗宾不得不对他英格兰银行的下属，当时担任巴塞尔委员会主席的彼得·库克施加影响。

尽管如此，他还是大胆地决定继续推进这项工作。1987 年初，在我离任前 7 个月，美联储和英格兰银行达成了双边协议。时间足够让我的前任助理杰瑞·科里根——当时的纽约联储行长——促成与日本的协议。当时，欧洲大陆的国家别无选择，只能签协议。

巴塞尔委员会最初因其不情愿的姿态而被绕过，当年晚些时候被授权编写最终的规则，当时被称为《巴塞尔协议》，后来的修订版本也都被称为《巴塞尔协议》。

随着时间的推移，基于风险的方法本身的问题越来越明显。风险最低的资产，其资本要求较低或没有要求，并且往往是得到政治支持最多的资产：主权信贷和住房抵押贷款。具有讽刺意味的是，正是这两类资产的损失引发了 2008 年的全球危机和 2011 年的欧洲危机。而在注重资本回报的银行股东和高管看来，美国的“整体杠杆”方法也有缺点：不鼓励持有最安全的资产，特别是回报较低的美国政府债券。

《巴塞尔协议》几乎一直面临修订的压力。2017 年 12 月，全球监管机构完成了第三次修订。与此同时，美国也制定了自己的法规。近年来，出现了一种合理的中间方法，既采用了基于风险的衡量方法，又采用了简单的杠杆率，有效弥补了两种方法的缺点。但在方法性质方面，以及对于规模和业务不同的银行，国内外比率的具体执行标准方面仍然存在争议。2008 年危机后不到十年，美国和其他地方需要强化的资本要求就已经被放松了。

在美联储的最后时光

到《巴塞尔协议》签署之时，已经过了我当初承诺的离职时间。经历了短暂的背叛和副主席辞职之后，当时并不是离职的时机。而且，美联储与总统和财政部长的关系也重新走上正轨。

显然还有很多的事情要做。在放宽对州际银行的不合时宜的限制方面，只不过取得了有限的进展。更重要的是，旧的《格拉斯 – 斯蒂格尔法》对交易和投资银行的限制已有所放宽，是否需要部分修改或将其完全废除呢？美联储本身也已经开始放松银行分支机构开展交易活动的限制。我与唐纳德 · 里甘和詹姆斯 · 贝克就改革问题进行了长时间的讨论，但在立法方面没有取得进展。

事业未竟，但我丝毫没有改变要离开的打算。5 月底，我在

《纽约时报》招待会上遇到了里根的新任办公厅主任霍华德·贝克。我建议我们碰个面。第二天一早，他就来我的办公室了。

我告诉他，我不想连任，现在是时候宣布接班人了。他语气坚决地表示不同意，坚称我应该留下来。直到后来，他问我打算提议谁来接任。

我准备了两个候选人。备受尊敬的高盛前联合主席约翰·怀特黑德经验丰富，性格温和。那时高盛仍然是一家合伙人企业，我认为它是一家原则性强、以客户为导向的投资银行。前财政部长乔·福勒是合伙人之一，他很重视公司文化。怀特黑德当时是乔治·舒尔茨的副部长，在华盛顿和大家相处得很好。（后来他向我说起了一些在华盛顿的感受，尽管他在那里待的时间不长，但在那里结识了他的新妻子——记者南希·迪克森——那是他一生中最快乐的时光之一。）

很明显，另一位候选人就是艾伦·格林斯潘。从纽约职业生涯的早期起，我就认识他了，不过不是非常熟悉。他是一位卓越的金融技术人员，很早之前就加入了共和党，强烈支持自由市场观点。

在我与霍华德·贝克会面几天后，詹姆斯·贝克也来找我。他告诉我，实际上，我有责任留下来。我必须在周末重新考虑这件事。他将安排我在6月1日星期一与总统会面。我的总体感觉是，他本人不会因我决定离开而感到难过，此时更确认了我的想法：根据一份报告，他认为我不会放松《格拉斯－斯蒂格尔法》对银行的限制，这是一个政治上敏感的目标。

以多数派领袖鲍勃·多尔为首的一些资深参议员主动支持我连任，我非常感激他们。但我也想起了几年前从乔·福勒那里得到的一些建议：当你想从政府高官的位子上离开时，写下并递交辞呈，这样你才能不被说服。

因此，我认真写下了不接受第三次连任的决定，并在与总统会面时把它交了过去。后来，再没有人提出反对。

艾伦和我出席了发布会。几周后，美国国务院为我举行了一场晚宴，由詹姆斯·贝克、乔治·舒尔茨和约翰·康纳利共同主持，道格拉斯·狄龙、乔·福勒、罗纳德·里根和南希·里根出席了晚宴。这是我尊敬的人以及和我一起共事的同事对我的慷慨送别。

艾伦·格林斯潘是一位著名且受人尊敬的人物，具有良好的政治素质。他热爱这份工作，因稳定物价和促进经济增长方面的成就而广受尊敬。他也找了一位来自华盛顿的妻子——兢兢业业的电视记者安德里亚·米切尔。艾伦连任了 5 次，任职时间比除威廉·马丁以外的其他美联储主席都要长。

很自然，我一直在想，如果我最后一次和总统会面时说出“总统先生，与霍华德和詹姆斯谈过之后，我改变了主意。我可以再连任一期”这样的话，会发生什么事。

当然，他们关心的不只是让我留任，而更多的是如何避免我的辞职引起的市场波动。股票市场最初确实大幅下跌，但不久之后就稳定了。在新闻发布会上，艾伦明确表示，他将继续维护我们在抗击通胀方面来之不易的成果。

他们确实做到了。

1990 年，按照传统，我在国际货币基金组织年会上发表了一篇皮尔－杰科普森演讲，题目是“中央银行胜利了吗？”其中关于央行官员控制通胀的能力和必要性的结论，与 11 年前阿瑟·伯恩斯所做的充满悲观情绪的“中央银行的苦恼”的皮尔－杰科普森演讲中的结论截然不同。在我离任时，美联储已经是一个备受尊敬的机构，能够领导人们为实现和维持金融稳定而不懈努力，这让我感到很满足。

毫无疑问，我们抗击通胀的做法，帮助恢复了世界各国央行的公信力，也缓和了党派间政治攻击的对立态度。

同时，我的演讲标题末尾的问号意义重大。

我很清楚，严峻的挑战依然存在。

第十一章

离开美联储之后

我离开了美联储，还没想好如何重新回到私人生活空间中去。我 60 岁了，离当时被认为是正常的退休年龄并不远。芭芭拉的糖尿病和类风湿性关节炎等现实困难带来了更严峻的挑战。

同时，我知道我有很多选择。在欧洲和日本进行了几次演讲后，家庭经济拮据问题得到了一些缓解。我可以慢慢来。

我被公司董事会的邀请淹没了。华盛顿邮报公司和道琼斯公司真正激起了我的兴趣，后者是《华尔街日报》的母公司。我与这两家公司都有很强的联系，因此，不管加入哪家公司，我在感情上都是矛盾的。我确实同意过在两家大型外国公司的董事会任职：瑞士食品巨头雀巢公司和英国帝国化学工业公司，两家公司在国际上的表现引人注目，它们之间也没有冲突。

我接受过普林斯顿大学董事会的短期聘任，校长比尔·鲍恩催促我回到伍德罗·威尔逊学院。他建议任命我为终身教授，甚至是兼职的也行，即使没有那个必须要有的博士学位也行。更有吸引力的是，拟议中的教授职位是由弗雷德·舒尔茨设立的，他是我忠诚的美联储副主席，也是我的好朋友。

我无意以董事的身份加入一家金融公司，也无意做些表面文章。（明智的是，没有人建议我加入首席执行官行列。）所以，我又一次拖延了。

为了缓解芭芭拉对我无法下定决心的担忧，我开始考虑挂一块自己的招牌，就像“保罗·沃尔克咨询服务”这样的原创服务。然后，我碰巧遇到了詹姆斯·沃尔芬森，这位出生在澳大利亚的风度翩翩并且有着广泛人脉的投资银行家，在伦敦和纽约都有丰富的经验。我从他担任所罗门兄弟公司高级合伙人的时候就对他有所了解，当时该公司被指定协助拯救克莱斯勒的谈判。

几年前，詹姆斯离开了所罗门兄弟公司，该公司的主要业务仍是大型交易，而不是传统的投行业务。他开创了一种截然不同的模式，即一家“精品”公司，专门为企业提供并购和其他战略性业务方面的咨询服务。这种模式里没有交易，没有承销，没有投机——简而言之，没有任何可能使公司利益与客户利益相冲突的事情。正如我们所说的，不管是出于有意还是偶然，一个念头在我脑中浮现出来：我可能会加入沃尔芬森的公司并且分担领导责任。

为什么要不辞辛劳地开创我自己的小公司呢？这样，我就可以在普林斯顿大学度过周五到周一的时间，而剩下的时间在沃尔芬森公司。

沃尔芬森公司

虽然詹姆斯对我的律师朋友要求我和他谈判的合同细节并不感兴趣，但它实际上赋予了我对公司决策和某些特殊待遇的否决权，比如一辆为高级政府服务提供的汽车。在这件事情上，大部分都被忽略了。就在第一天，詹姆斯问我："保罗，你真的不需要一辆车，是吗？"事实是，我不需要。现在仍然不需要。

沃尔芬森公司的基本战略是与为数不多的愿意支付年费的大型跨国公司合作，从而有效地确保公司在并购或其他战略交易中发挥主要的咨询作用。

我刚到那里的时候，公司里除了詹姆斯，还有几个知名的投资银行家和一小群年轻的潜在合伙人。桑迪·怀特是怀特·魏尔德公司的资深员工，来自所罗门兄弟公司的雷·戈尔登则带来了一丝灰色。但很快，格伦·莱维、杰弗里·戈尔茨坦和埃利奥特·斯莱德就领导了这个团队，并扩大了其高级合作伙伴关系。直接从美国国务院来的斯蒂芬·奥克斯曼为我们带来了国际化的一面，而贝维斯·朗斯特雷斯——在美国证券交易委员会任职时我就认识他——提供了专业的法律支持。公司还成功地吸引了华尔街的一些初级分析师和高级合伙人精英。我加入以后，公司继续在东京和巴黎发展小型合资企业。在詹姆斯早期成功的基础上，我们保持了坚实的客户基础。当然，就我而言，这些银行包括一些主要的跨国银行，比如我的老东家大通曼哈顿银行、激进的众国银行（最终在 1998 年收购并更名为美国银行）、荷兰国际集团和英国汇丰银行（詹姆斯最初的客户之一）。

后来，詹姆斯开始踌躇满志地竞选世界银行行长。1995 年，他成为行长后便离开了。我心满意足地去了那个众所周知的在拐角的办公室。我的合作伙伴工作认真负责，并保持了我们的高标准。我永远不会忘记一件小事，它被认为是理所当然的，但我认为它是我们公司和华尔街惯例的象征。

格伦·莱维是我们新加入的高级合伙人之一，他来到我的办公室，报告了一段相当奇特的电话交谈的内容。一位客户打来电话说，他在一家新公司工作，正在秘密进行一桩开创性的合并交易谈判，计划在几天内宣布。他将向沃尔芬森支付费用以获得一份所谓的公平意见书，所谓意见书也就是一份华尔街的标准范本，向合并公司的投资者保证交易是公平的。

格伦告诉这位潜在客户，我们没有足够的时间充分调查这笔交易，沃尔芬森不可能在一夜之间提供公平意见书。“好的，”这位潜在客户回答，“我可以从其他地方得到公平意见书，但我希望在我们敲定协议的最后几天你和我在一起。”

交易完成了。格伦挣了一大笔咨询费用。我们坚持了自己的原则。

在拉丁美洲危机中幸存下来的花旗银行当然不会向我寻求建议。然而，到了 20 世纪 90 年代初，花旗银行发现自己再次负债累累，这一次是房地产项目。当时，它正受到纽约联储和美国联邦存款保险公司的密切监控。那时纽约联储由杰瑞·科里根领导，而美国联邦存款保险公司由比尔·泰勒领导。我在美联储任职期间，泰勒一直负责监管。有一天，他来到我在沃尔芬森的办公室，就在花旗银行对面，他说银行监管机构正在考虑要求花旗首席执行官约翰·里德辞职。在拉丁美洲债务危机的最后阶段，里德曾是我的对手。

“你想把谁放在他空出的这个位置上？”我问。

他指了指我。我想这是个玩笑。

大约在同一时间，一名中东男子拜访了我，他说他是来自沙特阿拉伯的一名投资者代表。我们可以就一笔潜在的对花旗银行的大规模投资向他提供建议吗？和詹姆斯商议之后，我认定和中东神秘的投资者打交道不是我们的工作。我们请这位客人到别处去。我们很快了解到，他代表的是沙特阿拉伯的谢赫阿瓦利德，他后来成为花旗银行多年来的最大投资者，为该行提供了帮助其渡过那次危机和随后危机的资本。有点儿讽刺意味的是，花旗银行前任主席沃尔特·里斯顿过去一直跟我说他的银行并不真的需要资本，而约翰·里德对阿瓦利德投资的解释是“我们希望在市场上被视为资本雄厚”。

多年后，一位向谢赫提供投资建议的公司成员告诉我，他们的作用有限，他们的回报也很低。

普林斯顿大学：公共服务教育

普林斯顿大学的工作安排很适合沃尔克家庭，至少在几年间是这样的。

这所大学有一间小型的、未曾翻修的房子，面朝主要道路拿骚街，后面对着校园，离我的学术办公室可能有两三百米远。地板上有些裂缝且没有隔热层，地下室是泥土地面，但有一个巨大的壁炉。我几乎可以想象得到“乔治·华盛顿曾睡在这里”。毕竟，美国独立战争时期的普林斯顿胜利之战就在两三公里外打响。

芭芭拉可以在家里处理事务。一楼有洗澡设施。孩子们和孙子们可以来拜访，在有精致壁炉的餐厅里举行小型宴会也很好。

遗憾的是，无限期地住在这里直到平稳退休的想法不能持久。芭芭拉的健康状况日益恶化，纽约和普林斯顿之间频繁的行程成为我的负担。我在沃尔芬森的更大的责任最终迫使我结束了这个不切实际的想法。

在普林斯顿大学，我有两项完全不同的学术任务：一项是一学期的研究生研讨会，另一项是一学期的伍德罗·威尔逊学院本科生“会议”或“特别小组”。在这两种情况下，我都可以向高年级研究生寻求帮助，还能够邀请朋友和以前的同事为学生提供不同视角的学习研讨活动。其中包括与行天丰雄合作的一年时间，他从日本财政部副部长岗位退休之后，我们合写了一本书，书名叫《时运变迁：世界货币、美国地位与人民币的未来》。这本书是以我们在一次学术研讨会上的演讲为基础的。（现在我又重读了一遍，推荐大家阅读。）赫尔穆特·施莱辛格 1993 年从德国央行行长的职位上退休，又和我愉快地教了一年书。赫尔穆特和他的学生在香肠、酸菜和啤酒派对上打成一片。

有天晚上，研讨会上的研究生力劝我邀请一位真实的投机者。之后，乔治·索罗斯友好地接受了邀请。

当一大批经济学教师出现时，参加研讨会的人数增加了一倍。我不记得本·伯南克（他将接替格林斯潘成为美联储主席）教授是否也在其中。我很清楚，普林斯顿大学教师的声望在于检验理论和开展研究，而不是参与市场和机构的活动。我曾目睹一位颇受尊敬的国际金融学年轻教授因“理论地位”不够而被断然拒绝，国际金融学正是普林斯顿大学教师潜在的弱点领域。几十年后的今天，作为国际货币分析领域的领军人物，他已在西海岸脱颖而出。

乔治·索罗斯进行了较长时间的公开演讲。他反复强调的一点是，“均衡”的概念并不适用于金融市场，相反，市场倾向于从一个极端走向另一个极端，直接跳过任何想象中的均衡稳定状态。如果你想在市场上取胜，你就必须观察一个发展趋势，跳上去跟随趋势并及时下来。经济理论没有用。

作为首席对话者，我尽力为这样一种观点辩护：尽管市场可能会超预期或达不到预期，但确定一种可持续的平衡有一定的价值。我并没有从在座的更成熟的经济理论家那里得到多少帮助，他们似乎不愿与这位才华横溢的投资者辩论来检验他们的理论，而索罗斯没有任何理论。

最后，我的首席研究生助理向索罗斯建议说，或许他没有完全意识到学术界目前对“混沌理论”的贡献。这个时候我能回想起的，只能是我曾多少次被迫在现实中处理金融市场混乱——那是在 2008 年危机之前。

我与学生和一些不只讲理论的教师有着广泛的联系。从这方面来说，普林斯顿大学的那些年让我非常满意，这些会议为本科生提供了一种独特的经历。每次会议都需要大量的学生研究和一份广泛的联合报告，还需要组织研究讨论并就现实生活中的问题达成共识。每一次，学生都能接触到并被要求向在职官员或其他对他们正在研究的问题负有实际责任的人做出报告。

有一次，我们被邀请访问波多黎各，公开报告学生关于波多黎各治理的结论，这个问题在今天仍然同样重要。还有一次，棒球协会当时的委员巴德·塞利格对学生关于美国职业棒球大联盟经济和竞争结构变化的建议并不完全满意。（碰巧的是，作为两个独立委员会的成员，我也被要求就此问题发表意见。这两个委员会被要求审查职业棒球商业惯例可能发生的变化。）我知道这是一个情绪化的话题。

在所有的心满意足中，都会时时闪现现实的影子。并非所有普林斯顿大学的高年级本科生都能写出简洁、语法正确的研究论文。我还观察到，这些会议也完好地再现了我在财政部和政府其他部门看到的官僚程序。在尊重每个人观点的情况下，聚在一起做一份报告并不容易。校园“政治”方面的考虑也出现了。同现在流行的做法一样，在课程结束时，学生会给教授打分，这一点我不太喜欢。

公务培训

作为伍德罗·威尔逊学院的教授，我加强了对学校使命和公共服务教育的关注。

在这方面，我觉得普林斯顿大学失去了一个重要的机会。1961 年，该校从 A&P 杂货店继承人查尔斯·罗伯逊和玛丽·罗伯逊那里得到了 3 500 万美元（约相当于今天的 3 亿美元）的捐赠，以支持伍德罗·威尔逊学院一个新的研究生项目。这些资金单独存放于一个账户内，将专门用于培训学生从事公共服务，尤其是国际事务。在普林斯顿大学的小巷里，我想到了它的座右铭——“为国家服务”。

那个时候，普林斯顿大学的新任年轻校长罗伯特·戈欣正式表达了这样的愿望：希望这份捐赠能使“普林斯顿大学做它和其他大学一直想做的事情——建立可与国家最好的医学和法律学院相媲美的公共服务职业教育学院”。我不知道当时他到底在想什么，但他明确表示，普林斯顿大学需要保持“明显的哲学和自由主义态度”，它不会成为“管理人员或官僚机构”的培训学校。这位鲁莽的年轻人的前任、公共管理学教授哈罗德·多兹肯定在悄悄地摇头。

最后，不管这个想法多么矛盾，普林斯顿大学接受了捐赠。随着时间的推移，捐款增加到数亿美元，这是该校捐赠基金的重要组成部分。

在最初的几年里，人们做出了合理的努力来尊重捐赠人的意图，聘用了几位资深教授，第一届院长也确实很有使命感。然而，早在 1970 年，查尔斯·罗伯逊就对普林斯顿大学很少有毕业生进入政府部门表示失望。唐纳德·斯托克斯是我第一次在学院任教期间的院长，敦促我帮忙为为数不多的研究生开设新的项目和课程，这些研究生基本上都是被可观的奖学金吸引来的。我没能完成他的任务。直到今天，我一直把开发这样一门课程作为沃尔克联盟的使命。

随着时间的推移，除了从大学管理特别基金中节省下来的收入之外，越来越多的资金被用于支持经济学和政治学部门，这两个部门的许多教授成为伍德罗·威尔逊学院的联合教师。有些人对公共政策的兴趣持续了下来，但很少有人特别关心公共服务培训。1997 年斯托克斯去世后，享有声望的经济学和政治学部门的教师开始轮换担任院长。

在我任教期间，有几位伍德罗·威尔逊学院的教授确实把公共管理视为一门学科和一种职业。然而，他们渐渐清楚，这不是普林斯顿大学的优先事项。理查德·内森曾在尼克松政府的管理和预算办公室任职，并在布鲁金斯学会担任研究员，他离开之后加入纽约州立大学奥尔巴尼分校并担任洛克菲勒政府研究所所长。约翰·迪路莱——由伍德罗·威尔逊学院和政治系联合任命的一位年轻的哈佛博士，热情地教授公共管理核心课程。然而，当他意识到学校缺乏使命感时，他拒绝了续任。迪路莱后来加入了顶级公共管理学者唐纳德·凯特尔的行列，建立了布鲁金斯学会的有效公共管理中心。

20 年后，据我所知，普林斯顿大学并没有聘用或终身聘用任何主要致力于公共行政研究和公共服务培训的学者。

我想起了一位新院长，来自另一所大学的受人尊敬的经济学家。他知道了我的兴趣后，来纽约与我相见，问了我一个简单的问题："什么是公共行政？"接下来他问，"我们应该聘用心理学家吗？"（我认为他没有想到现在流行的行为经济学。）我的主要印象是，这是一位显然既没有使命感也没有什么真正兴趣的新院长。

1988 年，哈罗德·夏皮罗接替比尔·鲍恩担任普林斯顿大学校长。我向她提交了一份备忘录，强烈反对不重视公共事务和管理的核心使命的办学倾向。不知是巧合还是其他原因，后来我得知，校长亲自对学校进行了一次审查——不是由通常的认证机构进行的，而是委托一个由外部专家组成的特别三人委员会进行的，他们的报告用礼貌的学术语言强调了我的观点，即缺乏强烈的使命感。普林斯顿大学拥有所有的资源，但却没有提供罗伯逊夫妇期望的领导力，而且有数的几位伍德罗·威尔逊学院的专职教授将要退休或离职。

21 世纪初，我再次写信给新任校长雪莉·蒂尔曼，信的篇幅很长，观点更加有力。前财政部长迈克尔·布卢门撒尔，另一位伍德罗·威尔逊学院的毕业生，以及其他一些人也加入了我的行列。与此同时，罗伯逊家族的继承人提起诉讼，称仍被隔离的资金（最终增加到 9 亿多美元）被滥用。新泽西州法官没有置之不理，而是在等待审判的过程中，恰当地敦促双方达成和解。

蒂尔曼校长注意到了这一点。她清楚地知道这是一个真正的问题。她找到了我这个“著名的”（但仍很安静的）批评者，并答应要做出改变。在教师的抵制下，她从哈佛大学法学院请来了一位新院长安妮－玛丽·斯劳特。新院长带着对外交事务的浓厚兴趣来到这里，这显然是罗伯逊一家优先考虑的领域。新校长和新院长一起开始采取一些有效的措施来调度处理这项任务，然而仍然难以达到与罗伯逊夫妇意图一致的明确方向。毫无疑问，在诉讼悬而未决的情况下，学校的律师建议不要做出改变，甚至是建设性的改变，这可能被解释为承认没有考虑到捐赠者的意图。

经过几年的争议，诉讼于 2008 年在众所周知的法院台阶上达成和解。罗伯逊一家感到经济拮据。普林斯顿大学可能不希望公众就捐赠者的权利展开辩论，也不希望将此事提交给由美世郡居民组成的陪审团，因为他们在文化上反对这所“富裕”大学。我了解到的是，基金会为罗伯逊家族支付了大约 4 000 万美元的律师费，并在七年内向罗伯逊一家返还了 5 000 万美元，用于成立一个为学生在政府部门工作做准备的新的基金会。在如何将剩下的数亿美元用于伍德罗·威尔逊学院有效的研究生项目上，普林斯顿大学尚有很大的自主空间。

普林斯顿大学的公共服务职业培训目标，与“政策”教育的吸引力之间的冲突是极端尖锐的，但绝不是唯一的。政治科学（普林斯顿大学的政治学）和经济学学院长久以来有着良好声望，被世人认可。他们强调“理论”，是“人文科学”的骄傲捍卫者。培养毕业生从事可能更世俗的有效管理工作，并不符合他们对学科的定义。

对我来说，有一些讽刺意味的是，现在普林斯顿大学和其他地方的实际培训比我还是学生时多得多。这个培训是在工程学院进行的，当时在我看来属于“中策”选择。但如今，它为华尔街和硅谷培养了新的金融工程师和数据奇才，获得了丰厚的回报。那里是资金所在之处，也是人才的去处，包括我的两个孙子。

有一天晚上，我突然意识到这一点，当时我正和一位年轻的经济学教授一起向伍德罗·威尔逊学院走去。我漫不经心地说：“这所大学对公共管理不够重视。”

“为什么呢？”他回答道，“公共管理不像经济学那样是一门真正的学科。”

我委婉地克制自己，没有提醒他，经济学家在做出可靠的预测方面是多么失败，这是“真正”科学的本质，在预测和理解我们当时正在经历的金融危机方面也非常失败。但我忍不住告诉他，我以前之所以成为普林斯顿大学的学生，在很大程度上是因为该校校长是一位受人尊敬的公共管理教授。

“我不相信，”他回答，“这所伟大的大学不会让一个公共管理教授当校长。”

我默默地想起伍德罗·威尔逊，一位著名的公共行政学者，普林斯顿大学校长和美国总统，“在坟墓里焦躁不安”。一所伟大的大学根本没有接受为公共服务提供有效教育的挑战。

家　庭

20 世纪 90 年代中期，芭芭拉的健康状况已经恶化到需要全职陪护的地步。幸运的是，我们有一位出色而能干的年轻女人梅塞德斯·道林，她既是管家又是组织和安排者，几乎一人就可以料理家务。

贾尼丝早就从乔治敦大学毕业了，受过护理训练，于 1981 年结婚。她从未离开过医学领域，也没离开过华盛顿地区。这给我提供了方便，当我还是美联储主席的时候，我住在那间小而简陋的公寓里，经常把我要洗的衣服留给她。

后来，三个儿子的相继到来中断了她的职业（我很少帮她照顾小孩），但后来她又回到了医学领域，并获得了护理博士学位。我的几个孙子走上了不同的职业道路，其中两个现在住在旧金山，从事大数据和美酒方面的工作，另一个更传统些的在华尔街工作。

如今，受过高等教育的年轻人还会去哪里？

我的儿子真是一个了不起的人。他克服了早期不能走路或不能安全驾驶汽车的问题，在纽约大学获得了本科和研究生学位，在一家商业银行接受了一段时间的培训，然后结婚，搬到波士顿，从事为医学研究提供融资的职业。他和妻子玛莎从中国领养了一名女婴。我的孙女詹尼弗现在正在上大学，在滑冰和学业方面很有优势和竞争力。终于，我在这个重视女性的世界有了一个

“姓氏继承者”。

芭芭拉值得称赞。在 40 余年的时间里，她承担着抚养孩子们的责任，而我通常不在她身边或在她身边时因事务繁忙而心事重重。她总是坚定地向吉米和他周围的人表明，脑瘫不应该成为依赖他人的借口。

在与幼年型糖尿病的终生斗争中，她克服了自己长期的重重困难。她一生都依赖胰岛素，在 20 世纪 50 年代，作为一名糖尿病患者，她冒了很大的风险，生了两个孩子。她活到了 68 岁（那时对糖尿病患者来说，这实属罕见），从而看到了贾尼丝和吉米幸福的婚姻和家庭生活。

雪　茄

在担任美联储主席的那些年里，我的形象中总有廉价雪茄或烟雾缭绕，经常是抽着雪茄在“禁止吸烟”的牌子前向国会做证。我父亲抽烟斗，偶尔抽一支雪茄。事实上，雪茄是他在担任蒂内克市政经理期间能够接受的唯一一件礼物。我在很小的时候就开始吸烟，但最终发现香烟经常让我头痛，改抽雪茄有助于我缓解紧张情绪，而且它们在会议中可能是有用的道具。但毕竟，它成了一种瘾。

随着时间的推移，我开始对让同事、朋友和家人忍受我的二手烟感到越来越内疚。贾尼丝正在学习护理，还有三个年幼的儿子，她不留情面地提醒我吸烟的危害。然而，直到我在梅奥诊所接受医学检查时受到严厉的警告后，我才意识到确实应该停止了——我当时在这个诊所的董事会任职。即使在得知这个警告是虚惊一场后，我还是决定在美联储工作的最后几个月改掉这个习惯。毕竟，到那个时候，我似乎已经没有什么职业压力了。到现在，我已经 30 多年没有抽雪茄了，即便是有很多蚊子在鳟鱼溪聚集的时候。

钓 鱼

随着芭芭拉的健康状况日益恶化，我晚上越来越多地待在家里，开始从事一项新的业余爱好：学习钓鳟鱼。孩子们走了以后，我把一间屋子装备成了钓鱼总部。

很多年前，我犯了一个严重的错误。在蜜月的时候，我带芭芭拉去缅因州的野外钓鱼。钓鱼对我来说很熟悉，但对她来说却很陌生——而且她没有兴趣。在附近的一个小村庄里，看到熊在垃圾堆里翻垃圾，这给她印象不好。于是我们急忙换到了一个高尔夫球度假酒店。

有很长一段时间，我几乎停止了钓鱼。我也放弃了打高尔夫，借口是我太高了，经常打不直。

当芭芭拉的父母退休来到纽约州北部时，情况发生了一点儿变化。他们住在鳟鱼溪附近，我有机会加入了几个鳟鱼钓鱼俱乐部。然后，我被邀请加入雷斯蒂古什鲑鱼俱乐部，这是大西洋鲑鱼的圣地。当我在写这本书时，我正坐在印第安人住宅宽阔的门廊上，满怀希望地寻找正在浮上水面的鲑鱼，但运气不太好。所以，大约 30 年后，捕鱼的日子已经很少了，但这是一种极大的“特权”，即使我不能再依靠雪茄的烟雾来赶走虫子。

安　克

1988 年，我同意加入沃尔芬森之后不久，意想不到的敲门声响起。一个 40 多岁的漂亮女人安克出现了，她说话时带着一点儿德国口音。

安克是在我任职纽约联储时的助理安·波尼亚托夫斯基的帮助下来到这里的，安当时帮助我过渡到沃尔芬森。安克读了《纽约时报》关于我重返纽约的报道后联系了安。因为安克对她的工作有点儿厌倦，安认为可能我需要一个新助手吗？

我就是这样认识安克·德宁的。她在一个德国职业家庭长大，在意大利和法国生活和工作过，完成了她的正规教育。早些年她到过纽约，很快就找到了一份工作，并最终在华盛顿邮报 – 新闻周刊公司和哥伦比亚广播公司的高层担任秘书助理。她精通英语、德语、法语和意大利语。

这一次我没有拖延。

30 年后，她仍然和我在一起。2010 年，她成了我的妻子，而且和我调换了角色，成为老板。

第十二章

多重身份的主席先生

在詹姆斯让我执掌沃尔芬森公司后的几个月，一家英国银行宣布，它正在以1.35亿美元的价格并购我公司的强劲竞争对手——纽约格林齐尔公司。我的搭档立刻意识到，此举对我公司的市场价值意味着什么。毕竟，我们自认为要比纽约格林齐尔公司好得多。我对沃尔芬森公司的业绩和文化较为满意，并不急于出售沃尔芬森公司。但我同意，在符合我的同事要价较高的情况下，公司可以寻找合适的收购方。1996年5月，公司出售给信孚银行，其新任首席执行官弗兰克·纽曼急于在投资银行界留下自己的痕记。

当时，我已年近七旬，无意在大银行从事行政管理工作，甚至是咨询工作，但根据公司的出售协议，我需要在信孚银行董事会任职一段时间。不久，我在公司、慈善机构和以“政策为导向”的机构拥有了太多的担任董事会成员的经历，这是一个从内部学习更多机构管理的机会。

私人部门的经验教训

作为中央银行家和投资银行家，我非常熟悉银行与其他金融机构的高级管理层在市场出现危机时的弱点，但更大、更困难的挑战是，意识到风险并且在危机前采取行动。弱势的首席执行官、内控失效及审计松散是机构的常见问题，但局外人难以察觉，对董事会成员而言也是如此。

这就是我偏爱正在发展而又尚未统一的美式做法的原因，该做法将独立的董事会主席与首席执行官的职责分开，前者确保整个董事会信息畅通，后者负责制定并落实公司政策。我在公司的工作经验更是表明，较小的董事会更容易达成共识。在我工作过的规模较大的董事会，董事会成员个体不太可能拥有强烈的影响力或责任感。而且，现在的退休年龄比传统的 70~72 岁更晚，但 75 岁可能足够了。如果没有一定的限制，有时难以在“老前辈”已经没有能力做出贡献的时候请他们让贤。

董事会成员资格往往被看作闲职，以及对以往工作贡献的奖励，仅需要全力支持首席执行官（他很可能对你的任命负责）就足够了。但无论是年纪还是资质，每位董事会成员都应该拥有真正的个人责任感，而不仅仅是负责向公司提供可雇佣咨询公司做的战略愿景和市场与科技方面的见解，应具备更高的运营、会计和道德水平。

我在运转良好的食品行业巨头雀巢公司的董事会任职多年。

雀巢公司董事会主席非常优秀和称职，经常就战略问题咨询几位瑞士籍董事会成员。我在中央银行领域的好友弗里茨·洛伊特维勒就是其中之一。在我首次参加董事会会议后，他把我拉到一旁。

“保罗，提问题是可以的，但不该提让人难以回答的问题。”他这么说，并不是完全在开玩笑。

大约 30 年后的今天，我感觉到那种态度已经改变!

毫无疑问，我在担任某些董事会的成员时，没能充分识别和坚持行政监督。

我在任职于美国信孚银行和保诚保险董事会期间，从惨痛的经历中学到了这个教训。这两家备受尊敬的公司，多年来分别在负责任的银行业和人寿保险业处于领先地位，我和其他有经验的董事被管理失误和未能及时处理的道德问题搞得手足无措。在这两种情况下，董事都不愿及早采取足够有力的行动，结果是这些公司可能被刑事起诉，只是勉强避免罢了。前景不容乐观，管理混乱，机构精力被消耗，审计和法律费用增加。我可以指出，在这两种情况下，不能仅依靠监督来揭露公司面临的困难问题，董事会对此负有主要责任。

在接下来的几年里，我的顾虑有增无减。公司管理者达不到他们一贯书面承诺的道德标准的要求，基本上我们每天都会读到这样的报道。

慈善机构的董事会又是另一种情况。董事会资格不可避免地因过往或预期的经济贡献，以及公共声望的影响而被托举拔高。

对于最具声望的慈善机构而言，其董事会往往是庞大和笨拙的。可以认为是董事会中的一小部分人在负责积极“照看商店”，这一小部分人的尽职和经验是至关重要的。

在离开沃尔芬森公司后的“退休”期内，我同意担任三个非营利机构的董事会主席，它们都符合我的个人和专业兴趣，每一个机构虽然使命不同，但都具有全球视野。

纽约国际学生公寓为来自世界各地的大约七百名研究生提供住宿，并可以让他们体验不同的文化。公寓最初由小约翰·洛克菲勒和克利夫兰·道奇创立，在将近一个世纪的时间里，这两个家族对该组织保持了强烈的兴趣，赋予其使命感并进行持续管理。该公寓成了美国、欧洲和日本地区国际学生公寓的典范。

与 20 世纪 20 年代不同，国际教育在今天已经非常普遍，无数的外国学生涌入美国的大学。然而，国际学生公寓依然扮演着特殊的角色，它是学生的家乡之外的家乡，让外国学生和美国学生得以每天接触多样化的文化与职业。以纽约国际学生公寓为例，大约 30 名董事会成员拥有共同的愿景并长期在一起工作。资金大部分是自给自足的，主要由客房费用支付。多年来，在唐·库内奥的领导下，组织的内部管理规模较小但非常遵守纪律，在我看来，对外部主席有点儿保护过头了。

国际经济和货币事务协商小组，普遍被称为 30 人集团或 G–30，规模更小但有点儿自我放纵。G–30 成立于布雷顿森林体系解体之后，成员大多是退休的央行和财政部资深官员，外加活跃在金融市场、国际商务和学术界的人士。这种半年一次的会议为前任和一些现任高级财政官员提供了非常宝贵的机会进行非正式辩论和讨论。

更重要的是，G–30 不时会资助对当前热点课题的研究。1993 年，在我担任 G–30 主席的前几个月，G–30 发表了一份关于金融衍生品的报告，金融衍生品在当时还是从其他基础资产衍生出价值的处于萌芽阶段的金融合约产品。

2008 年 7 月，我与其他两名同事一起成立了 G–30 指导委员会，我担任主席，专门研究长期、全面的金融改革政策建议。斯蒂芬·迪克担任我们的项目主管，他十分勤奋，拥有高级中央银行和商业银行风险管理经验。我们早在 2009 年 1 月就成功发表了报告，对制定国际金融危机后的金融改革措施具有一定的影响。该报告的建议包括由一个监管机构加强对那些最大、最复杂金融机构的监管，提高资本金标准，强化风险控制（包括受益于存款保险以及美联储融资的金融机构自营业务），以及强调对所有金融市场进行有效监管。在与奥巴马政府的讨论中，我也表达了这些观点。

同其他自封的专家小组一样，G–30 在以上和其他领域公开表达立场时，要确保研究报告不能失去独立性，不为自身成员的特定利益辩护。华盛顿有太多的专业说客。为体现上述责任，G–30 最近专注于金融机构领导承诺加强内控和文化价值观，这些承诺必须超越企业已有的价值观书面声明。在此推荐 2015 年的一份名为《银行文化与行为：倡导持续全面改革》的研究报告，该报告由比尔·罗兹和罗杰·弗格森共同领导的团队完成。尽管银行文化和行为之间的关系显而易见，但落实起来非常困难。

富国银行就是一个很好的例子。尽管不久前富国银行的管理层被誉为负责任的、以客户为导向的典范，但因根深蒂固的欺诈性的商业行为而受到官方和公众严厉抨击。这就是一个典型的例子，上自管理层，下至普通员工，薪酬激励机制有深层次缺陷，凌驾于公司显著声明的道德标准之上。

富国银行的违规行为，范围之广无人能及，甚至连出纳窗口都未能幸免，但是扭曲的激励机制已经在广泛推行。由“独立的”咨询顾问引导、与短期利润（或股价表现）尤为相关，一种歪风邪气似乎正在蔓延。往前看，今天的顶级银行（或者其他金融机构）的首席执行官对金融机构经营或者社会经济的贡献度，真的是他们40年前的前任的5～10倍（按价格调整后的计算）吗？我对此表示怀疑。至少，它没有体现在经济增长率上，当然也没有体现在普通工人的工资上，或者更具体地说，它没有体现在能够避免金融危机的发生上。

我目前还没想清楚，对特定“交易”提供强大的激励是否会带来更好的管理。强大的激励肯定与“关系”客户的利益存在冲突。无论好坏，强力激励的做法与我以前的工作模式有很大的差距：我在大通曼哈顿银行工作时，一位资深官员曾说，发放个人奖金将会破坏商业银行传统的以客户为导向的经营方式，而传统经营方式才是恰当的。看来他讲的有道理。

我在规模越来越大的三边委员会的经历与G–30正好相反。

戴维·洛克菲勒于 20 世纪 70 年代早期成立三边委员会，由兹比格涅夫·布热津斯基教授带来了深厚的学术和政策知识。它的首要目标是促成日本与西方民主政体开展更加紧密的经济与政治合作。三边委员会很快引起了学术界、智库，以及北美、欧洲和日本领导人的兴趣。这些都反映出国际市场在开放、自由社会的背景下的快速扩张。

受到邀请的成员很快扩增到 200 多人。年度会议（以及后来的区域会议）吸引了高级政策制定者参加，他们急于向有影响力的成员发表讲话，其实质性的研究专注于具有国际重要性的地缘政治、经济和环境问题。

1991 年，我受邀同德国自由民主党主席奥托·康特·兰布斯多夫、日本索尼公司共同创始人兼主席盛田昭夫一同担任三边委员会领导。三边委员会亚洲主席后来由宫泽喜一接任。在我长达十年的主席生涯的后几年，我们成功地将墨西哥发展为会员，对此我非常满意。在犹豫很久之后，日本邀请韩国和其他亚洲国家加入委员会。委员会有时也会邀请有影响力的俄罗斯和中国的政策导向人士参会。

有一个清晰的、最重要的信息，那就是自由民主和开放市场已经成为世界主流。苏联的最终解体和东欧民主化似乎证实了这一点。20 世纪八九十年代，中国也朝着更加市场化的方向改革开放。

遗憾的是，这种关于开放、民主社会与自由贸易价值所形成的假定共识，如今却面临着危险。猖獗的民粹主义与之背道而驰。欧洲边缘和部分拉丁美洲的政府正在引发世界关注。三边委员会和类似组织在当今世界的作用毫无疑问受到了挑战。

显然，尽管这个委员会的规模和范围在增长，但它的关注度和影响力似乎在下降。由于存在其他工作职责，企业的积极参与度变得更加难以维持。

强化美国公共治理

我职业生涯的主线，一直是公共服务受到的挑战和满意度。我充分了解美国各级政府存在一定的低效、浪费和短视的政治花招。我们的集体心理蕴含了对政府的合理质疑。罗纳德·里根总是因为表达“政府就是问题之所在”而赢得掌声。

是的，在某些方面确实是这样的。

政府恰好是我们国家一个必要的组成部分，也是一个成功社会的必要组成部分。我们当然需要让政府有效运转。

这也是在正式离开美联储的两个星期前，我同意领导新成立且受私人资助的国家公共服务委员会的原因。

我担任零薪酬的主席职务，并不是为了金钱或者权力。尽管我当时没有这么想，但我的动机更多是个人层面的。公共服务很重要，当我听到有人诋毁公共服务的时候，我内心无声的反应是：“闭嘴！我父亲是公务员，他的薪酬有限，他没有受到诋毁。”

我对联邦公共服务力量和受尊重程度日益下降的担忧，反映在委员会专业人员的任命和领导理念中。最近从高级外交官的职位上退休的布鲁斯·兰根是一位很好的典范。1979 年，作为美国驻伊朗大使馆临时代办，在人质危机中，他被捕并隔离数月，这一事件当时主导着美国民众的心绪，也影响了吉米·卡特的连任。

布鲁斯并未对公共服务的价值灰心，相反，他长期的外事经验似乎增强了他对有效政府这一使命的责任感。招募、适当地教育、合理地奖励有天分的年轻人以加强公共服务，特别是外事服务，是他的首要任务。

30 年前，我们把遍及政府所有部门的行政实践中日益加剧的弱点统称为“无声的危机”。它已经发展了许多年，但社会公众和大部分政治领袖对此基本不了解。

在我加入之前，布鲁斯和早期支持者已经吸引了一批强有力且经验丰富的领导者加入委员会，他们来自政府、商业、劳工和学术界等各个领域。广泛的政治观点得以表达，包括前总统杰拉尔德·福特以及两党杰出的前内阁官员的观点。商业和工会的经验在其中发挥了作用。

我们人数不多但都高度投入，[1] 根据我们的集体与个人经验以及广泛的研究，我们完成了一份强有力的报告：《美国的领导力：重建公共服务》。

1989 年 3 月，我们在白宫内阁会议室自豪地向老布什递交

1　查尔斯·莱文，公认的公共行政方面的杰出学者，我们委员会的副主任，于 1988 年 9 月突然去世，享年 49 岁。幸运的是，一位有献身精神的年轻学者保尔·赖特，帮助我们完成了报告。

了该报告。老布什在政府中度过了大半生，既接触过国会的政治面，又在领导中央情报局和担任副总统时了解提高行政有效性的必要性。作为总统，他认同我们的使命。但我清楚，我们也都知道，建设性的变革，需要“持续的、两党的一致承诺”，正如报告指出的那样。

为此，我们说服了国会授权一个小型实体，专门负责每年审查所需改革的进展情况。宾夕法尼亚州受人尊敬的前任州长和国会议员比尔·斯克兰顿同意领导这项工作。我感到我们正在取得一些成效。

美国新任总统威廉·杰弗逊·克林顿很快就其政府的优先事项向国会发表了首次联合演讲。其间，为表明提高政府效率和削减开支的决心，他提议削减数千个联邦工作岗位并冻结薪酬。这些恰恰与我们报告中加大公共服务投资的倡议相反。他还说，他计划具体削减 150 项开支。这些不但包括早已不复存在的双百周年委员会等不必要的项目，还包括我们提议（而且非常有必要的）的独立咨询委员会，该委员会尚未运行且基本无成本。

他的初心是好的，尽管他的政治不是这样。克林顿政府看似忽略了我们的努力，但推行了一项重要改革：副总统阿尔·戈尔的“重塑政府”计划。这有助于引起社会对这一挑战的关注，但效果有限。不管如何，这些还是被别的优先政策干扰了。

我们的努力确实产生了一个直接相关的结果：成立了一个专注于州和地方政府的后续委员会，由密西西比州前任州长威廉·温特任主席。该委员会的结论补充了我们递交白宫报告的结论。这虽然引起了公共管理和政策学院的一些注意，但是，与我在普林斯顿大学伍德罗·威尔逊学院有限的工作经验相比，有效公共管理面临着人们的学术兴趣和资金支持都不断减少的挑战。

几年后，我非常固执地重新回到一个相同名字的委员会：国家公共服务委员会。它的规模小得多，但成员同样优秀，其政策建议也更加广泛，呼吁对联邦管理架构进行全面审查。同时，一些内阁部门和其他机构可以取消或者整合。这就需要强大的政治领袖，强调并鼓励专业的职业管理。

报告建议的模式被有意或无意地运用于新设立的国土安全部，它合并了老布什政府时期的 22 个联邦部门和机构。

尝试得好，但执行得差。

国土安全部既没有强大的政治领导力量，也没有必需的实际行政力量。典型的事例和证据，是 2005 年应对卡特里娜飓风的失败。

第十三章

对正直的追求

1996年末，在我于沃尔芬森的任职快接近尾声时，世界犹太人大会和瑞士银行家协会中间人柯蒂斯·霍克斯特找到我，问我是否考虑牵头调查瑞士各银行如何处理纳粹受害者存放的资金问题。

显然，这是一个情感上和政治上都很敏感的问题。之前所做的努力都是不成功的。我力争得到某些保证，双方毕竟将致力于一项代价高昂、有争议的调查，而调查结果可能会令人不安。

受人敬重的瑞士国家银行前行长和雀巢公司的董事弗里茨·洛伊特维勒，敦促我别再犹豫。他强调，公平调查对瑞士人民十分重要；犹太社会对瑞士银行不法行为的强烈指控，不仅有辱瑞士的国家名誉，也玷污了银行的信誉。所以，双方都将从公正可信的调查中受益。

弗里茨是我亲密的朋友，他不止一次在争取欧洲银行支持拉美债务危机管理方面发挥了重要作用。他说：调查不会让我损失什么；毕竟，对于五六十年前开设的长期休眠账户是不会有什么有用的银行记录的；我被双方信任，因此可以快速厘清双方对峙的焦点，谈妥赔偿，几个月就可以完成。

但他错得太离谱了。

针对瑞士银行的几起不同的集体诉讼在布鲁克林的美国联邦法院提起，事情变得复杂了。控方为大屠杀受害者家属寻求数十亿美元的现金赔偿，但却缺乏关于个人索赔人或瑞士银行做法的确凿证据。

法官爱德华·科曼合并了这些案件，决定暂不宣判，而是等待和谈结果以及知名人士独立委员会的调查结果，而我，对于牵头该调查，一开始很担心，但最终还是同意了。我和法官注定要携手合作。[1]

不久，一个叫作“沃尔克委员会”的机构成立了，由世界犹太人赔偿组织和世界犹太人大会一道选出的三名代表和两名候补代表，以及经瑞士银行家协会选出的同等人数的代表组成。可以理解，双方都存在根深蒂固的猜疑。然而，当我们着手开展调查时，似乎很明显，无论处境多么艰难，瑞士政府——至少和瑞士银行家协会一样坚持不懈——确实想要澄清真相。瑞士银行监管机构通过提供法律授权使我们得以获得银行记录，为调查提供了至关重要的帮助。1996 年 12 月，瑞士议会建立了一个平行的官方委员会，成员来自各个国家。这个叫作伯吉尔委员会的机构，

1 直到写这本书的时候，我才知道，集体诉讼涉及的向大屠杀受害者支付的最后一笔赔偿款已经支付。

负责在更广的范围内开展关于瑞士－纳粹－犹太关系的调查，并具有超越银行的法律权限。

相对于所有花费的时间、巨大的成本和不确定性，以及最终的货币结算，资金其实并不是最重要的。犹太人方面，最重要的是澄清事实和正义。而对瑞士来说，直截了当地承认长期被否认的罪责和恢复民族自豪感才是重点。

即使双方都有良好的意愿，知名人士独立委员会的工作仍然很艰难。我们最初求助过的顶级会计师事务所，都因潜在的声誉和法律风险望而却步。最后，五家大公司终于被说服，认为通过团队合作可以降低商业风险，避免利益冲突，并鼓励追求卓越的竞争。[1]

银行方面强烈期望最好不要找到什么记录——瑞士法律允许在十年后销毁休眠账户的记录。然而，与他们的期望相反的是，在知名人士独立委员会工作人员的努力下，数百万条零散的记录被找到了。这些记录有的甚至被存放在高山的洞穴中，银行把它们长期遗忘、视同不存在，或者甚至可能希望它们从未存在过。[2]可以肯定的是，这些确实存在的记录大多是碎片式的，有时与名字相对应的有日期，却很少有地址或初始存款数额，而几乎所有记录在开户的头几年后就再也没有更新过。

然而，我们后来发现，在瑞士银行开立的 680 万个大屠杀时

1　这五家公司为安达信、永道、德勤、毕马威、普华。尽管普华和永道这两家公司于 1998 年 7 月合并，但团队在整个调查过程中都保持着各自的身份。

2　在一个有趣的、令人尴尬的、有意义的插曲中，一名银行保安“拯救”了一些即将被投入粉碎机的相关记录，这违反了禁止销毁战时记录的禁令。委婉地说，银行高层官员对此难以解释。

期的账户中，410 万个账户是有记录的。[1] 并且，并不是所有记录都是碎片式的。实际上，从银行的资料和其他研究（包括受害者名单）中我们可以初步认定，这些账户中至少有 54 000 个“可能”“或许”归大屠杀遇难者所有。

最后，经过又一轮的审查，我们终于能够对外公布，约有 2.1 万个账户可能是遇难者的。对于其他的 1.5 万个账户，我们没有对外公布，但把它们用于索赔分析。

可以确定的是，许多潜在的索赔人已经去世，我们必须确认他们的家人和继承人。在没有更精确的证据的情况下，我们只能估算账户规模和损失的收入。调查结束后，我们在苏黎世成立了一个由瑞士和美国律师组成的团队来处理个人索赔事宜。

由于个人账户的证据零碎，加上时间流逝，以及索赔人人数众多、年岁已大等因素，对瑞士银行如何对待大屠杀受害者及其家属的调查无法完全令人满意。

我们无力找到确凿的证据，以证实瑞士银行明知故犯，联合制定了拒绝大屠杀幸存者和继承人查阅他们账户的同盟政策。然而，毫无疑问，许多银行故意停止或实质上拒绝与索赔人接触。这些银行既没有遇难者家属前来问询的记录，也没有对这些问询做出回应。我们的证据可以证明，一些银行明显存在可疑的欺诈行为。在某些情况下，瑞士银行家协会本身似乎也只是做出有限的、实质上是误导性的回应。有人认为，瑞士银行的保密法和久

1　1933—1945 年存在的 254 家银行经过合并和收购后，到我们调查时已减少到 59 家；事实上，141 家银行已合并为瑞士最大的两家商业银行。

远的时间为其不作为提供了借口。但这种说法也站不住脚，因为账户负债信息的确已经被从账簿上抹掉了。

多年后我们才知道，我们未能发现并揭露银行间的共同协议这一点得到了纠正：拥有更强大的瑞士政府权力的伯吉尔委员会，能够而且最终确实发现了一些证据，证明确有合谋，也证明了大银行之间达成过转移调查的协议。

回想起来，我必须承认，我不敢底气十足地说，我们设计的计算偿付额的公式是合理而恰当的。因为，账户余额通常都是估算出来的。而所用的技术方法是，索赔人可以按照当时瑞士的复利利率获得赔偿。但按照国际标准，这非常低。我们本可以，也许本应该，对受害者更慷慨一些，因为从概念上讲，他们本可以把这些钱投资到别的地方。当然，这只是猜测。我们和伯吉尔委员会还努力查明以瑞士“代理人”名义开设的账户，但徒劳无功，尽管所涉数额可能非常大。

在报告中，我们逾越了中间人的职责而得出了一个重要的结论：瑞士法律对如何处理长期处于休眠状态、无人认领的账户缺乏规定，导致了操作上的不一致，最终使银行利用这种缺陷来提升自身的盈利。由此看来，有必要制定统一的财产充公法。

十多年前，我便没有再直接参与调查。除了 1999 年 12 月敲定的调查结案报告外，我们还为评估个人索赔和授权付款的过程制定了一个严格的大纲。布鲁克林的法官科曼对此一直饶有兴趣，他手上还拿着独立集体诉讼问题的解决方案。原则上，他从这笔 12.5 亿美元的和解金中预留了资金，以确保支付个人索赔。

总而言之，这是一段悲伤的历史。而更令我难过的是，我听说瑞士后来又出现了一场政治运动，试图否认沃尔克委员会和伯吉尔委员会报告结论的有效性。（早已离世的弗里茨是不会开心的。）

回顾大屠杀调查的工作经历时，必须提到一个人，他自始至终扮演着举足轻重的角色。那就是迈克尔·布拉德菲尔德，20 世纪 70 年代我在美国财政部工作时，他既是我的同事，也是我亲密的朋友。

从一开始，迈克尔就不相信瑞士银行的个人账户记录已经丢失或完全被毁。后来，他敦促银行和会计师探寻事实真相，设计并承担了确定索赔人家属身份的工作。在我离开后，他又坚持工作了好几年，受委任在科曼法官手下做“特别主管”。

在他的努力下，集体诉讼获得了将近 12.9 亿美元的赔偿，其中的 7.2 亿美元由瑞士相关银行赔付给了大屠杀受害者及其继承人。

2017 年，迈克尔过世。迈克尔调查每个账户及其主人情况的决心，是他留给世人的永恒遗产。

集体责任

我认为，国际组织在当今世界中发挥着不可或缺的作用。一个简单的事实是，许多机构——联合国、国际货币基金组织、世界贸易组织、世界银行和其他机构——都是美国主导的产物。总之，它们在维持国际法治、维护和平、处理自然灾害和难民危机、鼓励发展等方面都发挥了重要的协调作用。

国际机构有自己的文化。它们像一个蚕茧，拥有一群国际化的员工，他们不受国家习俗、法律和程序的影响，但对组织的内部政治高度敏感。在这些机构中，效率并不是最重要的。同时，不管从机构的外部还是内部来看，它们都缺乏有效的监督。

我从 21 世纪头十年的切身体验中了解到这一切，当时我的大部分注意力都放在两项关于国际组织管理问题的独立调查上。

第一项，是关于联合国对伊拉克“石油换食品项目”的管理普遍存在腐败的指控，就连广受欢迎的秘书长科菲·安南也身陷流言蜚语之中。

第二项，是关于世界银行的内部冲突及其如何解决项目腐败的问题，这在某种程度上似乎威胁到整个组织的效率，下台的新行长只是一个牺牲品。

审判中的联合国：
管理石油换食品项目的挑战

此后，联合国有史以来制定的最全面的强制性经济措施，因联合国历史上规模最大的人道主义救济行动而有所调和。

——彼得·万·瓦尔苏姆（荷兰驻联合国前大使）

联合国在 1996 年启动的石油换食品计划项目，初衷是确保联合国采取的旨在打击腐败和对抗萨达姆政权的贸易制裁措施，不至引发伊拉克人民遭受饥荒和其他人道主义威胁。实施该计划需要对伊拉克和成千上万的进出口商之间的交易进行监督。在该计划实施的七年间，交易金额超过 640 亿美元，至少涉及 88 个国家的交易主体。每一笔获批的“人道主义”交易所涉及的成千上万的定价、运输环节都为腐败提供了可乘之机，一贯管理松散的联合国必须直面极为复杂的监管挑战。联合国安理会在监管中，几乎把所有的力气都用在确保伊拉克的军事装备和核材料购买不能钻了监管的空子方面。

秘书长花了很长时间才说服我接受调查任务。他最强有力的说辞是，已有两位极佳人选同意加入拟议中的三人独立调查委员会。来自南非的法官理查德·戈德斯通，他因在南非种族隔离制度结束时调查南非警察和军队的腐败与暴行而闻名。来自瑞士的律师马克·皮埃斯，他在企业和官方跨境腐败和洗钱方面有着卓越的专业能力，一直是经合组织遏制国际贸易和投资中的腐败行为的中坚力量。

我提出，为了调查的成功，需要配备足够的人手，保证一年甚至更长的调查时间，以及数百万美元的经费，并得到安理会的充分支持。同时，调查的方法和结果必须公之于众。

科菲·安南的名誉也受到了质疑，他同意了这些条件。于是，2004 年，我成为这个调查委员会的主席。联合国独立调查委员会很快就被广泛地称为“沃尔克委员会”。

从本质上说，我们的任务是处理联合国自身对该项目管理失误或管理不善的指控。更广泛地说，我们调查的是联合国的承包商、伊拉克石油的购买者，以及人道主义援助的提供者等是不是参与了非法或腐败活动。

总的来说，这对我而言是一段独特的、令人满意的经历。调查一开始，我们就轻而易举地招募到了非常能干的调查员，他们大多是来自美国律师事务所和其他国家的资深律师，也有经验丰富的会计师，其中包括曾和我一起甄别大屠杀受害者的瑞士银行账户的同事。能干而热情的初级职员都希望投身其中。在鼎盛时期，独立调查委员会由来自 28 个国家的 80 多名工作人员组成。

而比较困难的是，需要找到一位公认的、受人尊敬的领导者来处理复杂的国际关系，并带领这支热忱有余但组织欠佳的团队。几位即将退休的美国高级律师回避参加这项具有争议的调查。然而，机缘的巧合解决了这个难题。

一位加拿大的好朋友，加拿大前驻美国大使艾伦·戈特利布有一天打电话给我，猜我正在为找个领头人发愁。他提了一个建议：里德·莫登正好有空。里德曾经是加拿大外交部的高级行政员和副部长，后来在加拿大的一个规模更小的职能相当于美国情报和原子能办公室的机构担任负责人。在职业生涯的早期，他还曾被派驻到联合国工作。里德乐于以其丰富的经验和高超的管理水平，领导一群精力充沛、能力卓越的年轻人。这真可谓“天作之合”。

对我来说，这是一次开阔眼界的经历。许多旁观者冷嘲热讽说，没有传唤权或国家权威，我们不可能成功。然而事实证明，这两个障碍都不是不可逾越的。

正如调查组中经验丰富的调查员所料想的，那些受到指控或担心受到指控的人希望与我们对话。和我以前的经历不同的是，银行能够配合开展工作，甚至是瑞士的银行，其当局也能够尽其所能做好对保密法的解释工作。（我猜测，瑞士的银行如此配合，是为了努力展现它们作为联合国新成员的姿态，因为瑞士刚于 2002 年加入联合国。）尽管最初对伊拉克充满了不信任，甚至后来对其罪行进行控诉，但我们拿到的伊拉克的全部相关资料却始终是准确无误的。毫无疑问，伊拉克的这些办事员和官员想要精确地把每一笔经上级批准的交易都记录下来。

即便有足够的理由怀疑存在回扣、非法定价，以及其他违规的行为，我们仍不可能对数以万计的交易逐笔展开深入调查。不同国家间政府的配合程度是不同的。出人意料的是，即便是总部位于苏格兰的工程公司威尔集团在 2004 年 7 月自愿披露其违法行为，英国政府却几乎仍是一点儿忙都不帮。英国欺诈重案办公室在认定石油换食品项目腐败时那不是特别认真的态度，让我们有点儿困惑。

英国在 2001 年宣布海外贿赂是违法的，但在 2006 年迫使欺诈重案办公室停止对向沙特阿拉伯出售英国制造飞机的大规模合同展开刑事调查。在解释这一决议时，司法部长戈德史密斯勋爵在议会上说，结束调查的决定反映了这样一个事实，即国家和国际的安全高于法治。这份在有“议会之母”之称的英国议会上发表的声明既明确又令人意外。无论如何，应该向欺诈重案办公室提供更多的经费支持，让其开展对石油换食品项目的调查，以便做出补救。问题是这有点儿晚了，经费也有点儿少。

相比之下，一位法国法官或许觉得调查可能涉及高层政治，因此表现出了强烈的兴趣，并随后确定参与调查。他和我们交换了一些调查线索。不出所料，俄罗斯等国拒绝合作，但是相关记录清楚地证实了其官方曾参与了项目。每周从莫斯科运输到巴格达的大量装在伊拉克外交邮袋里的美元中，显然混杂着不法支付。

委员会能做的，只是对少数从事非法活动的公司展开彻底调查，寄希望于相关的国家能够根据明确的涉案迹象展开进一步的调查。调查结果表明，最大的违规者是澳大利亚小麦委员会，其当时是得到澳大利亚政府资助的垄断澳大利亚所有小麦出口的机构。小麦委员会作为该项目最大的人道主义援助提供者，以货运费的名义给了萨达姆·侯赛因政府超过 2.21 亿美元的回扣，并大肆抬高定价。

澳大利亚确实展开了积极的内部调查，基本上证实并扩大了我们的调查结果。但不知何故，关于这项活动是澳大利亚政府暗中鼓励的指控，调查并没有得出最终结论。我们仅仅知道，垄断小麦销售的小麦委员会后来就不复存在了。

调查还披露了一件事，在印度引起了意想不到的轰动。我们的最终报告指出，在许多人当中，一个叫作纳特瓦尔·辛格的人可能是非法贸易的受益者。结果是，这位辛格先生是不受欢迎的印度外交部长，我们之前对此一无所知。关于辛格的辞职，印度各媒体拍手叫好，纷纷以新闻头条称颂“沃尔克效应”和“沃尔克报告”。我在印度当了一天的英雄。

对联合国的腐败指控不可避免地引起了美国国会的政治兴趣。国会的五个委员会一度将石油换食品项目的腐败问题提上了议事日程。国会的调查带有明显的偏见，这显然会使我们的工作复杂化。我以保持客观、独立为由，拒绝了正式做证。不过最后我说服了国会的要员，告诫他们，紧张的氛围和竞争性地开展工作只会给我们彼此的工作带来负面影响。为确保我们可以专心致志地开展调查并保持政治中立，我最后同意向美国以及所有联合国会员国的政府机构做简要的情况汇报。

不管是从美国还是从联合国自身的政治角度来看，核心问题是科菲·安南是否对项目产生了不适当的影响，或者至少引起了严重的利益冲突。这个问题是委员会最为关注的。

我们努力寻找相关线索，经验丰富的调查员都十分尽力，但我们没有发现任何证据表明秘书长曾违规对交易决策施加影响，或从中获益。更加无法确定的是，他可能知道他儿子科乔供职的公司拿到了交易合同的事，而科乔与他在纽约生活过一段时间，所以他对石油换食品项目应该有所了解。

后来我们确实找到了确凿的证据，证明直接负责管理该项目的联合国官员从一些石油销售合同的分配中间接地收取了好处。贝隆·塞万却对这些指控矢口否认。长期以来，他在联合国日益被委以重任，特别是在管理大量的联合国维和行动方面，他一路晋升为副秘书长。

遗憾的是，他没能抵制住诱惑，通过一位好友拿了黑钱。塞万利用休假机会，逃回家乡塞浦路斯，而塞浦路斯没有将他引渡到美国，使其逃过了起诉。所以，联合国的污点至今犹在。

我们在结案报告中指出，在计划存续期间，伊拉克政权从中获得的回扣和贿赂总共约18亿美元。此外，从1991年到2003年，估计有价值100亿美元的伊拉克石油被走私到约旦、土耳其和叙利亚，直接违反了制裁法。美国和其他安理会成员肯定知道这些非法销售，但它们没有采取任何行动，这无疑会影响人们对情节更轻微的违反制裁法行为的态度。

调查无意中还发现了联合国内部腐败的另一个来源，不是石油换食品项目，而是源自采购部门。这两起事件并不是说联合国的中央管理机构中普遍存在腐败，然而，其内部控制和调查人员的脆弱却显而易见。我们在报告中强烈批评秘书长缺乏对行政治理和反腐控制的关注。他也承认了这个问题，辩称既要履行外交职责又要推行强力的行政监督实属不易。

委员会为此主要提出了两项建议。

第一项建议是，联合国应该任命一个由公信力很强的会计和调查专家组成的强有力的独立监督委员会，对联合国在加强内部控制和反腐败上的工作进展进行审查。我印象中，这个独立监督委员会有效地运作了数年，在强化控制方面取得了重大进展。然而，随着时间的推移，不论是监督委员会，还是对采购部门的内部后续调查，最后都半途而废。毫无疑问，管理部门和工作人员认为这种监督太过专横，各会员国未能持续地支持下去。

第二项建议是，联合国需要一位强有力的、由联合国大会任命的“首席运营官”，负有直接报告的责任。早些时候加强控制的尝试常以失败告终。事实上，这两项主要建议都没有得到支持。联合国似乎只是对严格的管理纪律心存抵触。但结果是，这种懈怠实际上只会损害组织本身赖以立足的政治上和道德上的支持。

2018 年初，沃尔克委员会的工作人员在纽约自发组织聚会。人员出席率很高，大家千里迢迢地赶来赴会。回想起那些并肩战斗的日子——大家都抱有共同的使命感，通力合作，成功的且专业的努力——这些无不抚慰我这 90 岁的心灵。鉴于调查无力推动联合国维持强有力的行政管理监督，这只能算是一个小小的补偿。

世界银行项目中的腐败

世界银行（正式名称是国际复兴开发银行）的腐败危机，发端于资金贷出后项目如何实施，而不是其内部发生了什么。

长期以来，世界银行的项目管理人通常都是由得力的成员国前高级官员担任。世界银行里一直信奉一种职业化精神，讲求组织的独立性。项目成功与否以项目进展和支出来衡量，并与客户国共同商定。

有一个问题，今天看来显而易见，但长期以来一直被忽视：项目到位了，资金也花完了，但无法有效地执行下去。我们根本没有对抗腐败的防范措施。在某种程度上，监管被视为客户国政府的职责，而不是世界银行的职责。

一次，在处理一个险些演化成管理危机的失败项目时，我接触到了这个问题。在成为世界银行行长一年多后，詹姆斯·沃尔芬森勇敢地认定，解决“腐败之瘤”刻不容缓。

为何称其为“勇敢”？因为詹姆斯在国际货币基金组织和世界银行年会上一反常态，没有就取得的成就做长篇的振奋人心的演讲，而是请大家关注这个长期以来被有意忽视的问题。世界银行的高层对他这么做可不高兴，甚至到了这样的程度——“腐败”一词经常被从官方报告中删除。其理由是，腐败是政治当局的问题，而不是致力于经济发展的机构的问题。詹姆斯坚定不移，新组建了由专业人员组成的机构廉政部。但是我感觉这项工作从一开始阻力就很大，而推动力却远远不够。

2005 年，在詹姆斯结束任期、保罗·沃尔福威茨继任后，情况很快发生了变化。保罗被认为是布什政府强硬派中的知识分子领袖，他不受世界银行老员工的欢迎，并坚决支持入侵伊拉克。当保罗动用更加激进的反腐措施，并任命精力充沛、尽职尽责的助手苏珊娜·里奇·福尔瑟姆具体负责反腐时，他们的担忧更加深了。

政策和个人对抗很快结合了起来。调查显示，世界银行在印度资助的一个大型但几乎完全没用的医疗项目中充斥着腐败，而调查结果却未能得当地处理。由于没有及时通知印度政府，世界银行及其迄今为止最大的客户都身陷尴尬之境。

世界银行董事会要对机构廉政部及其项目进行审查。不记得是出于什么原因，我再次被邀请主持这次审查。董事会推荐的其他五位审查组成员都非常优秀，于是我接受了邀请。世界银行集团机构廉政部的独立审查小组便成了另一个“沃尔克审查小组”。

我很快发现，世界银行内部管理层非常直率且敢于发声。显然，他们对沃尔福威茨先生和他任命的人不满，并敢于直言不讳地表达，他们指控他不正当地参与为其女友（世界银行职员）争取升职和加薪的谈判。迫于指控压力，他只好辞职。取而代之的是保守却备受尊敬的前副国务卿罗伯特·佐利克。佐利克上任后即刻采取行动平息了风波。

我们的审查进展顺利，成员之间关系和谐且相互尊重。通用电气经验丰富的总法律顾问本·海涅曼为这次成功的反腐败努力提供了一个必要且成熟的工作框架。约翰·维里克爵士是来自英国的高级政府官员，曾担任百慕大总督，他改变了我之前对英国欺诈重案办公室的负面评价，他对我们报告的内容和简明扼要的阐述做出了巨大的贡献。针对发展中国家的腐败问题，来自哥伦比亚的古斯塔沃·加维里亚和来自肯尼亚的约翰·吉松戈提出了掷地有声的重要观点。沃尔特·范·格文作为一位杰出的法学教授，从欧盟的角度提出了十分具有权威性的观点。

我们成功地采访了世界银行的每一位高级官员：有些人明显抗拒改变，有些人则表示支持。一位新任总顾问特别帮忙，也许是因为她发现世界银行现有的内部组织很“奇怪”——用她的话说。早些时候，佐利克行长直截了当地告诉我，如果世界银行内部存在动荡和分裂情绪，那么他将不加质疑地接受委员会的建议。后来他确实做到了。

我觉得（也许有失偏颇）我们制定了一种制度，不仅适用于世界银行，而且适用于所有需要管理复杂的、费用庞大的、政治敏感项目的国际组织。我的同事有成功的经验和共同的目标。

报告签发完毕。剩下的工作就是寻找一位受人尊敬的新的机构廉政部负责人，并确保此人具有较高的与其职责相称的级别。能否平等地与世界银行的其他高管打交道，并有机会接触世界银行行长，是表明世界银行在反腐问题上决心的关键所在。

合适的候选人出现了——伦纳德·麦卡锡，他曾领导南非的反腐败斗争，并取得了公认的成功，但也遭到了强烈的反对。他能够胜任这个新使命。在佐利克和金墉担任世界银行行长期间，世界银行的反腐职责终于得到了重视。

2006 年有一项重大突破。实力雄厚的跨国工程公司西门子公司遭到德国执法部门的突击搜查，被发现连续数年在国际业务中涉嫌行贿，所涉金额达数亿美元。德国当局曾经对国际贿赂放任不管（1999 年以前，贿赂在德国是被允许的，而且是一项可以免税的费用支出），现在终于无法坐视不管了。

与国际组织间的大额交易，以及混乱的内部管理，使国际发展机构和政府都意识到了问题的严重性和紧迫性。最后，西门子向世界银行支付了 1 亿美元的和解费，而其下属的一家子公司则被世界银行列入黑名单长达四年之久。

此外，另一件事也释放了世界银行对项目的管理变得积极的明确信号。2012 年，世界银行决定退出孟加拉国帕德玛大桥项目，不再为其提供资金。原因是该项目工程浩大，世界银行人员认为容易引发内部腐败问题。

在佐利克行长、伦纳德·麦卡锡及其亲密助手斯蒂夫·齐默尔曼的领导下，世界银行的改革有效地促使包括华盛顿泛美开发银行在内的其他发展机构更加纪律严明地开展反腐败斗争。

问题是，进步能否持续?

金墉多次表达了他对反腐败的强烈支持。一些有力的举措被纳入项目规划的早期阶段。为确保目标的一致性，其他机构的配合也必不可少。毋庸置疑，成功不会一蹴而就。我渐渐认识到，要强化反腐的效果，仅仅靠偶尔举行演讲和开内部分析会是远远不够的，必须对成功查明违规行为的例子进行昭示。各发展机构必须齐心协力，制定统一的标准，在涉及大大小小的选民的棘手案件中，一概追查到底。同时，各委员会也需要把反腐纳入各自的议事日程，并将成功的方法进行宣传和推广。

很遗憾，世界银行未能按照我们的建议坚持监督委员会制度，尽管委员会在运行的头五年中运转顺利，作用积极。伦纳德·麦卡锡现在离开了世界银行，开了一家私人咨询公司。有了委员会和行长的全力支持，他的接班人的权威将至关重要。

反腐败绝非易事，而且往往得不到回报。对于一个机构来说，纪律和权力应与其会员国提供的资源和更广泛的道德标准相结合，这也是极为重要的。

总之，我觉得很欣慰，因为我们至少取得了些许成功。我的同事们送了我一只毛绒鹦鹉，以表示对我担任主席的一份敬意。2007年，我80岁。我想，该是结束我“主席先生”生涯的时候了。

第十四章

确定标准

当今世界，无论是个人、企业还是国际交往，都很难避免会计问题。在我涉及的每个领域中我都看到，审计行业的核心——信任——受到了一定程度的侵蚀。

对于会计行业内的众多领袖，我都心怀敬意，无论他们是来自私营部门，还是来自美国联邦审计总署。在调查大屠杀受害者对瑞士银行的指控，以及联合国石油换食品项目中的腐败行为中，法务会计师发挥了重要作用，这让我意识到法务会计师具有多么大的价值。在这两项调查中，国际知名的法务会计师弗兰克·海多斯基和他的同事，都充分展示了在挖掘真凭实据方面的经验和专业技能。

遗憾的是，在会计的其他领域，有太多值得怀疑和担忧的理由，也有太多偷工减料的动机，以及太多的利益冲突。

对国际准则的顽固抵制

2000 年年中，我接到了时任美国证券交易委员会主席阿瑟·莱维特的电话。他一直在与一个国家证券监管机构的特别小组合作，朝着一个共同目标迈进：建立一套统一的会计准则，并以其先进性和纪律性在国际会计行业中得到应用。

我一直都很认可这一理念，所以很难拒绝他将这一理念投入实践的邀请。于是，一个由来自世界各地的杰出的商务、会计和金融领袖组成的新团体将成为“领头雁”。

这就是总部位于伦敦的国际会计准则委员会基金会的 19 人理事会，它负责轮流任命和监督一个由专业会计师组成的委员会：国际会计准则委员会。主要的会计师事务所都同意提供我们所需的 1/3 的资金，而剩下的 2/3，至少在一开始，将由国际企业、投资集团、金融机构和央行自愿提供，这些机构将会从成功的努力中获益。

选择一位合适的主席对理事会的成功至关重要——我们需要一位主席能够领导来自世界各地的经验丰富、意志坚定的会计师。在辞去了英国会计准则委员会（即现在的英国财务报告委员会）主席一职后，大卫·特威迪爵士几乎成了所有人心目中的第一候选人。建立高质量的国际会计准则一直是他的梦想，所以他愿意接受这个挑战。

在我和整个理事会的心目中，最重要的目标是要让美国加入。根据美国法律，美国证交会对美国的会计惯例有官方监督权。长期以来，证交会与会计专业人士、多数美国企业以及美国财务会计准则委员会的成员都认为，美国公认会计准则即金科玉律。实现国际一贯性的唯一合理途径，就是让全世界所有国家都采用美国的会计准则。

即使在美国，这种观点也被认为过分夸大了公认会计准则的特殊知识价值和政治神圣性，在其他地方肯定不会被轻易接受。

然而，会计准则并非美国人的发明。美国的会计准则手册长达数千页，在其他国家眼中不免过于详细和繁复。这也是美国监管机构以及受监管机构偏好详尽规定的又一个实例。会计的发源地是苏格兰，从更广泛的意义上说，英国一直在制定会计准则，并且由会计专业人士负责解释和应用。

或许是被阿瑟·莱维特的热情影响，美国证券交易委员会似乎也很愿意去探索设立国际共同准则的优点，即便他们认为美国企业在短期内不太可能采用这种会计准则。同时，一名美国证券交易委员会前主席和美国商界领袖的加入，对理事会的成立很有帮助。许多国际企业对设立国际共同准则很感兴趣，美国特许专业会计师协会也是如此。在我的监督委员会（国际会计准则委员会）和决策委员会（国际会计准则理事会）中，美国成员都占有很大的权重。

至少在最初，担任理事会主席确实是一份美差，我因此结识了来自世界各地的理事以及美国的会员，大家都志同道合。当时，我碰巧还遇到一位过去在普林斯顿大学就读的学生汤姆·塞登斯坦，他对新的挑战持有开放的态度。之后他成为伦敦董事会的运营总监，让我能随时了解理事会面临的挑战、进展或不足。

事实上，在很短的时间内，我们就取得了相当大的进展。欧盟法律已经规定了采用国际会计准则的程序，虽然还须经审查，并且对少数金融机构特别提供了有限的“退出”选择。随后，澳大利亚和新西兰等拥有悠久的标准制定历史和强劲资本市场的国家也纷纷效仿。美国证交会主席克里斯托弗·考克斯和他的首席会计师也采纳了这一准则，包括日本当局对此也很感兴趣，许多发展中国家亦是如此。三四年之内，就有 100 多个国家在原则上同意采用新的国际会计准则，至少是作为本国公司账户的一种选择。

但是国际会计准则委员会和理事会强调其独立性，要求公司账目承认股票期权成本，这一努力在美国遭到了强烈的政治反对。无论这种做法多么合理，都无法改变人们的思维模式。在此情况下，美国证券交易委员会的领导层似乎退缩了。一些有影响力的美国审计机构和维权组织（以及美国财务会计准则委员会的监督机构）对新兴国家（甚至是发达国家）遵守国际准则的意愿和能力表示怀疑。更重要的是，大卫·特威迪和国际会计准则理事会的多数成员对基于原则的方法的承诺，很难与一般公认会计准则（美国）的详细规则一致。

一些不愿参与国际会计准则的人士也提出异议，认为国际理事会的管理存在问题，并且缺少官方参与。考虑到这一点，我们邀请了五个最相关的国际经济机构的领导人审查理事会的组成。

2005 年，在我的五年主席任期即将结束之际，一些阻碍国际会计准则实现的因素似乎正在消失。我希望可以取得一定的成功，至少允许国际会计准则成为活跃于国际上的美国企业的一种选择。事实上，越来越多的国家表示将承认这一准则。美国和国际委员会也同意在一些新的复杂领域为实现共同准则而努力。2007 年，美国证交会不再要求在美国注册的外国公司将其符合国际财务报告标准的账户与美国公认会计准则的要求一致——这是一个人们期待已久的结果。

今天，全面采用统一会计标准的进展缓慢，甚至停滞不前，一些最初支持统一会计标准的美国国际企业也因此逐渐失去兴趣。如果国际会计准则要真正实现全球化，就必须得到美国官员、企业和审计机构的更多支持。毕竟，美国在全球资本市场的主导地位虽然有所减弱，但仍很强大。所以如果没有美国的积极参与，世界其他地区制定国际规则的意义不大。就今天的情况来看，美国在监督委员会和规则制定委员会的参与都有所减少。

但我们的努力仍然有效。据我所知，美国和国际会计准则理事会的成员仍然定期开会，并在一些共同项目上取得了进展，包括与美国证交会合作。

我希望大家的坚持能够帮助结束僵局。

崩溃：安然与安达信

我丝毫没有想到，在进入会计行业后，会那么快就见识到行业的黑暗面。

我碰巧认识安然公司的董事长肯·雷，也很钦佩他。他曾是沃尔芬森公司的一名客户，他带领安然从一家天然气和电力供应商转型为一家领先的、以技术为驱动的公司，几乎就要给全球公共事业行业带来革命性的变化，他做出的杰出贡献令我与有荣焉。该公司是向麦肯锡寻求咨询的代表，他们从麦肯锡聘请了首席执行官杰弗里·斯基林。

这确实是革命性的。经过十年的疯狂扩张，安然这座大厦的立面开始出现裂缝。巨大的损失隐藏在一系列精心设计的特殊目的实体中。这一做法得到了历史悠久的会计师事务所安达信的推波助澜，安然的账目一直由该事务所负责审计。

斯基林在2001年夏天突然辞职，加剧了人们对安然公司财务稳定性的怀疑。但令我高兴的是，肯·雷没有强求我帮忙。当年年底，安然申请破产，那是当时美国公司申请的最大破产案。

这件事十分令人遗憾。根据美国国会、美国证交会和美国检方的调查，由于一系列欺诈行为，包括斯基林在内的高管都被判入狱。在法院判决之前，肯·雷因心脏病过世。

总之，安然是现代管理激励和实践失控的案例。

安达信从前被视作美国领先的审计公司，它也一直将自己标榜为中西部商业美德的典范。安达信于 1913 年在芝加哥成立，与世界各地的商业集团建立了伙伴关系。安达信本人以及他的继任者伦纳德·斯帕切克，都作为极有原则的会计行业领袖而享誉全球。他们主张坚持准则，将冲突降到最低。

然而，随着时间的推移，该公司老派的审计合伙人受到了更年轻、更有进取心的合伙人的挑战。年轻派的愿景是开展一些利润更丰厚的业务，并通过向企业提供一长串咨询服务来实现。十年前，安达信内部爆发了一场激烈的斗争，沃尔芬森公司和其他咨询公司都未能帮助他们和解。最终，这家日益壮大、利润丰厚的咨询业务从安达信公司拆分了出来，被称为埃森哲公司。

但是安达信公司随后犯了一个严重的战略错误，即以高昂的成本重建内部咨询业务。

事实上，早在安然公司的灾难发生之前，安达信的审计实务就已经因其他失败而蒙羞。2001 年中期，该公司同意支付 700 万美元罚金，以了结证交会就其对废物管理公司审计失败提起的诉讼，这在当时是会计公司被罚的最高金额。

安然的溃败提高了对另一项调查的威胁，而且至少引发了来自官方的谴责。在绝望中——这确实是一种绝望的处境——安达信公司在 2002 年 2 月初请求我担任独立监督委员会的主席。我可以选择两个伙伴来协助我。至少在名义上，我们基本上可以完全控制公司的政策和人员。这项授权由专业（且自愿的）瓦赫特尔·利普顿律师事务所起草，这肯定是美国商业史上最为全面的行政授权之一。我的两个伙伴：一位是美国政府问责局前负责人查克·鲍舍，他也是安达信前合伙人；另一位是德高望重的默克公司前首席执行官罗伊·瓦杰洛斯。我认为我们有能力发挥影响力。

但这是不可能实现的。安达信的主要合伙人约瑟夫·贝拉迪诺一直乐于助人，乐于合作，他知道公司面临怎样的困境。但是，当需要组织的全力支持时，我们很快就发现，安达信内部没有一个能够马上介入的统一的小组。正式管理委员会的成员分散在不同地方，彼此很少会面。他们对个别合伙人的权威也很有限，而且美国之外的合伙人都有自己的行事方式。

我还记得，在早期的一次会议上，安达信独特的橙色营销材料让我印象深刻。材料第一页列出了公司的服务项目，其中，审计这一项在榜单上远不在清单的前列。在经历了过去十年的所有冲突和重建咨询业务的沉重代价后，内部压力依然存在。稍微夸张一点说，审计似乎已成为咨询列车最后的守车。

随后，还出现了一个新的威胁：司法部可能对安达信提出起诉。在早些时候的讨论中，我确信这种可能性很小。一项可以让五大会计师事务所之一破产的起诉怎么能符合公众利益呢？出于自大，我说服自己，安达信，或者至少是安达信的一部分，可以在我们的独立顾问委员会“仁慈”的监督下，被改造成一个行业典范。

一群年轻的合伙人愿意保留公司的名字，并尝试将公司重塑为一家只接受审计业务的公司。这样一来，安达信将失去许多老客户。他们需要一个小得多的公司，核心是有经验的审计师作为合作伙伴。以一种新的方式前进似乎是有可能的，基本上恢复了最初的安达信。但合作伙伴之间的共识太少，共同利益意识太少，内部也没有强有力的候选人来担当领导角色。

唉！复活的最后一丝微弱希望也破灭了。

司法部确实以发现其中一名律师指示合伙人销毁与调查有关的文件为借口，起诉安达信公司。我对监督一家被起诉的公司并无期待。美国失去了五大会计公司之一的安达信。但具有讽刺意味的是，随后的定罪又在后来被推翻。我认为对公司的指控，而不是对个别合伙人的指控，永远不应该被提起。

直到我受邀在安达信的母校发表有关安达信事件的讲话时，我才深刻意识到这个商业悲剧。我在西北大学安达信学院附近为纪念伦纳德·斯帕切克而发表了演讲，呼吁改革国际会计准则，并更加注重审计责任。这似乎有点儿超现实主义。

《萨班斯-奥克斯利法》和上市公司会计监督委员会

安然–安达信事件是千禧年前后一波企业和会计丑闻浪潮的高峰。泰科国际和世通公司是其中规模最大、知名度最高的两家公司，还有很多其他公司。2002 年初，在与大卫·特威迪在参议院银行委员会发表冗长的证词之前，我向国会的朋友施压，要求通过立法，明确审计机构的职责，提高其独立性。两党对财务报告的现状都已经厌倦透了，国会开始采取行动，加强了对公司治理和会计的要求。

到 2002 年中期，《萨班斯 – 奥克斯利法》以近乎全票的支持率通过。时任美国总统小布什签署了该法案，称其为“自富兰克林・德拉诺・罗斯福时代以来，对美国商业惯例影响最深远的改革”。这么说可能有点儿夸张，但它确实提醒人们，对于我在国会做证时说的“曾经崇高的职业正在爆发危机”，我们迫切需要做出回应。

根据《萨班斯 – 奥克斯利法》，会计师事务所禁止向审计客户提供其大部分咨询服务。这会引起严重的利益冲突，削弱审计原则的效力，在安达信等公司身上尤为明显。税收咨询业务利润丰厚，依然获准经营，同时也可以为非审计客户开发和营销一整套咨询服务。成立单纯的审计公司的理想化设想没有实现。审计人员是由他们审计的公司的管理层选择并支付薪酬的，人们无法回避这一暗含的冲突。在英国，议会最近的一份报告敦促大型会计师事务所强行拆分，但是这一问题并不会因此消失。

更重要的可能是新成立的上市公司会计监督委员会。这是一个准公共性的监督机构，隶属美国证券交易委员会，获权建立标准，审查特定的审计，并对违规行为进行处罚。这似乎触及了问题的核心。

从概念上看，《萨班斯 – 奥克斯利法》十分重要，获得了广泛的支持。就连一直反对新监管规定的《华尔街日报》也表示支持《萨班斯 – 奥克斯利法》，指责安达信的过失。上市公司会计监督委员会邀请我出任主席，但是我最终学会了说“不”。但是他们任命了一个强有力的顾问委员会，因此我同意在这个委员会任职一段时间。

遗憾的是，上市公司会计监督委员会在纪律方面的努力能否得到足够的资金和足够有力的支持，仍然是一个令人担忧的问题。尤其令人疑虑的是，他们在检查和执行方面是否足够严格，以及现在仍然是依靠微观管理而未受到证交会的有效监管，太容易受到所监管行业的竭力游说。

今天，在写下这部分文字时，我一直在关注英国《金融时报》上有关英国审计行业危机的系列报道。其中有许多关于某家企业突然破产的报道，大多都似曾相识。

就我个人而言，最近一次为我的老朋友——普林斯顿大学著名经济学教授尤韦·莱因哈特举行的追悼会，充分说明了这一点。尤韦没有沉迷在抽象理论或高等数学中，他最引以为傲的教学时刻，就是利用他的真知灼见让本科生了解到真实世界是如何运转的，包括让学生了解企业账目用来遮掩甚至模糊真相的方式。

在他那场出席人数众多的追悼会上发布的项目，凸显了他对会计学学生的临别提醒："我之所以教授会计学，是因为民主建立在责任的基础上。没有负责任的会计，就不可能有责任。"

第十五章

新金融世界：崩溃与改革

在我的美联储主席任期结束之际，对管理银行和金融市场的法律进行改革的必要性已十分明显。投资银行开始从小规模、规避风险的合作伙伴关系，转变为“神气活现”的上市公司。专门为企业提供咨询和承销证券的公司，也正在创建自身的交易能力。对冲基金和杠杆收购基金（现在被称为私募股权）都开始出现。

甚至在传统的美联储内部，我们也曾讨论取消对银行的一些更广泛的限制。我们放松了对州际银行的限制，这是一个姗姗来迟的改变。美联储接受了对《1933年银行法》部分条款的宽松解释，开始弱化商业银行与投资银行的分离。具体地说，在一些情况下，我们允许银行控股公司的子公司买卖和承销公司证券，用法律的语言讲，只要这些子公司不是“主要从事”此类活动就行。

我一度认为，我们与当时的财政部长唐纳德·里甘近乎达成一致，同意提出一项新的立法，将银行的权限范围扩大到房地产业务以及保险经纪业务，此类业务不会对资本构成风险。但我们迈出的这半步并没有激发更多行动。

在20世纪90年代和21世纪初，在技术的推动下，变革的步伐加快了。自营交易日益成为投资银行的经济引擎。新的金融衍生品似乎以降低风险的名义打开了机会之门。激励性薪酬制度和丰厚的年终奖金助推了极端激进的冒险行为。私募股权公司和对冲基金成倍增长。商业银行感到备受冷落。

《格拉斯-斯蒂格尔法》的终结

在我离开美联储大约十年后，金融行业的变化达到了顶峰。1998年4月，约翰·里德的花旗银行同意与桑迪·韦尔的旅行者公司合并。旅行者集团公司拥有广泛的保险承销业务，并拥有美邦投资银行。这一交易是对《格拉斯－斯蒂格尔法》仍然设置壁垒的直接蔑视。在美联储的支持下，这项法律很快就会被推翻。

当时我有两个主要的顾虑。

第一个是保持银行与商业（即本质上不是金融的商业）的分离，这一做法受到了猛烈的抨击。零售商西尔斯·罗巴克率先发起控诉，该公司在20世纪80年代初收购了添惠证券经纪公司，后者有时被戏称为“袜子和股票”，并在加州经营一家小型储蓄和贷款机构。他们想建立一个银行特许专营权。我清楚地记得，他们曾邀请国会议员到芝加哥进行周末游说访问。

我在国会做证，收集了所有我知道的关于保持银行和商业区别的论据，发现主要问题还是不可避免的利益冲突、地方经济资源和经济实力的过度集中。例如，独立商户如何在小城镇与由银行支持的对手竞争？即使在大城市，大型银行拥有的企业也会与银行的客户起冲突，在这个过程中，客户很难发现新的风险。通用电气旗下的金融子公司通用电气资本于2018年1月披露了150亿美元的保险储备缺口，这充分说明了这一点。通用电气资本曾一度手段激进，获利颇丰。

艾奥瓦州国会议员詹姆斯·里奇不懈的努力起到了关键作用，确保所谓的《格雷姆-里奇-比利雷法》（即《金融服务现代化法》，以詹姆斯·里奇、得克萨斯州参议员菲尔·格雷姆和弗吉尼亚州众议员汤姆·比利雷的名字命名）顺利施行。这一法案取消了《格拉斯-斯蒂格尔法》对贸易和其他金融活动在商业银行组织中的限制，也的确保持了我认为必要的银行和商业之间的区别。直到今天，这种银行和商业之间的区别依然存在，尽管有时一两个涉及大宗商品交易的漏洞仍会被利用。

第二个关于《金融服务现代化法》的担忧是，美联储对新定义的“银行”或“金融”控股公司是否能保有强大的权威。当时规模最大的是新成立的花旗集团，包括一家银行（花旗银行）、一家经纪交易商（所罗门兄弟公司）和一家保险公司（旅行者公司）。由于其子公司仍需接受其他监管机构（如国家保险监管机构和美国证券交易委员会）的监管，对于控股公司内部特定活动的最终监管权似乎肯定会出现混乱。事实上，确实如此。詹姆斯·里奇只是在一定程度上成功地确保该法保持了美联储作为整个银行控股公司监督者的主要角色。十年后金融危机爆发，他懊悔地告诉我，他支持废除《格拉斯－斯蒂格尔法》是个错误。

金融衍生品的世界

鉴于“金融工程”的快速发展和应用，我无法声称自己是这方面的专家，甚至连熟悉也算不上。20 年前，在意大利科莫湖埃斯特别墅举行的一个高层商业会议上，伦敦的一位年轻的投资银行家热情洋溢的报告曾让我们这一代人深受触动。他在最后提出了一个强烈警告：对新金融工具既没有充分的认识，也没有使用能力的企业，尤其是金融企业，将注定失败。

我坐在威廉·夏普旁边。夏普是 1990 年诺贝尔经济学奖得主，他的“夏普比率”已成为一种基金经理广泛接受的风险调整回报率衡量指标。我碰了碰他，问他若是用国民生产总值来衡量，那这种新的金融工程对经济增长的贡献有多大。

“没什么贡献。”他低声对我说。

这不是我预期的答案。“那么它有什么作用呢？”我追问。

“它只是在金融体系的（经济）租金[1]附近移动。此外，它也很有趣。”后来在晚餐时，他提出可以通过一些方法来提高经济

1 经济租金是指非劳动所得，例如当人口密度上升时，土地价格上涨。

福利，但我觉得我已经了解了他的想法的要点。金融工程中的一个方面很快得到了发展。信用违约互换的设计初衷是为银行提供一种有效的方式来为贷款组合提供保障，但现在更多的是作为一种交易工具在使用。可交易衍生品的使用支持了所谓的贷款证券化，包括将高风险的“次级”抵押贷款打包出售，将出售给投资者的风险进行细分。只有少数聪明人，或者说“老古董”对此提出了疑问。沃伦·巴菲特在2002年致股东的信中称，衍生品是“金融大规模破坏性武器。它携带的危险，虽然现在是潜在的，但却是致命的”。

我在一旁观望，不确定自己是否明白了所有的陷阱。30人小组是一个由经验丰富的政策制定者和商界领袖组成的长期组织，我作为新任主席，确实面临着一个决定。如前所述，我收到了由30人小组的研究组编写的一份关于金融衍生品的长篇报告草案，报告反映了重要银行及其顾问的积极参与和思考。这份报告热情地谈到风险管理新工具的积极潜力，并且提醒存在潜在的危险，需要强有力的内部控制和充足的资本。

这一研究的整体简介部分，总体上是持积极态度的。我们正进入一个新的金融时代。一种新的陈词滥调出现了：技术将允许对信用进行“切割和切分”，这样风险因素就会有效地转移到那些最有能力、最愿意承担风险的人身上。

我坚持认为要降低热情。但对一些人来说，他们很容易相信金融工程的魔力正在以某种方式驱散风险的谎言。相反，我们被大大小小的机构引到了金融危机的道上，这些机构忽视了那些实际上从它们的视线中消失但很快又以另一种形式出现的风险。围绕“租金”移动的最终成本是巨大的。

乌云聚集

担心长期联邦赤字和糟糕财政状况的群体召开各种正式和非正式会议，是华盛顿生活的一部分。

21 世纪早期，我曾遇到这样一群人，在我正要离开时，他们在我背后问了我一个问题：“保罗，我们在多长时间内会真正面临一场真正的大的金融危机？”

“五年内发生危机的概率是 75%。”走出房门时，我随意回答了一句。而当时至少有一名记者在那里。

第二年，当我在斯坦福大学的一大群听众面前准备演讲时，我就不完全是随意说说了。演讲的标题“薄冰上的经济”抓住了观众的情绪。

价格是稳定的，经济是增长的，但是严重失衡：过多的消费，太少的储蓄，巨大的财政赤字，而且存在另一个巨大赤字——接近国内生产总值的 6%——一个让人难以想象的天文数字。显然我们过着入不敷出的生活，轻易就能从外国资本洪流中获得资金。这一切都呈现出“我记忆中的最危险、最棘手的情况，而且我能记得很多”。我提出警告：“今天人们对资本市场的信心良好地支持世界经济不断增长。这种信心在某种程度上可能会消退。”不幸的是，最终这可能会引发一场金融危机，而不是政策变化，将迫使我们采取“调整”措施。

2006 年 2 月，本·伯南克担任美联储主席后，我第一次与他会面时，半开玩笑地提到了我漫不经心的五年预测，我对他说，离经济危机还有几年呢！他只是礼貌地笑了笑。

两年后，纽约联储行长、前财政部副部长蒂姆·盖特纳来我的公寓拜访。贝尔斯登濒临破产，在市场对次级抵押贷款价值的怀疑日益加剧之际，它很难得到融资。华尔街五大投资银行之一的贝尔斯登破产，显然会造成严重的影响。我唯一的建议，也许是显而易见的，就是他最好尽快找到一个并购伙伴。

经历了一个周末的艰苦工作，蒂姆、伯南克和财政部长汉克·保尔森才完成了摩根大通一项复杂的收购。这笔交易的一个关键因素是，美联储做出了非同寻常的承诺，即为贝尔斯登的抵押贷款部门约 300 亿美元的资产提供担保。根据美国《联邦储备法》第 13-（3）条的规定，要支持向非银行机构提供紧急贷款，必须由董事会绝大多数成员投票赞成，这一规定长期以来实际上就是一纸空文。我特别清楚地记得，1975 年，濒临破产的纽约市申请使用第 13-（3）款贷款的请求被拒绝。理由是，美联储不应被视为银行体系之外的最后贷款人。

贝尔斯登接受救助的几周后，我在纽约经济俱乐部发表了讲话。我演讲中有一句话引起了最广泛的关注，尤其是坐在我旁边的蒂姆。我说，美联储在拯救贝尔斯登的行动中，“处于其合法和隐含权力的边缘”。无论是当时还是现在，我都不愿意鼓励滥用这种非传统的权威。之后，我草拟了一些必要的系统改革方案。

贝尔斯登事件后，金融市场再次平静下来，但我却越来越不安。鉴于过去的经验，我和前布什政府的财政部长尼古拉斯·布雷迪不时会一起讨论，集思广益。我们都担心贝尔斯登可能只是一场愈演愈烈的危机的前兆。两大抵押贷款机构房利美和房地美都面临着巨大压力。货币市场基金似乎很脆弱，衍生品市场似乎正出现奇怪的过热苗头。我和美国货币监理署前署长吉恩·路德维格一起制订了一个计划：建立一个美联储之外的政府机构，其职能是购买资产和为濒临崩溃的机构注资，并以资产重组托管公司的模式帮助清理在20世纪80年代末和90年代初形成的储蓄和贷款。这一模式源于保守的共和党胡佛政府在1932年成立的复兴金融公司。

当我们的提议被公布时，雷曼兄弟的破产已将单个金融机构的问题升级为全面的系统性崩溃。这为美联储和财政部权限的特别使用提供了正当理由，也为7 000亿美元问题资产救助计划提供了政治上有争议但却亟须的立法支持。

无论是因为精通复杂的金融工具，还是经历过早期大萧条的丰富经验，这些都让我们意识到，我们正处于一场金融崩溃之中，这场危机导致了2008年的全球经济大衰退。金融“蛋头先生”（摔下去就起不来的人）已经从墙上摔下来了，所有政府的现有机构都无法把这个系统重新组合起来。要重建一个安全的运营秩序需要多年的努力，不仅在美国，在欧洲也是如此。

同样可以预见的是，为保护新秩序而引入的改革，不久就会逐渐消失。危机过去十年后的今天，步履匆匆的游说者像花栗鼠一般叽叽喳喳到处游说，正在以效率和简化（本身是好的）的名义蚕食着我们的利益。他们的最终目标是削弱新的保障措施。

与奥巴马会面

像其他人一样，在2007年底和2008年初，我也被一种对国家道路及其领导力的挫折感所困。这时，年轻的贝拉克·奥巴马突然出现在政治舞台上，我们又燃烧起对未来的希望。他参与总统竞选，似乎让种族平等的梦想变为现实，这些梦想曾经映照在罗莎·帕克斯乘坐的亚拉巴马州公交车上，传达在马丁·路德·金在林肯纪念堂发表的题为“我有一个梦想”的演讲中。这种潜力似乎扩展到因金融危机而变得至关重要的实际的治国理政问题。

我同意参加奥巴马竞选团队在华盛顿安排的一场小型晚宴，与会者包括那些感兴趣但又持怀疑态度的华尔街人士。在晚宴上，我深受感动，所以在离开时，我告诉参议员奥巴马，虽然我不能马上公开支持他，但我以后会联系他。很快，我就在芝加哥与奥斯坦·古尔斯比进行了一次长谈，他是芝加哥大学的教授，曾一度担任奥巴马的非正式经济顾问。

我经常说我是一个民主党人，60年前我确实是，当时我因钦佩阿德莱·史蒂文森而加入民主党。但当我在财政部或美联储担任高级职位时，我一直试着（虽然不是很成功）避免被贴上政治标签：这对两党来说都像“瘟疫”，唯恐避之不及。唯一的例外是在 2000 年比尔·布拉德利与阿尔·戈尔短暂的总统初选竞选中，我尽最大努力为比尔·布拉德利助选。毕竟，我和许多人一样，一直在敦促这个不情不愿的人去竞选总统。他不仅拥有优秀的政治才能，还是一位忠诚的普林斯顿人，也是一位比我好得多的篮球运动员（尽管他比我矮了一点儿）。

不管怎样，我最终在 2008 年 1 月发表了一份强烈支持奥巴马参议员的声明，随后又出席了一些他的竞选活动。

选举结束后不久，我在家里接到总统当选人奥巴马的电话。他有两个问题。一是问我愿意担任财政部长吗？好吧，我想，在 81 岁的时候，我可以创造一个新的最大年龄纪录，但我已经有点儿够了。二是我真的想接受挑战吗？我的回答是我肯定不准备服务一个完整的任期。如果我只能担任一两年，那并没有太大意义。我想他已经预料到我的答案，他也同意了。

真正重要的问题是——我对另外两个职位的人选有什么看法，即财政部长或白宫经济顾问。（怎么样？——显然没有其他候选人。）虽然这两位我都认识，但我并不知道他们在处理危机方面的实质性想法。我知道的是，他们有着完全不同的个性和领导潜力，这将决定奥巴马总统的最终选择。蒂姆·盖特纳被任命为美国财政部长，拉里·萨默斯被任命为美国国家经济委员会主任，这是人才的合理调配。

奥巴马顾问委员会

我参加了新经济团队的一些规划会议，团队成员包括奥斯坦·古尔斯比和经济顾问委员会新任主席克里斯蒂娜·罗默，以及萨默斯和盖特纳。最重要的一次会议是为了确定新财政计划的规模。新任管理和预算办公室主任就坐在我旁边，他对我说："您好，我是佩德罗·欧尔萨格，20 年前我参加过您的普林斯顿大学研讨会。"

一个时代已经过去了。

在就职前不久，奥巴马先生建议我领导新总统的经济复苏顾问委员会，他计划建立的这个委员会可以为独立、无党派的经济建议提供一条途径。

我答应了，又一次成了"主席先生"。

我对这样一个委员会能具有的影响力并不抱特别大的幻想，特别是当我得知这些会议必须公开举行，而且成员间的政治利益各自分散后，更是坚定了这样的想法。同时，这一职务还可能会与内阁级官员和顾问产生竞争和冲突，所以这个职位必须面对更多的挑战，当然我也借这一职位和一些国会老相识保持联系。这也让我得以将一位前沃尔芬森成员安东尼·多德带到华盛顿政坛。他毕业于美国西点军校，如今已成为私募基金和小企业管理领域的专家。除了组织会议，研究政策问题，撰写有关企业税收、抵押贷款融资和基础设施重建的有帮助性的报告外，安东尼还是一位坚定的倡导者和谈判者。因为他，我才得以参与到立法过程中。在此过程中，他的判断力和效率有目共睹。

在讨论金融监管改革时，就业委员会也为我提供了一个席位。这让我的工作范围延伸到了椭圆形办公室。

《多德－弗兰克法》、监管改革与沃尔克规则

我确信，如果我消失了，蒂姆·盖特纳和拉里·萨默斯一定会很满意。因为我们在政策方法的讨论中，确实有一些潜在的冲突与不和。

但对我来说，时机正好。就在新总统就职前，30 人小组发布了一套相当全面的提案，名为《金融改革：金融稳定的框架》。作为报告的主要撰稿人，这份报告如实地反映了我的想法，也得到了许多国家的认可。报告的内容在改革辩论中引起了广泛讨论，讨论的焦点在于，无论是对在国际上运营的大银行，还是对所有“具有系统重要性的金融机构”来说，都需要共同的更高的资本标准。这个复杂而庞大的市场或是监管机构功能重叠，或是缺少直属监管部门，因此要求解决这一现象的呼声日益高涨。这一问题和美国息息相关。考虑到各国央行对金融稳定的关注，讨论中强调了央行的重要作用。这反映了行政当局内部的共同立场。但是，即使得到一致同意，如此宽泛的概括性说法也不足以构成一项具体的立法提案。

总统失去了耐心——在我看来是无意的——要求新任财政部

长公开展示应对金融危机的战略。不过他忽视了一个事实，那就是具体的提议并没有在内部得到充分的讨论和审查，其结果就是财政部长盖特纳艰难地制订了一个相当模糊的遏制金融危机计划大纲。由于人们对这些计划在实践中的作用表示怀疑，股市暴跌。

蒂姆能够在几周内默默地重建权威和影响力，对我和其他人来说，这是他性格和能力的明显标志。

事实上，他个人对改革的最大贡献已经被广泛接受和复制。他对改革的基本思路是要求定期进行压力测试，以评估具有系统重要性的金融机构抵御极端和难以预料的情况（如持续衰退或2008年金融危机）的能力，及其能力可能对整个金融体系构成的风险。这种测试现在已经嵌入美国和世界其他地区的监管和监督实践中。

事实是，先是众议院金融服务委员会主席巴尼·弗朗克，稍晚些时候是参议院银行委员会主席克里斯·多德，也在推行他们各自的优先事项。从某种意义上说，奥巴马政府在专注于努力恢复金融市场稳定，刺激经济发展，解决消费者权益保护、医保立法、通用汽车和克莱斯勒救助方案等政治敏感问题的同时，也被迫要求追上金融改革的步伐。[1]

作为总统经济复苏顾问委员会主席，我参与了许多内部讨

1 2009年初，社会普遍弥漫着不确定性和绝望的感觉。我深刻感受到这一点，是在国会建议应该称我为“经济沙皇”并请求我暂时担任美国国际集团（AIG，这家保险巨头得到了美联储的援救）主席时。我对这两者都不感兴趣，经济复苏顾问委员会的职位已经为我提供了一个适当的平台。

论，对一些参议院委员会成员的观点也熟悉起来。我们推动了一些关键点，主要是从我的 G–30 报告中得出的：关于管理结构，关于处理“太大而不能倒”的问题，以及限制投机性交易和其他自营活动，这些活动为受益于联邦安全网的银行机构带来了不应有的风险。

为避免与财政部和白宫的提议发生公开冲突，我们只是私下向总统提出金融改革建议，因此也不会将建议公开。

6 月，奥巴马总统提议全面改革美国金融监管体系，改革对象包括备受关注的新成立的消费者金融保护局。他还强调，有必要加强美联储对主要金融机构的监管，并加强各机构之间的有效互动。

在我看来，还有几个关键问题尚未得到解决，包括真正有效的监管结构重组、货币市场基金的适当作用，而且更重要的是限制那些有政府保护的银行进行投机交易，这些银行目前包括在金融危机时，被允许在美联储的监督和支持下转变为商业银行的主要投资银行。

我见识过足够多的金融危机，也担任过联邦储备董事会主席，因此我知道，对金融稳定面临的潜在威胁，人们的关注总是重复出现漏洞。

美联储不是唯一的银行监管者，也不是唯一的罪魁祸首。然而，就其广泛责任的性质而言，它是或应当是唯一关心有效监督的部门。此外，每天、每月、每年的风险探测和必要的纪律执行工作确实并没有总是得到应有的重视。至少直到最近，其他银行监管机构也没有发挥作用。毕竟，这项工作在技术上很困难，在政治上也很敏感。

此外，从世纪之交开始，太多的金融活动已经从银行转移到任何银行监管机构的直接监督和政策利益之外。作为《多德 – 弗兰克法》的一部分而成立的金融稳定监督委员会，本身就是对这个问题的承认。然而，要协调所有监管机构，是一项不中用的又会带来政治麻烦的努力，每一个监管机构都有自己的管辖范围和政治优先事项。

在没有更全面改革的情况下，我竭力坚持，有必要保持和集中美联储的注意力，并加强其监管能力。法律工具将指定一名美联储董事会成员担任副主席，特别负责美联储自身的监督职能，并定期向国会报告现有政策和方法的充分性。

有人对把这种责任交给一位董事会成员的建议表示怀疑。如果他或她与主席发生冲突会发生什么？但据我所知，董事局的分歧可能是有益的，也可能是破坏性的。

这个新职位虽然现在是 2010 年《多德 – 弗兰克法》的一部分，但却花了多年时间才得到正式任命。在此期间，这一职能主要由在任州长丹尼尔 · 塔鲁洛负责。兰德尔 · 夸尔斯是唐纳德 · 特朗普总统任命的首位储备理事会成员，于 2017 年 10 月宣誓就职，并专门负责金融监管。顺便说一句，夸尔斯延续了犹他州埃克勒斯家族与美联储的历史联系。他的妻子霍普 · 埃克勒斯是美联储前主席马里纳 · 埃克勒斯的亲戚。马里纳非常关心监管程序。我相信，这些关系将加强他对金融监管这一高度优先事项的奉献意识。

非理性繁荣威胁着金融体系的稳定，这是老生常谈。一次又一次，人们在金融危机后回过头问："监管者在哪里？"但至今还没有一个好的答案。

现有的监管结构从根本上脱节且情况越发糟糕，而庞大的《多德－弗兰克法》没能妥善解决这一问题。这个问题过于复杂，并且政治色彩过于浓厚，国会委员会很难在看似更为紧迫的立法过程中解决。

我理解这种不情愿。但是监管者、监管机构和国会委员会的领导人都能了解现有框架中的重叠、不一致和盲点。鉴于我目前专注于识别政府效率低下的领域，这也是一个需要关注的领域。所以它更可能会被搁置，直到下一次危机再次完全暴露其弱点为止。[1]

在复杂的《多德－弗兰克法》中，另一个备受争议且广为宣传的规则是以我的名字命名的。它旨在改善由商业银行建立的私募基金和对冲基金在自营交易、所有权和管理方面固有的一些利益冲突和不当激励。不论那些尽责的机构如何声明它们将优先考虑客户关系和道德文化，新金融技术令人难以执行的复杂程度，以及奖励员工特定交易的现代奖励做法，导致了渎职行为的产生。事实上，对于成功的自营交易（本质上是投机性的，而且常常与客户利益相冲突）的回报，最终会影响银行的整体氛围和回

1 沃尔克联盟于 2015 年 4 月发布了对该问题的分析，并在题为"重塑金融监管体系"的报告中提出了可能的改革措施。

报体系，这种影响是广泛的。

我曾公开发表观点，认为机构从联邦“安全网”中获取好处（例如，享受美国联邦储备理事会流动性、联邦存款保险公司保险和其他不这么有形的好处）是不合适的。银行的基本功能本应该是吸收存款、贷款和服务客户，并分享操作安全、高效和必要的支付系统。然而，这些机构却投入到风险业务中了。

几个月来，我提出的禁止商业银行从事自营交易的提议，似乎没有特别引起奥巴马政府内外的关注。在缺乏政府支持的情况下，托尼·多德在夏秋两季与国会议员及其工作人员会面，赢得了参议院银行委员会的一些支持。

2009 年 12 月，在《华尔街日报》主办的一次会议上，我的挫败感爆发了。我整个下午都在听银行家和交易员警告，他们认为监管不应限制交易和“创新”。我对他们的评论做出的冲动反应，后来被全文刊登在《华尔街日报》上：“我的意思是：醒醒，先生们。我只能说你的回答是不够的。我希望有人能给我一些关于最近金融创新和经济增长之间关系的中立证据，哪怕只是一点点信息。”据我预测，我提出的将某些投机活动排除在商业银行体系之外的建议，“最终可能会获得成功”。

但在这一点上，我没有得到证据。但我的预测被证明是准确的。圣诞节前夕，我接到副总统乔·拜登的电话：

“你关于自营交易的建议进展如何？”

“这是个好建议，但我没有人手来推动这件事。”

“别管了。我会替你召集人手的。”

就这么简单。

我后来得知，副总统在一次重要会议上赢得了奥巴马对我提议的支持。在那次会议上，奥巴马告诫他的经济团队：金融改革的步伐太缓慢。拜登在会议上说我已经赢得了几位关键参议员的支持，为首的是俄勒冈州的杰夫·默克利和密歇根州的卡尔·莱文，他们确实起到了一定作用。

2010 年 1 月 21 日，奥巴马总统召开新闻发布会，推动改革立法。我和他的几个官员站在一起。他宣布，他的政府支持禁止商业银行内部的投机活动，“我们称其为‘沃尔克规则’，就以我身后这位高个子的名字命名”。

好吧，这完全是个惊喜。无论是好还是坏，我都参与到了艰难的立法过程中。这是《多德－弗兰克法》最后一揽子计划中的关键因素，政府内部为此进行了大量游说，但只获得了些许的支持。最终，在为了确保第 60 届参议院投票的最后努力中，只有有限的例外。

如今，我再也不用为“沃尔克规则”争论了。“不应该拿公众的钱去赌博”，这种简单的想法似乎已经在原则上被大众接受了。有许多反对意见认为，这一规则阻碍了借贷，交易流动性也将丧失，“息差”将扩大，沃尔克规则甚至会抑制经济增长，但这都已经被证明是游说者编造的。

市场现在运行平稳，流动性充足。银行利润已从 2008 年的危机中完全恢复。经济本身运行良好，失业率接近历史低点。银行家时不时地会向我暗示，交易室的环境已经发生了建设性的变化——

对潜在冲突多了一点儿尊重，对达成特殊交易少了一点儿紧迫。但我毫不怀疑，无论如何，交易员还是会去试探我们的底线。

有效监管的挑战

由于需要协调五家不同机构的行动，沃尔克规则的发布被推迟了很长时间。相关的支持性法规有些过于详细，这一点不是游说人员编造的，而确实是事实。沃尔克规则被不必要地用于不怎么从事重大交易活动的小银行。

对监管过于复杂的担忧是常见的，这一点不仅限于金融监管。成千上万页的联邦法规的图片对选举运动很有利。和其他人一样，过于复杂的监管会令我感到畏缩。例如，当我每年收到大约 80 页精确地解释“简单的”家庭保险政策中有关我的权利和政策限制时，我也会感到畏缩。

当我担任美联储主席后，我了解到了这一问题的关键。在纽约联储任职期间，我曾听到银行高管不断抱怨美联储《贷款真实性法》的监管。这一法从概念上理解很简单，即旨在解决一个原则上应该是合理目标的问题：银行应向客户提供利率、贷款到期日以及贷款和信用卡文件中的其他要素的明确而一致的定义。这是一项很长的规定，试图解释：在每种可能的情况下，必需的是什么？复利是每天复利、每月复利、每年复利，还是完全不复利？假期怎么样？多少变更通知是适当的？

这项法案是委员会负责的。当我还是主席的时候，就召集全体员工，建议他们（最终要求他们）重新审查这一法案，并将其缩短至 100 页或更少。他们辩解说，那是不可能的。但我坚持自己的意见。

过了一段时间，他们带着一份 100 页的文件回来了。“好吧，”我说，“发给各个银行，看它们怎么评论。”

随后，我们从银行收到的众多评论中发现，每条都在恳求增加一些内容：接受我们的特定计算方法，重新定义哪些复利方法是可以接受的，哪些自动展期可以允许，哪些可以拒绝。毫无疑问，最初抱怨这一法案过长的一些银行再次抱怨，要求我们给出更“清晰”的解释。

考虑到 21 世纪规模巨大、复杂无比的交易市场，以及每个管辖机构都对监管中哪项最重要有自己的看法，银行确实有理由要求简化沃尔克规则。

我相信这是可能的。当然，关键是任何改变都必须保护核心原则：“不应该拿公众的钱去赌博。”

在华盛顿沼泽地区，每年都有成千上万的人和数亿美元的资金，试图影响立法和选举，地球上没有任何东西能够有效对抗这股力量。的确，政治中金钱的影响力日益增强，这是对我们要表达的民主理想的重大挑战。我们一次又一次地认识到，多年的金融稳定和经济增长往往会倾向于放松规则和监管纪律。就在 2018 年我写这本书时，我们看到了这一点，人们正呼吁降低银行的资本金标准，并要求减少受到更严格监管的大型金融机构的数量。

我们能学会怎样才能做得更好吗？

第十六章

三个真理

1927 年 9 月 5 日，新泽西，宁静的开普梅。

2018 年 9 月 5 日，纽约市，喧嚣的纽约市。

从空间上来看，开普梅和纽约市相距不远，中间只有 160 英里（约 260 公里）没有红灯的公路。

从时间上来说，我 90 年的人生之旅充满了曲折，中间穿插着漫长的弯路，我遇到了一些至今仍然需要关注的显著挑战。

当我是孩童时，正值经济大萧条时期，我被一个强大而安全的家庭保护着。

当我是少年时，温斯顿 · 丘吉尔几乎是一个人站出来反对纳粹暴政，富兰克林 · 罗斯福宣布了四项自由，并最终在第二次世界大战中取得了真正的“美国”胜利，我从这一系列事件中深受鼓舞。

当我是学生时，我接受到了伟大的大学提供的最好教育，并开始了解政治和经济世界的不同观点。

当我成年时，我的大部分时间都在政府、财政部和美联储度过，我为成为一个自信而强大、注定要领导自由世界的国家的一员而自豪。

我喜欢 20 世纪六七十年代与我年轻的家人在华盛顿度过的那段时光。我们有很多好朋友，他们大都从事公共服务领域的工作。我们在帮助制定经济政策，为自由民主、开放市场和法律至上的美国理想做出贡献方面，有共同的自豪感。

然而今天，环境完全不同以往了。中国的历史性崛起、一些国家的民粹主义潮流涌动，以及专制政府的强权，挑战了美国的领导地位。在美国国内，意识形态分歧日益严重，甚至在历史悠久的政党内部也是如此，这呈现出巨大而陌生的新挑战。

我们已经开始质疑我们伟大社会的所有标志：我们的公共教育系统和受人尊敬的大学，曾经“可靠”的新闻自由，甚至是科学专业知识。我们的法院、国会、总统本身——所有宪政民主的基本机构的合法性都受到了质疑。

“良好的政府”这个曾经备受推崇的短语，现在被视为是矛盾的，而不是美国社会公认的目标。犬儒主义日渐蔓延，无处不在。

有一件事是肯定的——我再也不想去华盛顿了，虽然我很高兴在那里度过了职业生涯的大部分时光，而且那里曾被我的家人视为家乡。因为，今天华盛顿这个由公共服务伦理主导的中产阶级为主、中等规模的城市，到处散发着财富和权利的气息。既不像纽约那样的金融中心，也不像硅谷那样的科技中心，华盛顿的资金主要用于制定公共政策和法律，以造福特定的利益群体。这也体现在对办公空间、豪华酒店、高价公寓和餐馆的需求不断上升，以服务于越来越多的律师和说客。

据报道，目前华盛顿周边地区的居民人均收入处于最高水平。我不知道现在这些居民中有多少参议员和众议员，也不知道他们的收入是多少。我只知道，他们把大量的时间用于“拨打电话寻求划拨更多的美元”以资助昂贵的竞选活动，但只花了很少时间用于在华盛顿与同事交往、寻求折中以及达成共识。

今天，在这个国家，我们面临着一个巨大的挑战，那就是——恢复公众的使命感和对政府的信任感。我们亟须在政治进程中进行改革，我们需要能够带领我们重塑和保持伟大民主共识的领导者。

对刚刚接触政治世界的精力充沛的人来说，这是一个挑战。但我这位如今年事已高的公务员，仍能从几十年的公共服务中，提炼出一些关键的教训，我称之为“三个真理”。

事实上，这就是我最终决定写这本书的原因。

稳定的价格

在我担任美联储主席第二任期的初期，一位同事在公开市场委员会会议上抱怨说，我们被指责为“下意识的通胀斗士”。我立即答复说，这是“相当不错的声誉”，表明我们正在取得进展。

对货币的信任，是良好的政府和经济增长的根本。鉴于美元和美国金融体系在世界上的角色，这种影响远远超出了我们国家的范围。

我们的货币体系，就像几乎所有国家的货币体系一样，依赖于法定货币。没有黄金或其他有价值的硬资产以固定兑换价格与纸币（或银行存款）挂钩。我们隐约地认为，我们货币的稳定性是理所当然的，或者是应该的，我们的货币可以在今天、明天，甚至在未来买到杂货、房子，甚至是承诺在未来支付一定数额美元的债券。

维持这种预期和信心，是货币政策的一项基本责任。一旦丧失，后果就会很严重，稳定性也很难恢复。利率上升，储蓄受到挤压，外汇市场的货币贬值。一些交易员和投机者可能会独得先机，但工薪阶层和领取固定收入的人，就像大多数退休人士一样，将受到损失。

20 世纪 70 年代，美国经历过这种“滞胀”，价格涨幅达到了和平历史时期的最高水平。与通常情况一样，通胀过程形成了一种恶性循环，对价格上涨的预期导致了更大程度的通胀。在缺乏其他有效选择的情况下，它最终被强有力的货币政策所消灭。严重的衰退是无法避免的。我们经历过的 20 世纪 70 年代中期无力的反通胀尝试失败的教训，以及 80 年代初需要更持久努力的经验等反复提醒我们，一旦价格恢复稳定，就务必保持稳定。

今天的环境完全不同了。亲历过滞胀的一代人正在慢慢逝去。相比之下，在过去30年里，我们保持了足够的价格稳定，使低通胀或零通胀预期在我们的思维中根深蒂固。从中国等国进口的廉价商品等因素起到了一定作用，我们的货币当局清楚地认识到了保持价格稳定的重要性。毫无疑问，这些坚定的预期，在很大程度上帮助美国在2008年金融危机期间和之后吸收巨额预算赤字，大规模注入官方流动性，同时又不唤醒通胀力量。

我的职业生涯给我的一个教训是，这样的成功可以为自己的毁灭埋下种子。我看到一个又一个国家，面对破坏性的通货膨胀，努力恢复稳定。然而在胜利在望之时，当局却放松了管制，接受了“小幅通胀”，希望刺激经济进一步增长，最终导致整个过程重新开始。拉丁美洲大部分地区经济政策的悲惨历史，提供了太多的例子。

美国不像拉丁美洲，拉美历史上经常发生通货膨胀，但美国确实面临着货币和财政政策的持续挑战。目前，虽然劳动力市场压力日益加大，长期的扩张和充分就业并未扰乱价格稳定，但这是货币政策的关键时期。

正如我之前所述的，已故的比尔·马丁以其央行的工作就是“在聚会渐入佳境时收走大酒杯”的名言而闻名。现实生活中一个残酷的事实是，很少有主人愿意过早地结束聚会——他们等待的时间太长，所以当风险变得明显时，真正的损害其实已经造成。

央行行长是“经济聚会”的主人。很多时候，货币限制——从来都不受欢迎——被拖延得太久。通货膨胀的过程开始后，挑战变得更加严峻。

今天，认识到需要监管通胀后，包括美联储在内，现代的中央银行已经达成了惊人的共识，即设置一个新的通货膨胀率政策“红线”：在精心设计的消费者价格指数中，2% 的增长率是可以接受的，甚至是可取的，但同时也是极限。

我对其原理感到困惑。多年前，在我的教科书里没有 2% 的目标或者限制。我不知道这有什么理论依据。同时作为目标与限制是很困难的。如果通胀率成功地保持在 2%，就意味着价格水平将在一代人多一点的时间内翻一番。

我确实知道一些实际情况。没有任何一个价格指数能够精确地反映只有 1/10 或 1/4 个百分点的消费价格的实际变化。商品和服务的不同种类、需求的变化、价格和质量的细微变化太过复杂，无法每月或每年进行精确计算。此外，价格存在随着经济增长或放缓而变化的趋势，在经济扩张时期价格会上涨一点，在经济放缓或衰退时期价格可能会下跌一点，但不是年复一年的横向波动。

然而，正当我写下这些文字时，随着经济增长和失业率接近历史低点，人们开始担心消费价格增长太慢——仅仅因为它比 2% 的目标低了 1/4 左右！这是否意味着要“放松”货币政策，或者至少推迟紧缩，即使是在经济充分就业的情况下？

当然，这是无稽之谈。央行行长是如何落入这样的陷阱的？赋予单一统计数据的微小变化如此大的权重，而这一统计数据本身又有其固有的弱点。

我想我知道根源了——这不是一个理论或深入实证研究的问题，而是有关部门在一个遥远的地方做一个非常实际的决定。

新西兰是个小国，以钓鳟鱼而闻名于世。因此，当我在 1987 年离开美联储时，我愉快地接受了其访问邀请。事实证明，在这方面我“被骗”了。在奥克兰下飞机后，我才得知捕鱼季节已经结束。早知如此，我就把我的飞蝇钓竿留在家里了。

但在其他方面，这次访问非常吸引人。新西兰的经济政策正在发生根本性的变化。多年的高通胀、经济缓慢增长和不断增加的外债，让人们转而支持自由市场，并在传统的左翼工党领导下猛烈抗击通胀。

这些变化包括将央行的重点缩小到一个单一目标：将通胀率降至预定目标。新政府将年通货膨胀率 0~2% 设定为中央银行的主要目标。目标的简洁性被视为其吸引力的一部分——没有借口，没有对冲，一个政策，一个工具。在一年左右的时间里，通货膨胀率下降到 2% 左右。

新西兰中央银行行长唐纳德·布拉什像旅行推销员，他有很多顾客。当我读到 1996 年 7 月联邦公开市场委员会会议上关于美联储“价格稳定”目标的讨论时，我想到了它在实践中的吸引力。珍妮特·耶伦当时问美联储主席艾伦·格林斯潘：“你如何定义价格稳定？”对我来说，他给出了唯一合理的答案：“一般价格水平的预期变化不会有效改变商业或家庭决策的状态。”

珍妮特坚持说：“能给我一个这种状态下的数字吗？”

所以，艾伦的一般原则在我看来是完全恰当的，最终被转化成了一个数字。毕竟，经过计量经济学训练的员工计算出来的那些回归模型必须是美联储的数据，而不是原则。

我明白，可以提出将 2% 作为“稳定性”上限的合理论点。有分析指出，官方价格指数往往夸大了价格的上涨，因为没有考虑到商品和服务质量会随着时间而改善。分析还指出，预期和行为是由商品的价格决定的，生产率提高和激烈竞争抑制了商品价格上涨，而不是由像教育和医疗这样的服务成本来决定的，其生产率的提高是缓慢的。

但同样真实的是，危险的种子就此埋下。这种看似精确的数字表明，随着情况的变化，可以通过更灵活的目标来微调财政政策。如果经济增长过于疲软，也许可以提高到 3% 来提供一点儿刺激？如果 3% 还不够，那为什么不能提高到 4% 呢？

我没有随便编制数字。我偶尔会读到美联储官员或国际货币基金组织经济学家提出这样的想法，而更多读到的是由经济学教授提出的。在日本，这似乎是新的信条。我还没有听到有人说，在经济强劲的情况下，或许应该降低通胀目标！

事实是，即使这是可取的，货币和财政政策工具也不允许这种程度的精确。屈服于“试水”的诱惑只会削弱对稳定的承诺，而这正是稳健的货币政策所需要的。

我的一些哈佛大学教授在很久以前就宣称，轻微通胀对就业是件好事。尽管诺贝尔经济学奖得主的研究和数十年的经验表明，事实并非如此，但这种古老的信念仍然存在。以新的、更复杂的形式，引发争论的似乎是对通货紧缩的恐惧。

通货紧缩，被定义为价格的显著下跌。如果它长期持续下去，那确实是一个严重的问题。在美国已经有 80 多年都没有发生过通货紧缩了。

的确，名义利率不可能大幅降到零以下。因此，这种观点认为，让我们保持“一点通胀”——即使是在经济衰退时期——作为一种保障，一种使“实际”利率为负的“走后门”方式。消费者将有动力在今天购买明天可能会更贵的产品；借款人将被引诱以零利率或低利率借款，在价格进一步上涨之前进行投资。

在我看来，这些观点都缺乏实证支持。然而，对通货紧缩的担忧，似乎已在官员和评论人士中变得普遍。甚至在 1984 年 7 月，当我和美联储的同事还在监控 4% 的通胀率时，《纽约时报》头版就刊登了一篇有关潜在通缩的文章。实际的通货紧缩是罕见的。然而，事实上，这种恐惧很容易导致无意中增加风险的政策。

历史讲述了这个故事。在美国，我们经历了几十年没有通货膨胀的良好增长——20 世纪 50 年代和 60 年代初，以及 20 世纪 90 年代直到 2000 年初。那些稳定的年份里出现了 8 次经济衰退，其中大多数都是短暂的，没有出现通货紧缩。

我们仅在 20 世纪 30 年代经历过一次严重的通货紧缩。2008—2009 年，人们有理由担忧出现通货紧缩。这两起事件的共同特征是——金融体系的崩溃。

我们不能指望在未来阻止所有的金融过度与衰退。这就是自由市场、金融创新和我们与生俱来的“动物精神”的历史模式。

对我来说，这个教训是非常清楚和深刻的。通货紧缩是金融体系严重崩溃时带来的威胁。在没有系统性金融动荡的情况下，即便是1975年和1982年的大衰退，缓慢的增长和周期性的衰退也没有带来这样的风险。

真正的危险，是来自鼓励或无意中容忍不断上升的通胀，以及极端投机和冒险的“近亲”，即在泡沫和过度行为威胁金融市场时袖手旁观。但具有讽刺意味的是，努力实现“轻微通胀”的“宽松货币”，作为一种防止通货紧缩的手段，反过来最终可能导致通货紧缩。

这就是货币政策的基本教训，它要求对价格稳定和金融体系进行审慎监督。这两项要求，必然促使和要求中央银行履职尽责。

稳健的金融

央行已经存在很长时间了。最初，它们是为帮助政府融资而设计的。它们还可以发行货币，并对其他银行提供一些纪律约束。亚历山大·汉密尔顿设立的短暂的美国国家银行就是一个例子。

由于人们担心东海岸的经济利益会扼杀各州的经济独立和增长，这一早期中央银行前身便失败了。直到1913年，在破坏性日益严重的银行业危机之后，美国才建立了一个真正的中央银行来发行货币，合理化银行存款准备金要求，向银行提供贷款，并实施国家监管。又花了20年的时间，这个新系统才充分发挥出潜在的活力。

联邦储备系统的结构被设计得这般复杂，而且一直维持这般是有充分理由的。作为一种政治妥协行为，该“体系”旨在平衡统一政策与地区利益、独立性与公共责任、政府管控与私人参与。

美联储有时也是一个有争议的机构，本质上也是如此。争论更多地集中在政策和权力上，而不是其独特的组织结构上。但是政策和组织又确实是不可分割的。

关键是“独立性”——这是在准备与卡特总统的第一次会面时，我在笔记上写下的第一点，这并不是偶然的。我写下的第二点是“政策”——应该如何行使这种独立性。

当需要实施限制性的货币政策和监督管理金融机构时，美联储必然会引起争议。这就是为什么这个体系需要保护，以抵御我所说的利益输送或党派政治压力。

与此同时，美联储无疑是政府的一部分。它的权力来源于国会“铸造货币并规范货币价值”的宪法义务。它不是服从于“总统命令”的行政机关的一部分，无论詹姆斯·贝克在 1984 年说过什么。

从实际情况来看，435 名众议员和 100 名参议员无法对中央银行的日常运作和政策决策负责。国会也不希望将这一权力交给总统。类似的考虑推动了其他所谓独立机构的创建，其中一些机构的历史比美联储还要久远。然而，没有一个机构在维护独立性的结构防范上，在多年来国会明确赋予的职责之广上，可与美联储相提并论。

· 美国联邦储备系统是自给自足的，运营收入充足。

· 7 名理事会成员的任期为 14 年，只有在“有理由”的情况下，他们才能被免职。

· 主席作为理事会成员之一，任期为 4 年。

· 12 家具有运营和一些政策职责的储备银行分布在全国各地。这种模式在今天看来有点儿奇怪，但在 1913 年，它在政治上是明智的。

· 这 12 家地区性储备银行的行长由每家银行的董事任命，并经美国联邦储备理事会批准。美国联邦储备理事会任命每个区域性储备银行董事会九名董事中的三名董事，其余六名董事由私人“成员银行”选出，但要求他们代表各种利益和经验。

这些在外表上看都很复杂。当一起吃饭的同伴天真地问“你是做什么的”时，你很难解释清楚。人们很容易想对其组织结构进行修补。我们真的需要 12 家储备银行吗？它们目前的布局（包括密苏里州的两家）合理吗？从技术上讲，单个储备银行仍由受美联储监管的私人成员银行所有，这在政治上不是很尴尬吗？美国政府问责局应该“审计”美联储，这一经常被提及的建议是否恰当？

我们每个担当过重任的人，对什么样的组织变革是合乎逻辑的都有自己的想法。但变革可能很快会成为一种威胁—— 一个“修补匠”邀请另一个“修补匠”。在看似无害的改革提议之下，其实隐藏着别有用心的动机。

国会中一些人经常要求政府问责局对联邦储备理事会和联邦公开市场委员会进行审计，真正意图是明确的。它不是监督业务效率和确保准确核算支出。联邦问责局已经对美联储的支出进行了审计，并私下对地区性联邦储备银行的支出进行了审计。不如说，这是一种对政策施加影响的游戏。

需要关注的大型的组织问题确实出现了，这不仅仅是对美联储而言，而是对所有参与银行和金融监管的机构而言。权力重叠、政策有时前后矛盾的一系列金融机构，都是“历史的意外”。货币监理署是在内战期间批准成立国民银行体系时成立的。1933年，在大萧条期间银行业崩溃后，州立特许银行受到联邦存款保险公司的监管。创建之初，美联储对其成员银行（无论是全国性的还是国家特许的）拥有同样的权力。直到20世纪70年代，它才获得了对所有银行控股公司的监管权。如今，这些公司拥有大型银行的所有权。美国证券交易委员会拥有监管独立投资银行的权力，即使是在银行控股公司内部，它也保留着对经纪人与代理商职能进行监管的职责，并对类似银行的货币市场基金进行监管。美国证券交易委员会和美国商品期货交易委员会都监管衍生品。保险公司受国家监管。包括对冲基金在内的一系列新金融机构都没有指定的监管机构。

谁在监督全局？

在2008年金融危机之前，最诚实的答案是：没有人。

由于在货币政策、银行控股公司和总体金融稳定方面的职责性质，美联储有时承担或试图承担主导角色，但这取决于特定的个性和兴趣。

在某种程度上，目前的答案是联邦稳定监督委员会，它于2010年创立了《多德－弗兰克法》。在财政部长的支持下，它旨在促进金融机构之间的一致性以及合作，但效果不太好。加强共同规则制定的努力是有价值的，但力度不够。重要的是，传统银行主导金融市场时所建立的监管体系，与现代金融的关键要素，即由交易、证券化和衍生品驱动的公司完全脱节。新的信贷实体履行类似银行的职能。企业债务水平正在不可逆转地上升，超出了现有监管的范围。

据我所知，没有任何机构主管、银行家和其他经验丰富的参与者不相信目前的体系存在严重的重叠和缺陷。它在监督和执行方面的过度和不一致，使金融系统容易受到操纵和崩溃。意识不到财政部长保尔森、盖特纳和主席伯南克在应对金融危机时的挫败感的人，是无法读懂他们的悲叹的。

那么该怎么办呢？ 尤其是我们该如何对待美联储？它在法律和实践中负有最广泛的责任。它独自管理货币政策，控制货币供应和影响利率。它直接参与了庞大的政府证券市场。为实现其政策目标，它几乎不受限制地进行买卖。它对大型银行控股公司拥有直接的监管权。它与外国货币政策和监管机构保持联系。在紧急情况下，它可以集结大量资源。

美联储在银行业和金融市场的参与范围，以及它被国会和公众视为“金融稳定的守护者”这一简单事实——使美联储的职责实际上已经超出了法律明确列出的职责范围，这是很自然的。

无论是在华盛顿，还是在地区性储备银行，美联储的人员配备都出现了增长，而且应该出现增长。这种增长已经超出了商业银行的监管范围，更广泛地对金融体系进行了监管。但是，非正式的监督，无论多么胜任，都不能等同于明确的职责和权威。美国联邦储备理事会领导层，无论是理事会还是地区性储备银行，有时都不情愿——甚至是反对——承担可能会削弱货币政策主要职责的监管努力。

美联储前主席珍妮特·耶伦的一则逸事再次说明了这一点。在对政府调查金融危机的证词中，她被提醒，作为旧金山联邦储备银行行长，她曾对次级抵押贷款的蔓延表示担忧。旧金山是一个热点地区，因此耶伦女士在相对较早的阶段就关注到在其他地方未被注意到的信贷过剩，这或许是很自然的。这也证明了地区性储备银行的重要性。

问题自然就来了："你对此做了什么？"简言之，答案是旧金山联邦储备银行没有权力。

那么华盛顿的美联储呢？它也没有注意到这一点，即使耶伦和其他一两个内部人士（悄悄地）提出了这个问题。

这些活动不是发生在美联储监管下的银行控股公司吗？是的，但通常是在非银行部门，如经纪自营商，这些领域的主要监管者是其他机构。

2010 年 11 月，耶伦在接受金融危机调查委员会工作人员采访时解释道："我们关注的是银行体系，我认为我们没有充分关注整个金融体系的风险。"

好吧！没过多久，次级抵押贷款就倾覆了整个金融体系！

作为奥巴马总统经济复苏顾问委员会主席，在讨论监管改革中，我有一席之位。我多次亲历金融危机，除了一致认同的需要更高的商业银行资本标准、对金融市场的广泛监管、由监管者来有序解决或关闭破产银行，并符合最终清算的要求，我有两个特别需要优先考虑的问题。

最有名的是所谓的“沃尔克规则”，它针对的是银行的自营（即非客户驱动）交易。这个简单的想法是，受益于联邦安全网保护的机构，不应该利用来之不易的公众的广泛理解和支持去进行投机。在危机期间，安全网的既定作用已经远远超出了为零售存款提供保险、为有偿付能力的银行提供美联储贴现。例如，问题资产救助计划允许财政部使用纳税人的钱来稳定金融机构，甚至是汽车行业。新规则将通过非正式监督来充实内容，前提是五个相关机构[1]可以就必要的法规达成一致。

政治现实是，每个机构都有自己的领导、员工、选区和国会委员会监督，每个机构对监督和执行都有不同程度的紧迫感。就沃尔克规则而言，经过五年时间，各方才达成一致，通过了一个长达数千页的监管规定。

我的另一个贡献更简单、更直接。我觉得需要督促和装备美联储，以有效和持续地履行其对金融体系稳定性的广泛责任。为确保大家的注意力，我提议，总统应该指定，国会也应该确认，

1　这五家机构分别是美联储、美国货币监理署、美国联邦存款保险公司、美国证券交易委员会和美国商品期货交易委员会。

美联储七名理事会成员中的一名担任负责监管的副主席。他或她将通过一份关于金融体系状况的半年度报告，直接向国会负责。

对美联储主席来说，这可能有点儿尴尬。然而，制定规则和监督的责任将继续由主席和理事会整体承担。关键是，让一名董事会成员依法明确负责监管，应该能确保整个系统不致逃避监督责任。

过了很长一段时间，这个职位才有人。兰德尔·夸尔斯先生，我很想看看你是如何应对这项工作的。

更广泛和更根本的组织问题是，如何解决机构之间的重叠和空白问题。

沃尔克联盟发布了一份报告，列出了一种可能的方法。它将把金融系统的监督职能合并为一个实体，其董事会将包括每一个有关机构的代表。这个新实体可能由美联储负责监管的新副主席领导，或与之密切相关。为保持制衡，规则的制定（监管职能）可能由美联储主导，并接受联邦稳定监督委员会或其他机构的审查和评论。

显然，还可以考虑其他一些方法。在金融危机爆发之前，当时的财政部长保尔森试图制定一种在某些方面类似的方法，也取得了一些成功。金融危机后，英国让英格兰银行负责新成立的审慎监管局，实质上是将日常监管权与货币政策紧密联系在一起。其他方法在欧盟内部也存在争议。

关键问题是，中央银行应在多大程度上承担监督、监管和管理的全部责任。有效性和效率需要巩固，也需要考虑到获得各种观点和制衡的必要性。然而，由于中央银行的内在利益在于市场稳定，它的监管和监督职责的范围，以及其相对独立于政治压力，决定了它不能也不可能合理地退出积极参与。

英国的经验是一堂生动的示范课。大约20年前，为恢复英国央行的业务独立性，它的监管权被赋予了一个新的姊妹机构。实际的结果是，人们未能及时认识到潜在的市场过度行为，以及一家鲜为人知但十分激进的银行倒闭时金融体系的脆弱。这令人遗憾。

英国政府迅速改弦更张，将监管职能完全重新置于英格兰银行的职责范围内。

最近，一位朋友向我指出，迄今为止，美联储在主要联邦机构中几乎是独一无二的，其基本组织和职责目前没有受到特朗普政府的威胁。

我想，多年来，美联储实际上一直受到国会和总统的尊重。在人们对政府的信任度低得危险的环境下，美联储仍保持着极高的可信度。就此而言，它是一项国家资产。

它不是不可问责的。

它不是没有错误的。

它确实需要国会的关注，以确保它有能力对其职责保持负责任的、有效率的管理。

而且，它确实需要远离党派政治。

总之，在动荡时期，它仍然是国家的一项宝贵资产。

良好的政府

良好的政府——这是一个今天我们不常听到的短语。

如果我们听到这一短语，可能会想到罗纳德·里根的格言："问题在于政府。"在结束这本书前，我可以非常肯定地说：我们引以为傲的民主政府，确实在各个层面都遇到了麻烦。

一次又一次的民意调查，已经传递出了这一信息。只有大约20% 的人相信，联邦政府在大多数情况下会做正确的事情。国会在民意方面的表现更糟。甚至法院和媒体，所谓民主政府的第四部门，也名声不佳。

这不仅仅是民意测验和民众观点的问题。著名的公共行政教授保罗·莱特在为沃尔克联盟撰写的一篇论文中指出，自 21 世纪初至今，美国政府表现出了 48 次非常明显的问题，其重要性足以引起全国媒体的极大兴趣。他的例子包括，本来可以预测"9·11"袭击，但事前没能协调已知情报；无法对新奥尔良卡特里娜飓风做出有效反应；墨西哥湾石油钻井平台检查不充分；在我从事的领域，无法在 2008 年崩溃前明白和预见金融系统的脆弱性。自他 2015 年发表论文以来，这样的例子不胜枚举。

我明白，在我们生活的这个复杂、相互依存的世界中，一些管理失误是不可避免的。政策间存在冲突。政治——粗俗的选举政治——会影响政府管理。但莱特教授的仔细分析指出了一些令人痛苦的结论。随着时间的推移，问题的数量可能还会增加，这可能是因为政府试图做的超出了其资源和能力所能承受的。这一趋势似乎存在于各届政府，无论是共和党还是民主党。原因千差万别：政策有时会被误解，财政和人力资源不足，负责任的组织在结构和领导力上都很薄弱。

我们不应该也不能容忍扩大公共管理严重失误的记录——如果我们想恢复对政府的尊重和信任，以及对政府使命的尊重，就不能这样做。

罗纳德·里根在指出政府的失败，并认为其规模过大时，也隐晦地承认，政府实际上是必要的。他当然支持为国家安全提供资源，军队和情报机构在联邦预算中所占的份额巨大。他没有发起结束社会保障或某种形式的医疗保险的运动。他也不想关闭疾病控制中心和国家卫生研究所等机构，这些机构保护我们免受流行病的侵袭，并为识别、治疗和预防疾病所需的研究提供资金。

我们可以也应该讨论政府的规模、职责范围，以及哪些项目值得融资。我们还需要一个有效和公平的税收制度，来为我们认为所需要的项目买单。

这些都关系到政治进程。一旦它们被决定，就应当由行政和管理来实施。200 多年前，亚历山大·汉密尔顿在他的《联邦党人文集》中指出：好的行政是好政府的关键。今天，不同以往的是：复杂性、迅速变化的技术、项目的多样性、政治和游说压力的强度等。

70 年前，我父亲遇到的地方政府问题比较简单，他以为公共服务和做好本职工作为荣。作为一名工程师，他将政府视为一门科学，一门需要严格训练、专业知识和严明纪律才能成功实践的科学。他的这种方法论很好地服务于他所在城市的市民和纳税人。

美国政府——地方、州和联邦各级——花费了接近我们总经济产出的 40%。如何识别我们的需求，以及如何有效地满足需求，这是一个巨大的挑战，它需要特殊的技能、复杂的技术，以及最重要的——良好的判断力。

为应对这一挑战，联邦政府如今雇用的人数与我 1962 年加入肯尼迪政府时的人数差不多。（与此同时，美国人口几乎翻了一番。国内生产总值和联邦支出已飙升至 1962 年的 30 多倍。）今天，政府的工作依赖于外购，或外包给私人企业和一些非营利组织，外包的项目既包括重复和常规的操作，也包括一些可以想象的最高的技术挑战——安全、空间、国民健康、环境等。

我们是否正在做我们能做的和必须做的，以合理地确保这些工作做得很好？

谁真正有能力判断哪些工作可以外包？哪些工作必须自己做？我们如何指导和监督成千上万的承包商？

当然，这需要教育、经验，而且最重要的是，对把事情做好的关注和重视。

以基础设施需求的直接挑战为例，我们对此说得很多，但做得很少。

我们应该建造或重建什么？

良好的公共政策和效率的提高，需要在多大程度上依赖联邦、州、地方和私人的共同努力？

我们有合适的经理人吗？他们接受过适当的培训和教育吗？

我们能对成本做出可靠的估计吗？

我担心，答案往往是否定的。

这并不是说，历届政府都没能在口头上表示改革的必要性。

根据我的经验，尼克松总统强调“依据目标进行管理”，这是当时商业顾问的时髦做法。

卡特总统称赞“零基”预算。

克林顿总统指派副总统戈尔进行一项更全面的“重塑政府”的工作。

乔治·沃克·布什进行了一次重大的结构性努力，将相关机构合并为一个新的国土安全部，但未能保持胜任要求的领导力。

一个世纪前，我们没有民意调查。政府更小，职责范围更小。以今天的标准来看，当时的技术相当“原始”。但是，对政府的抱怨可以追溯到共和国的诞生。有时，腐败削弱了人们对公平和能力的信心。最终出现了回应，通常是在几届政府中传播。

1881 年，詹姆斯·加菲尔德总统被暗杀，推动了公务员制度的改革。最早的独立机构可以追溯到 19 世纪。共和党人西奥多·罗斯福和民主党人伍德罗·威尔逊都对有效的政府持有强烈鲜明的观点，前者主要关注国家公园和反托拉斯政策等广泛问题，后者主要专注政府管理，尤其是美联储。20 世纪 30 年代的新政，以及 20 世纪 40 年代末和 50 年代杜鲁门总统和艾森豪威尔总统授意下的赫伯特·胡佛，在很大程度上建立了我们今天的组织和人员结构。

学校尤其是大学在“良好的政府”中扮演着重要角色。公共管理项目激增，尤其是在国家资助的大学，但在一些最古老和最成熟的大学也是如此。哈佛大学、普林斯顿大学、耶鲁大学——常春藤联盟的三巨头——得到了大批捐赠，以发展它们自己的新项目。

可悲的是，几十年来发展起来的那种活力和主动性，今天已经消失了。大学捐款和教授职位更有可能用于政策问题的讨论，包括对外交和国际事务或社会项目利弊的讨论和辩论。国家教育政策、国际合作和其他具有挑战性的课题，吸引了学者和学生的关注。但单靠政策，无论其构思多么高明，都无法解决问题。

我的请求很简单。

归根结底，好的政策取决于好的管理。

这是我在 2013 年创立的无党派的沃尔克联盟的核心信条和使命。通过赞助公共管理方面的研究，通过将领先的公务员和行政管理专家聚集在一起，我们希望探索在联邦、州和地方各级培养更高效的政府的新方法。

幸运的是，有证据表明，公共服务的挑战对至少一小部分有才华的年轻人仍然具有吸引力，这些人要么在政府部门工作不久，要么刚刚开始计划和设计职业生涯。他们有一个共同的担忧。

是否有相关的培训项目？

大学课程是否与新型需求相关？

甚至，在所需的方法和人才方面是否存在共识？

如何将包括大数据在内的新技术应用于管理问题？

什么应该自己做，什么应该外包？

鉴于今天的科技和生活方式，是否需要认真审视行政部门的架构？

在这本书的前面，我指出，对于我主持的两个国家公共服务委员会提出的实质性建议所得到的回应，我深感失望。在那些日子里，我们认为一场无声的危机正在酝酿。今天，我们所看到的危机已不再是平静的。

今天，在我们国家政治的喧嚣和愤怒中——政府信任遭受侵蚀，联邦、州和地方政府之间显然需要合作。技术引发了挑战——恢复人们对有效公共管理的兴趣，这一呼吁是否能得到回应？

展　望

不能自拔地，我带着深深的忧虑结束了这本书。

朝着开放的民主社会前进的浪潮——我曾经生活和服务的世界——似乎正在消退。

欧洲部分地区正在响应专制领导。

拉丁美洲一些国家正在努力建立持续强大的民主国家，但仍承受着经济反复崩溃的负担。

非洲和亚洲的巨大潜力经常被腐败这个“发展的毒瘤”削弱。

可能最重要的是，中国和俄罗斯似乎决定建立新型的经济和政治模式。

在美国国内，根深蒂固的经济、社会和文化分歧，已经侵蚀了人们对民主进程的信任。

对媒体和科学的攻击——实际上是对任何一种专业知识或既定事实的攻击——阻碍了我们的领导能力。

环境和移民政策的关键问题，还没有得到根本解决。

长期建立的贸易和国家安全机构，正日益受到威胁。

今天，也许是时候记住我们的国家曾经受到的挑战了。在我生命的 90 年里，我们经历了大萧条、世界大战、暗杀、在越南和中东等地的不必要的且效果适得其反的战争、恶性的种族关系、两位数的通货膨胀、恐怖袭击……

我的母亲于 1990 年去世，她活了将近 100 年。我记得，我在早些时候偶尔感到绝望时，曾向她哀叹：“我们引以为豪的国家将走向何方？为什么我们不能把事情做好？”

她对我的回答，仍然是唯一令人信服的答案：

“美国是世界历史上有着健全法律制度的民主国家。在 200 年的时间里，它经历了很多，却仍然存活了下来。

回去工作吧。”

实至名归的赞誉

在这本书中，我把总统、内阁秘书、主席、老板、同事和员工的名字一一列举了出来，他们中有些是名人，有些不是名人。不论是在政府部门还是在私营部门，很多人都成了我的亲密朋友。

在此，我要特别感谢在我从政生涯的关键时刻与我并肩奋战的一些人，他们大多数是长期供职的公务员，都致力于有效的政府治理。

有两个人曾陪伴我超过我职业生涯中的多半时间，但在2017年，我永远失去了他们——迈克尔和杜威。

迈克尔·布拉德菲尔德

大约50年前，当我还是美国财政部副部长时，迈克尔·布拉德菲尔德被任命为我的负责国际事务的总法律顾问助理。十年后，他以总法律顾问的身份加入美联储，建立了一个强大的部门，证明了他在监管和国会事务的顾问中不可或缺。他实际上推进了我领导的关于瑞士银行对待第二次世界大战后大屠杀受害者存款账户的调查。他后来合法化地组织了沃尔克联盟。我开始依赖他作为一名值得倚重的顾问，处理一些非常规事务，以及家庭法律问题。

杜威·达恩

我与杜威·达恩的关系更长久，始于 1962 年，他担任我在财政部时期的直属上司。他比我大十岁，比我更早毕业于哈佛大学利托尔学院公共管理研究生院。他在担任美联储理事的漫长岁月中，成了我特别亲密的朋友。我们一起参加了很多国际会议，多到我数不过来。他喜欢“理事长”这个头衔，这个头衔有时会让他得到比副部长更好的航空公司座位。杜威从美联储退休后，我们一家继续与杜威保持一些生活上的往来。杜威和他深爱的妻子芭芭拉在田纳西州的纳什维尔，一起度过了最后几十年的银行业和学术生活。

最优秀的公务员

比尔·泰勒于 1992 年英年早逝，享年 53 岁。在我看来，他作为联邦存款保险公司董事长的职业生涯正处于巅峰。当时的这一任命肯定了他在美联储内部和外部的地位，即华盛顿首屈一指的银行监管者。当我升任美联储主席时，我很幸运地与他共事，共同应对一场又一场金融危机。应美国财政部长尼古拉斯·布雷迪的要求，他帮助解决了20世纪80年代末的储贷危机。他以机敏的才智和非凡的领导力，教会我们认识和理解超越教科书和经济理论的金融世界。

两位长期供职于美联储的工作人员——前美联社记者乔·科因和受过耶稣会训练的唐·温恩——保护我以免在媒体和政界人士面前出现失态。除此之外，他们每个人都以自己的方式提醒我，要避免我们这些身居高位的人在面对敌对的媒体或国会时反复出现的含混其词（甚至搪塞）的诱惑。这是公务员的最佳状态。

杰瑞·科里根和我一起度过了许多关键的时期，包括我重返纽约联储，此后担任美联储主席，以及抗击通胀的努力达到了顶峰的时期。随着金融危机接踵而至，杰瑞有一种天赋，即在面对不确定性、政治攻击和游说压力时，能迅速采取行动，做出有力而令人信服的应对，这在受过学术训练的经济学家中，是非常罕见的。在他担任明尼阿波利斯储备银行行长的几年里，我们仍会抽时间在一起，我介绍他在落基山脉飞钓。落基山脉是他辖区的一部分！

他最辉煌的数个小时到来的时候更晚一些。在1987年的“黑色星期一”这一天，股票价格下跌了20%以上。作为纽约联储行长，他鼓励（甚至要求）银行加强对货币市场的支持。那时我已经离开美联储，因此只能赞叹地看着。

在我任职期间，斯蒂芬·阿克西尔罗德、萨姆·克罗斯、特德·杜鲁门——联邦储备理事会和财政部的核心官员——每一个人都代表着一种献身精神，以及我对最高水平的公务员的满意和信任。

我怎么可能忘记在我华盛顿办公室门外坐了八年的凯瑟琳·马拉尔迪呢？她是自由裁量、效率和奉献精神的体现，是长期供职的年轻女性（第二次世界大战期间，她们在十几岁时第一次来到华盛顿）中最优秀的。

公务之外

我不可能记录下，在漫长的私人生活中，所有和我一起工作、和我成为朋友，甚至提出建设性反对意见的人。

詹姆斯·沃尔芬森通过自己创办的投资银行精品业务，提供了一条回归私人金融的良好的过渡途径。我和他一样为沃尔芬森公司的经营方式感到自豪。小型的合作伙伴团队，包括高级合伙人、初级合伙人和分析师，都反映了经营的质量，现在仍然如此。我不能一一列举合作伙伴团队，但我赞赏他们。

对于迪克·拉维奇和他的亲密伙伴唐·赖斯，我能说些什么呢？当我离开投资银行时，他们拯救了我，并邀请我加入洛克菲勒中心的一间小办公室套间。20 多年后，我坐在同一张椅子上，很快就了解到，多年来，迪克已经认识了纽约市和纽约州——以及许多其他州——所有具有政治影响力的人物。他曾经管理扩大后的大都会运输署一些年，在那段时间里，火车（几乎总是）准点运行。他是管理濒临破产的纽约市的关键人物。在这个国家，没有人比他更关心城市和州财政承受的巨大压力，这些压力遍及美国各地，现在又蔓延到波多黎各。

厄尼·卢扎托一直负责我所有的个人法律事务至少有30年，有时也负责复杂的税务工作。对此我感激不尽。

本书前文描述了在里德·莫登的领导下，参与石油换食品项目调查的全体工作人员那高昂的士气和充沛的精力，但没有叙述前任美国地区助理检察官马克·卡利法诺、休·林格尔、迈克尔·科尔纳基亚以及现任美国地区法院法官杰弗里·梅耶的责任感。他们贡献了才智、精力和经验，从而使我们的报告兼具意义和准确性。他们让我认识到纪律严明的人才的重要性，以及依据法律程序中正确掌握事实的重要性。

在我看来，还有两位年轻人具备我们未来所需要的才能、精力和判断力，是典型的榜样。

托尼·多德，在我印象中，他仍然是个年轻人。30年前，我在沃尔芬森公司以副总裁的身份遇到了他。他不止一次地强烈建议我不要在伯克郡购买一家陷入困境的飞行商店，从而拯救了我。20年后，他读到我在大选前与贝拉克·奥巴马的关联，并自愿提供帮助。大选后，他是我在总统经济复苏顾问委员会的重要助手，在与政府、国会工作人员和金融业高管沟通方面，他比我遵守纪律得多。他不知疲倦地投身于谈判和起草重要的法律条文。后来，他与迈克尔·布拉德菲尔德共同发起了沃尔克联盟。如今，他将自己的企业家才能应用到私营企业，发挥着不可或缺的作用。他天生的公共服务意识和在西点军校磨炼出来的纪律性将永远伴随他，我相信有一天他会在政府高层任职。

芝加哥大学年轻的经济学家奥斯坦·古尔斯比正是将我首次引向贝拉克·奥巴马的人。在我担任经济复苏顾问委员会主席期间，他与我携手，并以幽默和通情达理的态度度过了在华盛顿的时光。他教书、写作、交流，而我们需要他重返公共服务岗位。

沃尔克联盟

2018 年，我们不能对国家的未来坐视不管，我们尤其对公共服务的状况产生了强烈的担忧。公众对政府的态度中，渗透着不信任和敌意。在饱受抨击的官僚机构中，无论是在国会还是在关键的行政职位上，都有太多的精英过早地离开了，他们怀疑自己的声音能否被听到，也怀疑自己的目标能否实现。

这种情况需要改变，却并不容易改变。

出于这样的担忧，我决定组建一个基金会，并赋予其一项不可能完成的使命：我们能否激励其他人——尤其是涉及公共政策、管理和行政方面的学院——重新思考政府应该如何回应 21 世纪的需要？

当前，这个小团队在汤姆·罗斯的带领下努力工作，他以自己在家乡北卡罗来纳州担任法官和教育领导的长期以来的光荣经历，为团队注入了动力。保罗·莱特和唐纳德·凯特尔两位团队领导，过去曾与我共事，现在又作为高级职员的顾问再次共事。比尔·格拉斯高尔和高拉夫·瓦西希特参与州和地方管理及金融改革，并且设计了完整的议程。艾米莉·博尔顿曾一度在芭蕾舞和公共服务之间徘徊，她目前致力于让政府有效地工作。她曾协调石油换食品项目和世界银行问题的调查，现在她在沃尔克联盟帮助“世界运转”。

致 谢

致谢（acknowledgment）是一个较长的四音节词，但还不足以表达我对合著者的感激之情。克里斯蒂娜·哈珀自始至终与我一起写作此书，她鼓励我、督促我、训练我，并对一些事实进行澄清，对一些讹误进行纠正，而且具备训练有素的、出色的写作能力。

她主动辞去了彭博社新闻高级财经编辑的职务，几乎是带领着我写作。写作中一定要搞清楚事实，而不是依赖我那正在衰退的记忆，比如B是否发生在A之后，或者相反。记忆是脆弱的，因此，需要与另一名参与者核对这些往事。

一年后，我几乎把克里斯蒂娜看成家里的一员，她就像我的一个妹妹。她认为，我的公仆父亲是真正的英雄。我希望，完成的作品能够很好地体现出她的贡献，并让她回到彭博社令人满意的高级职位。我可以肯定她在彭博社能够受到广泛的尊重。

今天，我的助手梅拉妮·玛莎拿来了一份完成的手稿，把我几乎难以辨认的手写字转换成可读的文字，并以某种方式确保克里斯蒂娜的修改内容被如实反映出来。梅拉妮很快就要开始从事城市规划工作，她在管理我的办公室和时间方面发挥了重要的作用，我祝她在新的事业中一切顺利。

如前所述，在撰写本书的过程中，我获得了许多人的帮助，他们不辞辛劳地阅读了我的全部或部分手稿，以帮助我修正记忆。为此，我特别要感谢查克·鲍舍、雅克·拉罗西埃、约翰·迪路莱、托尼·多德、埃德温·格雷、朱达·格里贝茨、史蒂夫·哈里斯、弗兰克·海多斯基、唐纳德·科恩、里德·莫登、比尔·罗兹、汤姆·塞登斯坦和特德·杜鲁门。

我很幸运曾在编辑拉里·马尔金的帮助下，于1992年出版了我与行天丰雄的《时运变迁》一书，该书讲述了我在职业生涯早期的一些经历。那本书，连同约瑟夫·特里斯特和威廉·西尔伯为我写的精彩传记，都是本书的有益参考。此外，杰弗里·梅耶和马克·卡利法诺关于石油换食品项目调查的书《善意的腐败之殇》也是有益的参考。

纽约联储的肯尼思·加贝德和伊丽莎白·霍姆奎斯特在追踪不易找到的经济数据方面，不遗余力地提供了帮助。

在普林斯顿大学马德图书馆，档案管理员丹尼尔·林克和萨拉·洛格在保存我的论文方面发挥了重要作用，并帮助我完成了为这本书梳理相关论文的过程。随着我的论文增多，可能他们还会增加几个文件箱。

我的外甥女维多利亚·斯特赖特费尔德花时间分享了她母

亲、我妹妹弗吉尼亚保存下来的珍贵信件、照片和其他文件，它们勾起了我的回忆。她的哥哥安迪也提供了照片，并努力制作了一套关于我和沃尔克联盟的纪录片，帮助人们认识公共服务的挑战和满足感。

我的两个孩子，贾尼丝和吉米，从他们忙碌的生活中抽出时间来交流一些很久以前的事情，他们对这些事情记得比我清楚。我很感激他们这么做，但更重要的是他们丰富了我的生活。我是一个无比自豪的父亲、祖父（有三个有成就的孙子和一个有前途的孙女），我现在还成了曾祖父。

我不知道是该感谢还是“埋怨”公共事务出版社（PublicAffairs）的创始人彼得·奥斯诺斯的倡议，因为该倡议唤起了人们对“旧”时代的一些记忆。我在他的帮助下出版《时运变迁》已经过去了近30年。在彼得提出这个想法以前，我没想过要写这本书。他说服我的原因是，让克里斯蒂娜·哈珀作为合著者，同时让约翰·马哈尼和公共事务出版社的顶尖团队来编辑出版这本书。

注释

引言 睿智的老鹦鹉

003. “施善政的能力和意向”。Alexander Hamilton, James Madison and John Jay, *The Federalist Papers*（New York, New American Library of World Literature, 1961）, 414.

003. “民意调查显示，只有20%以下的美国人”。Pew Research Center, “Public Trust in Government: 1958–2017,” http://www.people-press.org/2017/12/14/ public-trust-in-government-1958-2017/.

第一章 成长

007. “治理是一门科学”。“1st City Manager in Jersey to Quit,” *New York Times*, July 26, 1948, 9, https://timesmachine.nytimes.com/timesmachine/1948/07/26/85298535.pdf.

008. “他在纽约市布鲁克林区度过童年”。保罗·沃尔克退休晚宴上的节目，现在仍然可以在镇上的网站上找到：http://www.teaneck.org/virtualvillage/Manager/volcker.pdf。

008. “作为这个职位的首位官员”。“Paul A. Volcker for Municipal Manager of Cape May City,” *Lebanon Daily News*, March 25, 1925, 1.

009. “所有开普梅少女都不应该……”。当时我父亲的一句名言是：“我们无法看到来自其他沿海城市和内陆地区最迷人的年轻女性，其中许多人都只是孩子，被送去大西洋城或其他城市，一年一次，被一群好奇的人衡量、评价和注视。”“Beauty to Stay Home,” *Wilmington Morning News*, June 12, 1925, 7。

010. “不要听任你的善良本性”。原话出自1777年1月9日华盛顿给乔治·贝勒上校的一封信，https://founders.archives.gov/documents/Washington/03-08-02-0018。

011. “《星期六晚邮报》还刊登了题为‘蒂内克市没有犯罪活动’的报道”。Edward T. Radin, “There's No Crime in Teaneck,” *Saturday Evening Post*, July 28, 1945, http://www.tea neck.org/virtualvillage/police/no_crime_in_teaneck.htm.

011. “被美国陆军……选为模范城市”。Kalman Seigel, “Teaneck on Film as Model Town,” *New York Times*, September 22, 1949, 28, https://timesmachine.nytimes.com/timesmachine/1949/09/22/84279327.pdf.

014. “有一天他从学校把我带了出来”。这是我的老师比尔·摩尔在1984年的一次口述历史采访中提到的：“嗯，小保罗高中的时候在我的217班里。有一次他旷了一天课。第二天他带来了一张平常的家长纸条，不过这封信来自市政经理，而且是用打字机打出来的，显得有点儿不同寻常，上面写着：‘亲爱的摩尔先生，请原谅保罗昨天没有去上学。我带他去钓鱼了。我认为钓鱼一天抵得上在蒂内克高中的一天。’一开始我不知道该怎么办。我们班主任不会把这样一张纸条给别的教师，告诉他们：‘请原谅，他去钓鱼了。’但我还是原谅了保罗。从那以后我一直很高兴。首先，我开始相信沃尔克先生是完全正确的；其次，保罗仍然喜欢去钓鱼，我认为保罗和他爸爸一起钓鱼的一天的价值相当于在蒂内克高中的一天。” http://www.teaneck.org/virtualvillage/OralHistory2/moorewilliam.html.

015. “在比弗莱克湖，我从电台里听到……的演讲”。John Drebinger, “61, 808 Fans Roar Tribute to Gehrig,” *New York Times*, July 5, 1939, 1, https://timesmachine.ny times.com/timesmachine/1939/07/05/112698231.html? pageNumber=1.

016. “那一届学生都是当时女子学院的精英”。她的一位同学后来嫁给了罗斯福的财政部长小亨利·摩根索。

第二章 接受教育

023. “为在政府任职的人提供培训和教育”。表格4653，“Notification Concerning Foundation Status”，由Charles Robertson于1970年8月20日签署。被下文引用：Doug White, *Abusing Donor Intent：The Robertson Family's Epic Lawsuit Against Princeton University*（Paragon House, 2014），96。

023. “20年之后，它又改为”。Karin Dienst, “Princeton's informal motto recast to emphasize service to humanity,” October 24, 2016, Princeton University website：https://www.princeton.edu/news/2016/10/24/princetons-informal-motto-recast-emphasize-service-humanity.

026. “杜鲁门总统记得……他觉得受骗了”。Federal Reserve transcript of the Federal Open Market Committee's January 31, 1951, meeting, p. 24, https://www.federalreserve.gov/monetarypolicy/files/FOMChistmin19510131.pdf.

031. “和威利·费尔纳”。费尔纳是来自卫斯理大学的客座教授。他给我留下了深刻的印象。不同于许多本校教授，他对一个被广泛接受的经济学说提出了疑问。他认为，在经济理论中明显存在一些问题，包括利率分析等。关于这些问题，即便他作为一流的学者，也不了解问题的答案。

031. “我们都亲历了这个时代巨大的经济悲剧……最终导致了战争”。Associated Press, “Morgenthau's Talk to Monetary Conference,” *New York Times*, July 2, 1944, 14, https://timesmachine.ny times.com/timesmachine/1944/07/02/85184564.pdf.

033. “以地方政治腐败而‘闻名’”。当时，堪萨斯城因其彭德格斯特政治机器的力量而臭名昭著。

第三章 早期经历

043. “在聚会渐入佳境时收走大酒杯”。在1955年这篇演讲的倒数第二段中，他把这个想法归功于另一位身份不明的作家。参见 https://fraser.stlouisfed.org/scribd/?item_id=7800&filepath=/files/docs/ historical/martin/martin55_1019.pdf。

044. “比我矮一些”。根据米尔顿·维奥斯特的记录，弗里德曼身高 5 英尺 3 英寸（约 1.6 米）。参见 “friedmanism, n. doctrine of most audacious U.S. economist, esp. theory ‘only money matters,’” *New York Times*, January 25, 1970, 196, https://www.nytimes.com/1970/01/25/archives/freidmanism-n-doctrine-of-most-audacious-us-economist-esp-theory.html。

044. “很多年后……我试图阐明货币约束是有力打击通货膨胀的关键”。1979 年 9 月 12 日，保罗·沃尔克写给米尔顿·弗里德曼的信，保存在普林斯顿大学马德图书馆，1979 年 9 月卷宗，Box 1，MC279。

044. “当从报道中看到”。Simon London, “Lunch with the FT, Milton Friedman : The Long View,” *Financial Times* magazine supplement, issue no. 7, June 7, 2003, 12–13.

046. “任职于美国战略情报局”。查尔斯·金德尔伯格——著名经济学家，1978 年出版书籍《狂热、恐慌和崩溃：金融危机的历史》（*Manias, Panics, and Crashes : A History of Financial Crises*）——在向哈利·杜鲁门图书馆口述历史时，描述了他领导下的美国战略情报局的经济学家的独特性（罗莎曾在该办公室工作）。参见 https://www.trumanlibrary.org。

047. “交易对手本身是值得信任的专业群体”。关于一级交易商的历史，美联储有一篇研究论文：https://www.newyorkfed.org/medialibrary/media/research/staff_reports/sr777.pdfﬀa=en。

052. “合并后的大通曼哈顿银行”。美国银行虽然获加州政府批准在全州范围内设立分行，规模庞大，但却被贬损为一家披着商业银行外衣的储蓄银行。

054. “理事会的综合报告”。该报告于 1961 年 6 月提交给约翰·肯尼迪总统。John F. Kennedy : “Remarks to the Members of the Commission on Money and Credit,” June 19, 1961. Online by Gerhard Peters and John T. Woolley, American Presidency Project, http://www.presidency.ucsb.edu/ws/? pid=8195.

056. “但那并不是我的兴趣所在”。有一天，一位比我资深得多的同事问我：“你认为你可以去银行的哪个位置？”他无疑把目光投向了未来的大通银行领导层。当时我的榜样是花旗银行强大的经济部，那里有三位在行业里备受尊重的人，其中一位是银行的副董事长。因此，我的回答是，我可能想成为银行的副董事长，而不是一名主管、咨询师或者顾问。在一个有很多决定要做的大机构里，这将是一个名利双收的角色。

第四章　前往华盛顿

059. “国家正在经历国际收支赤字”。美国在 20 世纪 50 年代的大部分时间都存在收支逆差。但外国政府愿意持有美元，并将相对较少的美元兑换成黄金。当外汇在 1958 年实现自由兑换时，更多的资本转移到海外以赚取更高的利率，且外国中央银行要求将流入的美元兑换成黄金。参见 Federal Reserve Bank of St. Louis, “The United States Balance of Payments,” March 1961, https://fraser.stlouisfed.org/files/docs/publications/frbslreview/rev_stls_196103.pdf/。

059. “他不会让美元贬值”。Wayne Phillips, “Kennedy Pledges He Will Maintain Value of Dollar,” *New York Times*, October 31, 1960, 1, https:// timesmachine.nytimes.com/timesmachine/1960/10/31/105454271.pdf.

060. “华盛顿的工作机会”。我的任命于 1961 年 12 月 28 日宣布，任期始于 1962 年 1 月 8 日。Associated Press, “Fiscal Job Filled,” *Wilmington Morning News*, December 29, 1961, 29.

060. “例如 5% 的经济增长目标”。肯尼迪的经济顾问委员会主席沃尔特·赫勒后来回忆，肯尼迪在 1960 年 10 月向他提出的第一个问题是，他们能否真正实现竞选期间承诺的 5% 的增长目标。JFK Library, Council of Economic Advisers Oral History interview, JFK#1 08/1/1964, https://archive1.jfklibrary.org/JFKOH/Council%20of%20Economic%20Advisers/JFKOH-CEA-01/JFKOH-CEA-01-TR.pdf.

061. “总统在新闻发布会上阐述了税收计划”。肯尼迪总统于 1962 年 6 月 7 日召开的记者招待会全文参见 http://www.presidency.ucsb.edu/ws/index.php? pid=8698&st=&st1=。John F. Kennedy : “The President’s News Conference,” June 7, 1962. Online by Gerhard Peters and John T. Woolley, American Presidency Project, http://www.presidency.ucsb.edu/ws/? pid=8698.

062. “美国的黄金储备为 200 亿美元”。该数据来自美联储月度公报所载的“央行和政府的黄金储备”，和美联储的“银行业和货币统计数据：1941—1970 年”的图表 15.1“对外国机构的流动性和非流动性负债，以及对所有其他外国人的流动性负债”。上述数据均发布在圣路易斯联邦储备银行的 FRASER 上。

063. “财政部得到了肯尼迪总统的实际支持”。肯尼迪曾经告诉他的顾问，国际收支赤字和核战争是他最担心的两件事。根据 Arthur M. Schlesinger Jr. in *A Thousand Days : John F. Kennedy Jr. in the White House*（Houghton Mifflin Co., 1965, 652–665）。

064. “利息平衡税”。John F. Kennedy : “Special Message to the Congress on Balance of Payments,” July 18, 1963. Online by Gerhard Peters and John T. Woolley, American Presidency Project, http://www.presidency.ucsb.edu/ws/? pid=9349.

065. “通常存放在纽约的美元存款”。Clyde H. Farnsworth, “City of London Regains Status as Market for Raising Capital,” *New York Times*, November 2, 1963, 45, https://timesmachine.nytimes.com/timesmachine/ 1963/11/02/89971248.pdf.

065. “当时副部长的年薪”。Adren Cooper, Associated Press, “3½ Years of Robert V. Roosa Won’t Be Easily Forgotten,” *Cincinnati Inquirer*, December 6, 1964, 14D.

068. “我们要提出一个方案”。事实上，在约翰逊总统连任一年后，他签署了 1965 年的《高等教育法》。Lyndon B. Johnson : “Remarks at Southwest Texas State College Upon Signing the Higher Education Act of 1965,” November 8, 1965. Online by Gerhard Peters and John T. Woolley, American Presidency Project, http://www.presidency.ucsb.edu/ws/? pid=27356.

069. “他给了我一个长篇演讲的草稿”。“Remarks by Fowler on the International Monetary System,” *New York Times*, July 11, 1965, 57, https://timesmachine.nytimes.com/timesmachine/1965/07/11/101555669.pdf.

071. “对此表示遗憾”。Lyndon B. Johnson, “Statement by the President on the Raising of the Discount Rate by the Federal Reserve Board,” December 5, 1965. Online by Gerhard Peters and John T. Woolley, American Presidency Project, http://www.presidency.ucsb.edu/ws/? pid=27395.

072. “引人注目的新大通大厦的办公室里”。这座大楼高 813 英尺（约 248 米），在 1961 年启用时是世界第六高楼。Charles Grutzner, “Chase Opens 64-Story Tower,” *New York Times*, May 18, 1961, 24, https://timesmachine.nytimes.com/timesmachine/1961/05/18/101463880.pdf.

第五章 “世界上最好的工作”

077. “那份备忘录（落款日期为 1 月 21 日）”。备忘录参见 https://www.nixonlibrary.gov/virtuallibrary /documents/nssm/nssm_007.pdf。Memo：Henry Kissinger to Secretaries of State, Treasury, Chairmen of the CEA and Federal Reserve, National Security Study Memorandum No. 7; January 21, 1969; Richard Nixon Presidential Library and Museum, Yorba Linda, California。

080. “会议时间并没有延长”。会议结束后，肯尼迪宣布我和查尔斯被提名，并发表声明称，美国不会寻求改变黄金价格。Edwin L. Dale Jr., “Treasury’s Chief Rules Out Change in $35 Gold Price,” *New York Times*, January 23, 1969, 1. 其他报道称，他保证美国将采取行动遏制通货膨胀。John R. Cauley, “Vows Drive on Inflation,” *Kansas City Times*, January 23, 1969, 1.

080. “在华盛顿一场由美联储主席马丁主持的紧急会议上”。Edwin L. Dale Jr., “7 Nations Back Dual Gold Price, Bar Selling to Private Buyers,” *New York Times*, March 18, 1968, 1, https://timesmachine.nytimes.com/timesmachine/1968/03/18/79937229.pdf.

081. “将法郎的疲软归咎于”。Henry Tanner, “De Gaulle Orders Austerity Plan, Wage-Price Freeze, Budget Cuts；Blames Spring Strikes for Crisis,” *New York Times*, November 25, 1968, 1, https://timesmachine.nytimes.com/ timesmachine/1968/11/25/76972133.pdf.

081. “5 个月后”。Henry Tanner, “De Gaulle Quits After Losing Refer- endum；Senate Leader to Serve Pending Election,” *New York Times*, April 28, 1969, 1, https://timesmachine.nytimes.com/timesmachine/1969/04/28/ 90099539.pdf.

082. “他在学术上的主要反对者”。他们于 1967 年的辩论被华盛顿的美国企业研究所记录在一本书中。Milton Friedman and Robert V. Roosa, “The Balance of Payments：Free Versus Fixed Exchange Rates,” Washington, DC, American Enterprise Institute for Public Policy Research, 1967.

082. “学术界已经对这些想法进行了很多讨论”。Clyde Farnsworth, “U.S. Scores Idea of Money Reform,” *New York Times*, February, 13, 1969, 63, https://timesmachine.nytimes.com/timesmachine/1969/02/13/77439795.pdf.

083. “美国剩余的黄金储备”。数据来源于联邦储备系统理事会的“银行和货币统计：1941—1970 年” 和 1969 年 7 月的美联储公报。https://fraser.stlouisfed.org/scribd/?toc_id=333555&filepath=/files/docs/publications/FRB/1960s/frb_071969.pdf&start_page=144.

083. “法郎确实贬值了”。Clyde H. Farnsworth, “Franc Is Devalued to 18C,” *New York Times*, August 9, 1969, 1, https://timesmachine.nytimes.com/times machine/1969/08/09/78389549.pdf.

084. “做了一次很长且复杂的陈述”。参见摘要 https://history.state.gov/historical documents/frus1969-76v03/d130. Foreign Relations of the United States, 1969–1976, Volume III, Foreign Economic Policy ; International Monetary Policy, 1969–1972, Document 130。

085. “我们成功了，但是数量降低了”。Edwin L. Dale Jr., “I.M.F. Nations Vote for ‘Paper Gold’ as a World Money,” *New York Times*, October 4, 1969, 1, https://timesmachine.nytimes.com/timesmachine/1969/10/04/81867494.pdf.

087. “如果他们不愿意接受艾奥瓦州的牛肉”。这句话及其反日的贸易保护主义情绪，成为他后来在 1980 年总统竞选中（落选）一个突出的特点。Paul Burka, “The Truth About John Connally,” *Texas Monthly*, November 1979, https://www.texasmonthly.com/politics/the-truth-about-john-connally/.

088. “阿瑟·伯恩斯在日记里”。Robert H. Farrell, ed., *Inside the Nixon Administration : The Secret Diary of Arthur Burns, 1969–1974*（University Press of Kansas, 2010）.

088. “5 月初”。Clyde H. Farnsworth, “Germans Decide to ‘Float’ Mark in Money Crisis,” *New York Times*, May 9, 1971, 1, https://timesmachine.ny times.com/timesmachine/1971/05/09/91298207.pdf.

088. “任何问题的解决”。 Paul Volcker and Toyoo Gyohten, *Changing Fortunes*（Times Books, 1992）, 74–75.

089. “金融界很快意识到”。Clyde H. Farnsworth, “Connally Tells Bankers U.S. Will Defend Dollar,” *New York Times*, 28, May 29, 1971, 28, https://www.nytimes.com/1971/05/29/archives/connally-tells-bankers-us-will-defend-dollar-burns-also-at-munich.html.

089. “经过多次内部辩论后”。James M. Naughton, “Nixon Vetoes a Works Plan ; Bars Tax Cut,” *New York Times*, June 30, 1971, 1, https://www.nytimes.com/1971/06/30/archives/nixon-vetoes-a-works-plan-bars-tax-cut-confidence-cited-connally-to.html.

089. “他在 8 月初对我说”。康纳利与尼克松在白宫的讨论记录以录音形式保存，可在 https://history.state.gov/historicaldocuments/frus1969-76v03/d164 找到。Foreign Relations of the United States, 1969–1976, Volume III, Foreign Economic Policy ; International Monetary Policy, 1969–1972, Document 164.

090. “活跃分子和雄心勃勃的亨利·罗伊斯”。Edwin L. Dale, “Devalued Dollar Is Asked in Study,” *New York Times*, August 8, 1971, 1, https://www.nytimes.com/1971/08/08/archives/devalued-dollar-is-asked-in-study-congress-unit-sees-benefits-in.html.

091. “两个月前”。Edwin L. Dale Jr., “Shift in Monetary Set-Up Is Pro- posed in House,” *New York Times*, June 4, 1971, 45, https://www.nytimes.com/1971/06/04/archives/shift-in-monetary-setup-is-proposed-in-the-house-reuss-resolution.html.

091. “他匆忙返回”。他们讨论的记录可以在 https://history.state.gov/historicaldocuments/frus1969-76v03/d165 找到。Foreign Relations of the United States, 1969–1976, Volume III, Foreign Economic Policy ; Inter national Monetary Policy, 1969–1972, Document

165.

092. “所有这些讨论……进行了详细描述”。William Safire, *Before the Fall : An Inside View of the Pre-Watergate White House*（Doubleday, 1975）.

093. “为征收进口附加费的行政命令找到法律依据”。Richard Nixon：“Proclamation 4074—Imposition of Supplemental Duty for Balance of Payments Purposes,” August 15, 1971. Online by Gerhard Peters and John T. Woolley, American Presidency Project, http://www.presidency.ucsb.edu/ws/? pid=107023.

093. “国务院没有派代表出席”。在 1971 年 8 月 2 日的白宫录音中，尼克松告诉康纳利，这个潜在项目的任何海外磋商都应该由基辛格来处理：“在任何情况下，国务院都不能参与协商，因为该机构代表外国政府。” Foreign Relations of the United States, 1969–1976, Volume III, Foreign Economic Policy ; International Monetary Policy, 1969–1972, 455, https://history.state.gov/historicaldocuments/frus 1969-76v03/d164.

094. “后来据我所知，没有人真正关心这条遗漏”。不过，美国和加拿大经济官员在 1971 年 12 月 6 日就“贸易刺激”问题进行了广泛的讨论，其中包括修订加拿大和美国汽车贸易协定。

第六章 货币改革受挫

097. “声称用‘大胆的领导’来‘创造没有战争的新繁荣’”。Richard Nixon, “Address to the Nation Outlining a New Economic Policy：‘The Challenge of Peace,’” August 15, 1971. Online by Gerhard Peters and John T. Woolley, American Presidency Project, http://www.presidency.ucsb.edu/ws/? pid=3115.

097. “股市飙升”。“Ebullient Investors Send Stocks Soaring in Record Day’s Climb,” *Wall Street Journal*, August 17, 1971, 1.

098. “全面的系统改革很重要”。讨论摘要由桑·克罗斯编写。可在 https://history.state.gov/historicaldocuments/frus 1969-76v03/d170 找到。Foreign Relations of the United States, 1969–1976, Volume III, Foreign Economic Policy ; International Monetary Policy, 1969–1972, Document 170.

098. “十国紧急会议”。John M. Lee, “Currency Parley Enlivens Trading,” *New York Times*, September 20, 1971, 39, https://www.nytimes.com/1971/09/20/archives/currency-parley-elivens-trading-one-result-of-group-of-10s-meeting.html.

098. “会上康纳利提出美国国际收支余额会波动 130 亿美元”。对我们逻辑的描述可在 https://history.state.gov/historicaldocuments/frus1969-76v03/d76 找到。Foreign Relations of the United States, 1969–1976, Volume III, Foreign Economic Policy ; International Monetary Policy, 1969–1972, Document 76.

099. “美元首次贬值 11%”。Clyde H. Farnsworth, “U.S. Ready to End Surtax If Currencies Go Up 11%,” *New York Times*, November 30, 1971, 1, https://www.nytimes.com/1971/11/30/archives/us-ready-to-end-sur tax-if-currencies-go-up-11-group-of-10-seeking.html.

099. “这个降幅足以让我们”。康纳利从罗马给尼克松的备忘录概述了我们的立场，可在

https://history.state.gov/historicaldocuments/frus1969-76v03/d211 找 到。Foreign Relations of the United States, 1969–1976, Volume III, Foreign Economic Policy ; International Monetary Policy, 1969–1972, Document 211.

100. “已经取得了进展”。Clyde H. Farnsworth, “Progress at the Palazzo Corsini,” *New York Times*, December 5, 1971, 315, https://www.nytimes.com/1971/12/05/archives/progress-at-the-palazzo-corsini-devaluation-hint-by-us-unlocks.html.

100. “双方顺利达成一致”。Tad Szulc, “Nixon Agrees to a Devaluation of Dollar as Part of Revision of Major Currencies,” *New York Times*, December 15, 1971, 1, https://www.nytimes.com/1971/12/15/archives/pact-with-france-azores-talks-opening-way-to-wide-accord-in.html.

101. “美元将对法郎贬值”。蓬皮杜和尼克松签署的备忘录的副本可以在 https://history.state.gov/historicaldocuments/frus 1969-76v03/d220 找到。Foreign Relations of the United States, 1969–1976, Volume III, Foreign Economic Policy ; International Monetary Policy, 1969–1972, Document 220。

101. “重新调整这么多货币”。康纳利在史密森学会会后的新闻发布会上表示，美元将对其他经合组织国家平均贬值 12%，但未提供具体的汇率值。参见 https://history.state.gov/historicaldocuments/frus1969-76v03/d221。Foreign Relations of the United States, 1969–1976, Volume III, Foreign Economic Policy ; International Monetary Policy, 1969–1972, Document 221.

101. “他大做文章”。尼克松声明的文本可以在 http://www.presidency.ucsb.edu/ws/index.php? pid=3268&st=&st1= 找 到。Richard Nixon ：“Remarks Announcing a Monetary Agreement Following a Meeting of the Group of Ten,” December 18, 1971. Online by Gerhard Peters and John T. Woolley, American Presidency Project, http://www.presidency.ucsb.edu/ws/? pid=3268.

102. “美元已经到了需要政府干预来稳定的程度了”。Michael Stern, “Devaluation Fear Spurs a Renewal of Dollar Sales,” *New York Times*, February 9, 1973, 1, https://www.nytimes.com/1973/02/09/archives/devaluation-fear-spurs-a-renewal-of-dollar-sales-bonn-buys-up-16.html.

102. “康纳利部长辞去了……职务”。在他的回忆录中，康纳利解释说，在尼克松没能履行与康纳利协商财政部任命事宜的承诺后，他辞职了。John Connally with Mickey Herkowitz, *In History's Shadow : An American Odyssey*（Hyperion, 1993）.

104. “舒尔茨部长在华盛顿公布了这些变化”。Edwin L. Dale Jr., “U.S. Orders Dollar Devalued 10 Per Cent ; Japanese Yen Will Be Allowed to Float ; Nixon to Submit Trade Plan to Congress,” *New York Times*, February 13, 1973, 1, https://www.nytimes.com/1973/02/13/archives/gold-to-be-4222-controls-on-lending-abroad-also-will-be-phased-out.html.

104. “但很快……大幅上涨”。Clyde H. Farnsworth, “Gold Touches $90 as Dollar Erodes in Trade Abroad,” *New York Times*, February 23, https:// www.nytimes.com/1973/02/23/archives/gold-touches-90-as-dollar-erodes-in-trade-abroad-renewed.html.

104. “到 3 月初，对美元的投机压力实在太大”。Clyde H. Farnsworth, “Monetary Crisis

Flares Up Again；Dollar Weakens，" *New York Times*，March 2，1973，1，https://www.nytimes.com/1973/03/02/archives/monetary-crisis-flares-up-again-dollar-weakens-markets-closed-us-is.html.

105. “贴现率的决定权在华盛顿”。Clyde H. Farnsworth，“U.S. and 13 Others Adopt Measures on Dollar Crisis，" *New York Times*，March 17，1973，1，https://www.nytimes.com/1973/03/17/archives/us-and-130-others-adopt-measures-on-dollar-crisis-plans-are.html.

105. “前瞻性讲话”。“Text of Shultz Talk Before International Monetary Fund and World Bank，" *New York Times*，September 27，1972，70，https://www.nytimes.com/1972/09/27/archives/text-of-shultz-talk-before-international-monetary-fund-and-world.html.

106. “施韦泽意识到”。Edwin L. Dale Jr.，“Schweitzer of I.M.F. Won't Quit His Post Despite U.S. Stand，" *New York Times*，September 24，1972，1，https://www.nytimes.com/1972/09/24/archives/schweitzer-of-imf-wont-quit-his-post-despite-us-stand-schweitzer.html.

107. “他富有建设性的讲话”。Edwin L. Dale，“New U.S. Monetary Plan Asks Wider Fluctuation in World Exchange Rates，" *New York Times*，September 27，1972，1. https://timesmachine.nytimes.com/timesmachine/1972/09/27/91349838.pdf.

108. “浮动汇率是万不得已的办法”。参见“Major Elements of Plan X” at https://history.state.gov/historicaldocuments/frus1969-76v03/d239。Foreign Relations of the United States，1969–1976，Volume III，Foreign Economic Policy；International Monetary Policy，1969–1972，Document 239.

108. “他与他的内阁同事耐心地考查……的想法”。这个相当复杂的提议在 1973 年经济顾问委员会的年度报告中得到了充分阐述。

112. “房利美蒙受了巨大损失”。Kenneth B. Noble，“Fannie Mae Loses $70 Million，" *New York Times*，January 19，1982，D3，https://www.nytimes.com/1982/01/19/business/fannie-mae-loses-70-million.html.

113. “一些公司开出了六七位数的薪酬”。猎头罗素·雷诺兹在 1973 年 11 月 23 日的来信中要求约谈，这个职位在一家领先的金融公司。该信存放在普林斯顿大学马德图书馆，国际收支卷宗，Box 23，MC279，Paul Volcker 文件。

114. “我们搬到华盛顿市中心的克利夫兰大道时”。位于华盛顿的克利夫兰大道的房子大约是我心爱的蒙特克莱尔房子的一半大。它坐落在一片 50 英尺（约 15 米）的土地上。这片土地是从克利夫·福尔杰的庄园中分离出来的。克利夫·福尔杰是投资银行诺兰公司的创始人，他后来买下了那所房子，并把它拆掉了。

第七章　回到起点

124. “包括将员工总数从 1974 年高峰时的近 5 300 人减少到 1979 年底的 4 350 人”。纽约联邦储备银行，1979 年年报，见表 8。

126. “美国证券交易委员会也对此进行了调查，但没有采取任何行动”。Jeff Gerth，“S.E.C. Overruled Staff on Finding That Citicorp Hid Foreign Profits，" *New York Times*，February 18，1982，1，https://www.nytimes.com/1982/02/18/business/sec-overruled-staff-on-finding-that-citicorp-hid-foreign-profits.html.

127. “从而促进实现充分就业、物价稳定和长期利率平稳的目标”。该法的文本，Public Law 95-188，95th Congress，H.R. 9710，可通过政府出版办公室网站在线获得，https://www.gpo.gov/fdsys/pkg/STATUTE-91/pdf/STATUTE-91-Pg1387.pdf。

127. “以支持该法案的参议员和众议员的名字来命名”。吉米·卡特总统在签署法案时的评论，可以在吉米·卡特的网站上找到，“Full Employment and Comprehensive Employment and Training Act Bills Remarks on Signing H.R. 50 and S. 2570 Into Law,” October 27，1978. Online by Gerhard Peters and John T. Woolley，American Presidency Project，http://www.presidency. ucsb.edu/ws/? pid=30057。

127. “他发现至少在一次贴现率决定中他的个人意见被否决”。1978 年 6 月 30 日，将贴现率提高到 7.25% 的决定以 3：2 的票数通过，其中米勒属于少数派。Steven Rattner，“Miller Opposes Move to 7 % Discount Level,” *New York Times*，July 1，1978，23，https://www.nytimes.com/1978/07/01/ archives/miller-opposes-move-to-7-discount-level-fed-acts.html.

第八章　抗击通胀

131. “物价指数以每年 13% 的速度增长”。Clyde H. Farnsworth，“Prices Rose Sharply Again in May，Spurred by Increasing Costs of Fuel,” *New York Times*，June 27，1979，1，https://www.nytimes.com/1979/06/27/archives/prices-rose-sharply-again-in-may-spurred-by-increasing-costs-of.html.

132. “7 月 15 日，总统下山发表了演讲”。Jimmy Carter：“Address to the Nation on Energy and National Goals：‘The Malaise Speech,’” July 15，1979. Online by Gerhard Peters and John T. Woolley，American Presidency Project，http://www.presidency.ucsb.edu/ws/? pid=32596.

132. “美联储主席通常被认为是最重要的经济政策官员，因此职位空缺对建立信心无益”。事实上，到周末（7 月 20 日，周五），美联储不得不将贴现率提高 0.5 个百分点至 10%，并干预市场以支撑美元。

132. “我还是上了去华盛顿的飞机”。当时的纽约—华盛顿对开航班是真正意义上的对开航班，型号更小，但每小时都有班次，如果满载，就有更多的飞机投入使用。在“9·11”事件发生前的这段时间里，我们可以在不到两小时的时间里完成整个旅程。

134. “理事会又将贴现率提高了 0.5 个百分点，创下 10.5% 的新纪录”。Karen W. Arenson，“Reserve Raises Loan Rate to Banks to Record 10½% from 10% Level,” *New York Times*，August 17，1979，1，https://www.nytimes.com/1979/08/17/archives/reserve-raises-loan-rate-to-banks-to-record-10-from-10-level.html.

134. “投票结果是 4：3”。Robert A. Bennett，“Reserve Board，by 4-3，Raises Rate on Loans to Banks to Record 11%,” *New York Times*，September 19，1979，1，https://www.nytimes.com/1979/09/19/archives/reserve-board-by-43-raises-rate-on-loans-to-banks-to-record-11.html.

135. “美联储正在失去勇气，继续对抗通胀的决心有所动摇”。当时贝尔斯登经济学家劳伦斯·库德洛发表了一个经典评论，认为投票结果的分歧“在很大程度上表明，未来的政策调整将是有限的”。Associated Press，“Fed Boosts Discount Rate But Vote Is Not Unanimous，” *St. Louis Post-Dispatch*，September 19，1979，6.

135. “美元贬值压力加大，黄金价格创下新高”。Robert D. Hershey Jr.“Gold Price Soars at Record Pace in Wild Trading，” *New York Times*，September 19，1979，1，https://www.nytimes.com/1979/09/19/archives/gold-price-soars-at-record-pace-in-wild-trading-hits-37778-at.html.

135. “我曾提出一个问题”。Paul A. Volcker，“The Contributions and Limitations of ‘Monetary’ Analysis” address delivered before the Joint Luncheon of the American Economic Association and the American Finance Association in Atlantic City，New Jersey，September 16，1976. *FRBNY Quarterly Review*，https://www.newyorkfed.org/medialibrary/media/aboutthefed/monanal.pdf.

137. “在演讲中，他（恶意地）对中央银行是否还能控制通货膨胀表示怀疑”。Clyde H. Farnsworth，“Burns Cites Limits on Fed Powers，” *New York Times*，October 1，1979，45，https:// timesmachine.nytimes.com/timesmachine/1979/10/01/112122164.html?page Number=45.

137. “而谣言四起，甚至有的说我已经辞职或者死亡了”。我在 10 月 6 日的记者招待会上开玩笑地提到了这些谣言：“我要告诉你们，这次记者招待会的主要目的是向你们表明，我并没有像昨天早些时候的传闻那样辞职，而且我仍然活着，这与最近的传闻正好相反。” Transcript of Federal Reserve press conference，October 6，1979，Paul A. Volcker papers（MC279），folder October 6，1979 action，Box 29，Mudd Manuscript Library，Department of Rare Books and Special Collections，Princeton University Library.

137. “我曾耐心地仔细阅读过一份公开市场委员会的会议纪要，在多年前确实读过”。这份纪要可以在美联储的网站上找到，https://www.federalreserve.gov/monetarypolicy/files/FOMC19791006meeting.pdf。

138. “三个月期美国国债利率最终超过了 17%”。美国国债和商业银行的最优惠贷款利率的数据来自美联储理事会 1979—1987 年的 H.15 报告；周度的 30 年期抵押贷款利率的数据来自房地美，http://www.freddiemac.com/pmms。上述数据由纽约联邦储备银行肯尼思 · 加贝德协助整理。

139. “之后半小时，我们交换了意见”。Associated Press，“Demonstrators Protest High Interest Rates，” *Tampa Times*，April 14，1980，11.

140. “美联储坚持要我同意接受‘个人安全护送’”。该决定在 1981 年 4 月 15 日美联储给沃尔克的“个人安全”备忘录中提到。John M. Denkler. Paul A. Volcker papers（MC279），folder memoranda from Michael Bradfield，Box 29，Mudd Manuscript Library，Department of Rare Books and Special Collections，Princeton University Library.

140. “有一次一名武装分子不知怎么就进入了美联储”。UPI，“Suspect Is Seized in Capital in Threat at Federal Reserve，” *New York Times*，December 8，1981，19，https://www.ny times.com/1981/12/08/us/suspect-is-seized-in-capital-in-threat-at-federal-reserve.html.

140. “总统最初的预算约为 160 亿美元赤字”。Jimmy Carter：“Budget Message：Message

to the Congress Transmitting the Fiscal Year 1981 Budget," January 28, 1980. Online by Gerhard Peters and John T. Woolley, American Presidency Project, http://www.presidency.ucsb.edu/ws/? pid=32851.

140. "预算收紧的信息被淡化了"。卡特于3月31日提交的修改后的预算估计有165亿美元的盈余。支出仅比1月的预算减少43亿美元，盈余主要来自126亿美元的石油进口费用。Jimmy Carter："Budget Revisions Message to the Congress Transmitting Revisions to the Fiscal Year 1981 Budget," March 31, 1980. Online by Gerhard Peters and John T. Woolley, American Presidency Project, http://www.presidency.ucsb.edu/ws/? pid=33205.

141. "卡特总统在东厅举行的一个大型仪式上宣布了预算削减和信贷管控的反通胀计划"。Jimmy Carter："Anti-Inflation Program Remarks Announcing the Administration's Program," March 14, 1980. Online by Gerhard Peters and John T. Woolley, American Presidency Project, http://www.presidency.ucsb.edu/ws/? pid=33142.

142. "卡特总统不得不在费城花园聚会上发表温和的批评意见"。Clyde H. Farnsworth, "Volcker Criticized by Carter on Rates," *New York Times*, October 3, 1980, 1, https://timesmachine.ny times.com/timesmachine/1980/10/03/111177523.pdf.

145. "但我并未把要弹劾我的恐吓放在心上"。得克萨斯州民主党众议员亨利·冈萨雷斯特别提出了一项议案，要求弹劾我和联邦公开市场委员会其他成员。结果不了了之。参见 https://www.congress.gov/bill/97th-congress/house-resolution/196。

145. "我应邀在拉斯维加斯举办的全国住宅建筑商协会年会上发表讲话"。"Housing Recovery Tied to Inflation," *New York Times*, January 26, 1982, D11, http://www.nytimes.com/1982/01/26/business/ housing-recovery-tied-to-inflation.html?scp=787&sq=volcker&st=nyt.

146. "市场一飞冲天"。Michael Quint, "Interest Plunges, Elevating Stocks to a Record Gain," *New York Times*, August 18, 1982, 1, https://www.nytimes.com/1982/08/18/business/interest-plunges-elevating-stocks-to-a-record-gain.html.

146. "是因为这本书的价格从10.95美元降到了1.98美元"。1982年，我把该故事的一个版本告诉了记者安德鲁·托拜厄斯。他将其写入文章《与保罗·沃尔克的谈话》中。"A Talk with Paul Volcker," *New York Times*, September 19, 1982, 271, https://timesmachine.nytimes.com/timesmachine/1982/09/19/issue.html.

147. "这只是战术问题"。Peter T. Kilborn, "Volcker Suggests Federal Reserve May Shift Tactics," *New York Times*, October 10, 1982, 1, https://www.nytimes.com/1982/10/10/us/volcker-suggests-federal-reserve-may-shift-tactics.html.

148. "总统在日记中记录说，他理解这一点"。参见1983年6月7日星期二罗纳德·里根的条目，"The Reagan Diaries"(Harper Collins, 2007), 158。

148. "反对票刚好对称：右翼共和党和左翼民主党各有8人反对；84位参议员赞同"。CQ Almanac, 1983, https://library.cqpress.com/cqalmanac/document.php? id=cqal83-1198874.

150. "我被召集到白宫面见里根总统"。里根的日程安排中记录了1984年7月24日下午3：30在图书馆的会面。尽管记录中显示埃德温·米斯、理查德·达曼和迈克尔·迪弗在场，但在我的记忆中，他们不在。里根在他的日记中没有写关于这次会议的内容。参见 https://www.reaganfoundation.org/ronald-reagan/white-house-diaries/diary-entry-07241984/。

第九章 国内外金融危机

155. “他说，几十年来，倒闭的银行太少了，实际上几乎没有银行倒闭”。“Bank Failures Lag ; Patman Is Worried,” *New York Times*, June 17, 1963, 48, https://timesmachine.nytimes.com/timesmachine/1963/06/17/89537226.pdf.

156. “联邦政府的援助被考虑并最终被拒绝了”。Robert B. Semple Jr., “Rejection of Pennsy Loan Is Laid to Political Risks,” *New York Times*, 1, June 23, 1970, https://www.nytimes.com/1970/06/23/archives/rejection-of-pennsy-loan-is-laid-to-political-risks-sidetracking-of.html.

156. “德国私人银行赫斯塔特突然倒闭”。Reuters, “Big Bank Closed by West Germany,” *New York Times*, June 27, 1974, 65, https://www.nytimes.com/1974/06/27/archives/big-bank-closed-by-west-germany-privatee-institution-herstat-of.html.

156. “1974 年 10 月”。John H. Allan, “Franklin Found Insolvent by U.S. and Taken Over,” *New York Times*, October 9, 1974, 1, https://www.nytimes.com/1974/10/09/archives/franklin-found-insolvent-by-us-and-taken-over-european-group-in.html.

156. “在纽约长岛快速发展的富兰克林国民银行破产，它是欺诈案的受害者”。Arnold H. Lubasch, “Sindona Is Convicted by U.S. Jury of Fraud in Franklin Bank Failure,” *New York Times*, March 28, 1980, 1, https:// timesmachine.nytimes.com/timesmachine/1980/03/28/112148354.pdf.

157. “国会成立了一个三人委员会来监督救助行动”。Judmi Miller, “Congress Approves a Compromise Plan on Aid to Chrysler,” *New York Times*, December 21, 1979, 1, https://www.nytimes.com/1979/12/21/archives/congress-approves-a-compromise-plan-on-aid-to-chrysler-15-billion.html.

157. “换了新的管理层”。Bernard D. Nossiter, “Chrysler Chairman Will Retire Early,” *New York Times*, September 18, 1979, 1, https://www.nytimes.com/1979/09/18/archives/chrysler-chairman-will-retire-early-riccardo-plans-to-leave.html.

158. “他们同意接受估值折扣”。UPI, “Chrysler Announces Accord with Banks,” *New York Times*, February 26, 1981, D5, https://www.nytimes.com/1981/02/26/business/chrysler-announces-accord-with-banks.html.

159. “克莱斯勒最终支付了 3 亿多美元回购并注销了财政部持有的认股权证”。Thomas J. Lueck, “Chrysler Tops Bids to Buy Back Stock Rights,” *New York Times*, September 13, 1983, 1, https://www.nytimes.com/1983/09/13/business/chrysler-top-bids-to-buy-back-stock-rights.html.

159. “先是规定了仓位限制和披露要求”。Robert A. Bennett, “Position Limits Adopted in Comex Silver Futures,” *New York Times*, January 8, 1980, D1, https://timesmachine.nytimes.com/timesmachine/1980/01/08/111760374.pdf.

159. “之后又规定交易只能用于清算合同”。Federal Reserve Press Release, March 14,

1980, 3. Papers of Paul A. Volcker (MC279), Folder: Monetary Improvement Program, Box 29. Mudd Library, Department of Rare Books and Special Collections, Princeton University Library.

159. “纯投机性地持有大宗商品或贵金属”。Paul A. Volcker, Statement Before the Subcommittee on Agricultural Research and General Legislation, U.S. Senate Committee on Agriculture, Nutrition and Forestry, May 1, 1980, https://fraser.stlouisfed.org/files/docs/historical/volcker/Volcker_19800501.pdf.

161. “还是不可避免地引起了国会和公众的关注”。Mario A. Milletti, “First Pennsy's Golden Boy,” *New York Times*, September 25, 1977, 119, https://www.nytimes.com/1977/09/25/ archives/first-pennsys-golden-boy.html.

161. “在费城联储前经济研究官员约翰·本廷的领导下”。“First Penn to Receive Rescue Aid,” *New York Times*, April 29, 1980, D1, https://timesmachine.nytimes.com/timesmachine/1980/04/29/111234761.pdf.

161. “联邦存款保险公司和几十家银行向它提供了包括贷款和信贷额度在内的 15 亿美元救助”。Irvine H. Sprague, *Bailout: An Insider's Account of Bank Failures and Rescues* (Basic Books, 1986) 96.

161. “这足以控制多数股权”。Vartanig G. Vartan, “Drysdale Securities Out of Business,” *New York Times*, June 16, 1982, D1, https://www.nytimes.com/1982/06/16/ business/drysdale-securities-out-of-business.html.

161. “两家小型政府证券经纪商倒闭”。Robert A. Bennett, “Bigger Banks Are Hurt by Failure in Oklahoma,” *New York Times*, July 7, 1982, D1, https://www.nytimes.com/1982/07/07/business/bigger-banks-are-hurt-by-failure-in-oklahoma.html.

162. “这些贷款被卖给了美国各地的几家大银行，尤其是伊利诺伊大陆银行”。Robert A. Bennett, “$4.5 Billion Credit for Chicago Bank Set by 16 Others,” *New York Times*, May 15, 1984, 1.

163. “他们对此持谨慎态度”。Winston Williams, “U.S. Puts Together $7.5 Billion in Aid for Illinois Bank,” *New York Times*, May 18, 1984, 1, https://www.nytimes.com/1984/05/18/business/us-puts-together-7.5-billion-in-aid-for-illinois-bank.html.

164. “是将联邦存款保险公司的资金置于险境，比尔的理由是需要充分恢复信心”。新闻稿包含这个关键信息：“鉴于伊利诺伊大陆银行的所有周边环境，联邦存款保险公司保证，在为找到永久解决办法而可能需要的任何安排中，银行的所有存款人和其他一般债权人都将得到充分保护，向银行客户提供的服务不会中断”。重印于 William H. Isaac, *Senseless Panic: How Washington Failed America* (John Wiley & Sons, 2010)，第 70 页。

164. “因为这笔贷款实际上受到了联邦存款保险公司的担保”。Robert A. Bennett, “U.S. Will Invest $4.5 Billion in Rescue of Chicago Bank, Vowing More Aid If Needed,” *New York Times*, July 27, 1984, 1, https://www.nytimes.com/1984/07/27/business/us-will-invest-4.5-billion-in-rescue-of-chicago-bank-vowing-more-aid-if-needed.html.

164. “联邦存款保险公司就第二轮救援进行了谈判”。Ronald Reagan: “Nomination of Edwin J. Gray to Be a Member of the Federal Home Loan Bank Board,” February 17,

1983. Online by Gerhard Peters and John T. Woolley, American Presidency Project, http://www.presidency.ucsb.edu/ws/? pid=40941.

166. “格雷在白宫工作过一段时间，1983 年被里根总统任命为主席”。Dan Fesperman, “Former Regulator Blames S&L Crisis on Congress,” *Baltimore Sun*, November 27, 1990, http://articles.baltimoresun.com/1990-11-27/news/1990331046_1_loan-crisis-ethics-committee-gray.

166. “所谓的基廷五人组，恐吓格雷放宽对倒闭储蓄和贷款协会的监管要求”。“美国纳税人损失达 1 238 亿美元，占总成本的 81%”。Timothy Curry and Lynn Shibut, “The Cost of the Savings and Loan Crisis : Truth and Consequences,” *FDIC Banking Review*, December 2000, https://www.fdic.gov/bank/analytical/banking/br2000v13n2.pdf.

167. “联邦政府最终花费近 1 500 亿美元（约合今天 2 500 多亿美元）”。基于 1989 年 6 月的 1 238 亿美元，使用美国劳工统计局的通货膨胀计算器进行计算：https://www.bls.gov/data/ inflation_calculator.htm。

167. “抢劫银行的最佳方式就是拥有银行”。University of Texas Press, 2005.

168. “到 1982 年底，这些贷款平均是美国八大银行资本的两倍多”。FDIC Division of Research and Statistics, “An Examination of the Banking Crises of the 1980s and early 1990s,” ch. 5. “The LDC Debt Crisis,” https://www.fdic.gov/bank/historical/history/191_210.pdf.

168. “英语流利，是耶鲁大学的经济学硕士毕业生”。Alan Riding, “Man in the News ; Survivor : Jesus Silva Herzog,” *New York Times*, August 21, 1982, 29, http://www.nytimes.com/1982/08/21/business/man-in-the-news-survivor-jesus-silva-herzog.html.

169. “美国财政部认识到墨西哥违约将给自己的银行系统带来巨大损失”。Edward Cowan, “Loans and Credits for Aiding Mexico Are Mapped by U.S.,” *New York Times*, August 21, 1982, 1, https://www.nytimes.com/1982/08/21/business/loans-and-credits-for-aiding-mexico-are-mapped-by-us.html.

170. “他向新闻界解释说，他提出的设立一个协调委员会来处理银行贷款的建议被采纳了”。Robert A. Bennett, “Bankers Pressured to Assist Mexico,” *New York Times*, August 21, 1982, 32, https://www.nytimes.com/1982/08/21/business/bankers-pressured-to-assist-mexico.html.

172. “拉罗西埃迅速采取行动”。雅克·拉罗西埃写了自己的回忆录，于 2017 年由奥迪尔·雅各布出版。书名为《金融危机五十年》（*50 Years of Financial Crises*）。

173. “1985 年 10 月，汉城国际货币基金组织会议上宣布了共同计划的后续部分”。Ronald E. Yates, “Baker’s Plan May Be Too Late,” Chicago Tribune, October 9, 1985, http://articles.chicago tribune.com/1985-10-09/business/8503080744_1_debt-crisis-world-bank-baker-plan.

第十章　未竟事业：修复金融体系

180. “一些分析人士将德国的做法与 1978 年卡特政府对美元的救助相比较”。James Sterngold, “Dollar Falls Sharply on Bonn Move,” *New York Times*, September 22,

1984，39，https://www.nytimes.com/1984/09/22/business/dollar-falls-sharply-on-bonn-move.html.

180. “这一点早在财政部对英国首相玛格丽特·撒切尔向里根总统提出的请求做出回应时就已经很明显了”。Peter F. Kilborn，“Reagan’s New Dollar Strategy，” *New York Times*，March 3，1985，141，https://www.nytimes.com/1985/03/03/business/reagan-s-new-dollar-strategy.html.

181. “对争议激烈的建立主要货币‘汇率目标区’的设想产生了兴趣”。Paul Lewis，“Plan Emerging on Currency Rates，” *New York Times*，March 18，1985，D1，https://www.nytimes.com/1985/03/18/ business/plan-emerging-on-currency-rates.html.

181. “随后拍照时，我被推到了前面，我感到很困惑”。Peter T. Kilborn，“U.S. and 4 Allies Plan Move to Cut Value of Dollar，” *New York Times*，September 23，1985，1，https://www.nytimes.com/1985/09/23/business/us-and-4-allies-plan-move-to-cut-value-of-dollar.html.

182. “第二天的头版报道引用一位‘不愿透露姓名’的财政部高级官员的话说”。Peter T. Kilborn，“Group of 5 Hints at Effort to Cut Interest Charges，” *New York Times*，January 20，1986，1，https://www.nytimes.com/1986/01/20/business/group-of-5-hints-at-effort-to-cut-interest-charges.html.

183. “我想当众责难是有一定道理的”。我在东京的一个会议上发表了一份声明，称马丁关于拉丁美洲政策转变的建议“令人费解”，并赞扬了当时拉美各国政府为管理债务所做的努力。Robert A. Bennett，“Volcker Rebukes Martin on 3d-World Debt Ideas，” *New York Times*，June 21，1985，D2，https://www.nytimes.com/1985/06/21/business/volcker-rebukes-martin-on-3d-world-debt-ideas.html.

184. “几周后，也就是 3 月初，这事就成了”。Susan Chira，“Japan Says It Will Join in Rate Cut；French，Dutch Follow Lead of West Germans，” *New York Times*，March 7，1986，D1，https://www.nytimes.com/1986/03/07/business/ japan-says-it-will-join-in-rate-cut.html.

184. “3 月底，在‘政变未遂’不到一个月后，普雷斯顿·马丁就辞职了”。Robert D. Hershey，“Martin Resigning from Fed；Denies Move Is Tied to Dispute with Volcker，” *New York Times*，March 22，1986，35，http://www.nytimes.com/1986/03/22/business/martin-resigning-from-fed.html.

185. “里根总统正忙着处理伊朗门事件”：伊朗军售事件，是一桩政治丑闻。涉及违反武器禁运规定，向伊朗秘密出售武器，以资助尼加拉瓜反共产主义武装。

185. “相反，1987 年初，财政部要求在法国财政部所在地巴黎卢浮宫召开五国集团会议 ”。Peter T. Kilborn，“Accord on Dollar Appears Remote，” *New York Times*，13，February 22，1987，https://www.nytimes.com/1987/02/22/world/accord-on-dollar-appears-remote.html.

186. “到 3 月时，美元汇率已跌至区间下方”。Robert D. Hershey Jr.，“Volcker Sees Danger to Economy of U.S. If Dollar Falls More，” *New York Times*，April 8，1987，1. https://www.nytimes.com/1987/04/08/business/volcker-sees-danger-to-economy-of-us-if-dollar-falls-more.html.

187. “1995 年，我在伦敦大学发表了著名的斯坦普演讲，呼吁人们更多地关注汇率”。The text of the speech is at https:// piie.com/commentary/speeches-papers/quest-exchange-rate-stability-realistic-or-quixotic.

190. “与当时的英格兰银行行长罗宾·利 - 彭伯顿共进一顿非正式的晚餐”。Charles Goodhart, *The Basel Committee on Banking Supervision : A History of the Early Years, 1974–1997*(Cambridge University Press, 2011) .

190. “1987 年初”。Nathaniel C. Nash, “Similar Standards for Banks Are Set by U.S. and Britain,” *New York Times*, January 9, 1987, 1, https:// www.nytimes.com/1987/01/09/business/similar-standards-for-banks-are-set-by-us-and-britain.html.

190. “巴塞尔委员会最初因其不情愿的姿态而被绕过，当年晚些时候被授权编写最终的规则”。Nathaniel C. Nash, “12 Countries Want Banks to Increase Capital,” *New York Times*, December 11, 1987, 1, https://www.nytimes.com/1987/12/11/business/12-countries-want-banks-to-increase-capital.html.

191. “2017 年 12 月，全球监管机构完成了第三次修订”。Jack Ewing, “Global Regulators Make Move to Prevent Next Financial Crisis,” *New York Times*, December 8, 2017, B1, https://www.nytimes.com/2017/12/07/business/global-regulators-agree-on-rules-to-prevent-financial-crises.html.

191. “2008 年危机后不到十年，美国和其他地方需要强化的资本要求就已经被放松了”。Ryan Tracy and Lalita Clozel, “Plan Aims to Ease Bank Rule on Capital,” *Wall Street Journal*, April 12, 2018, https://www.wsj.com/ articles/u-s-proposes-retooling-big-bank-capital-rule-1523478608.

192. “他认为我不会放松《格拉斯 – 斯蒂格尔法》对银行的限制，这是一个政治上敏感的目标”。这是基于共和党讨论我的连任的会议的一个见证者的描述，被下文引用。Thomas Ferguson, Paul Jorgenson, and Jie Chen, “Fifty Shares of Green : High Finance, Political Money and the U.S. Congress,” Roosevelt Institute, May 2017, http://rooseveltinstitute.org/wp-content/uploads/2017/05/FiftyShadesof Green_0517.pdf.

第十一章 离开美联储之后

201. “我们希望在市场上被视为资本雄厚”。Michael Quint, “Saudi Prince to Become Citicorp’s Top Stockholder,” *New York Times*, February 22, 1991, 1, https://www.nytimes.com/1991/02/22/business/saudi-prince-to-become-citicorp-s-top-stockholder.html.

202. “我们合写了一本书”。Paul Volcker and Toyoo Gyohten, *Changing Fortunes : The World’s Money and the Threat to American Leadership*(Times Books, 1992) .

205. “相当于今天的 3 亿美元”。根据劳工统计局的通货膨胀计算器求得。参见 https://www.bls.gov/data/inflation_ calculator.htm。

205. “一个新的研究生项目”。对捐赠和随后的争议的详细描述参见：Doug White, *Abusing Donor Intent : The Robertson Family’s Epic Lawsuit Against Princeton University*(Paragon House, 2014)。

205. “可与国家最好的医学和法律学院相媲美”。Fred M. Hechinger, “Gift of 35 Million Goes to Princeton,” *New York Times*, August 6, 1961, 1, https://times machine.nytimes.com/timesmachine/1961/08/06/118046661.pdf.

205. “管理人员或官僚机构”。这是来自普林斯顿大学网站，致力于解释罗伯逊捐赠后伍德罗·威尔逊学院的使命。参见 https://www.prince ton.edu/robertson/documents/implementing_mission/。

206. “早在 1970 年”。Doug White, *Abusing Donor Intent：The Robertson Family's Epic Lawsuit Against Princeton University*（Paragon House, 2014）, 97–99.

208. “我了解到的是”。和解协议的文本可以在 https://www.princeton.edu/robertson/documents/docs/Robertson_Settlement_Agreement-Executed.pdf 找到。

第十二章　多重身份的主席先生

217. “并购我公司的强劲竞争对手”。Peter Truell, “NatWest to Buy Gleacher in $135 Million Stock Deal,” *New York Times*, October 18, 1995, D2, https:// www.nytimes.com/1995/10/18/business/natwest-to-buy-gleacher-in-135-million-stock-deal.html.

217. “1996 年 5 月，公司出售给信孚银行”。Saul Hansell, “Bankers Trust to Acquire Wolfensohn,” *New York Times*, May 23, 1996, http://www.nytimes.com/1996/05/23/business/bankers-trust-to-acquire-wolfensohn.html.

218. “任职多年”。From May 1988 until May 2168 to be precise. See https://www.nestle.com/media/pressreleases/allpressreleases/recordperformance-25feb00.

219. “可能被刑事起诉”。1999 年 3 月，大约在同意被德意志银行收购的 6 个月后，信孚银行最终对联邦刑事的指控认罪，称其使用了无人认领的顾客资金，以提高自身的财务业绩。Benjamin Weiser, “Bankers Trust Admits Diverting Unclaimed Money,” *New York Times*, March 12, 1999, https://www.nytimes.com/1999/03/12/nyregion/bankers-trust-admits-diverting-unclaimed-money.html.

220. “无数的外国学生”。外国留学生总数在 2016 年达到 108 万人的最高纪录，在 2017 年有所下降。Nick Anderson, “Report finds fewer new international students on U.S. college campuses,” *Washington Post*, November 13, 2017, https://www.washingtonpost.com/local/education/report-finds-fewer-new-international-students-on-us-college-campuses/2017/11/12/5933fe02-c61d-11e7-aae0-cb18a8c29c65_story.html? utm_term=.4997869e8653.

220. “成员”。完整名单可以在 https://www.ihouse-nyc.org/about-student-housing-in-ny/board-of-trustees/ 找到。

221. “关于金融衍生品的报告”。该报告可以在 http://group30.org/images/uploads/publications/G30_Derivatives-PracticesandPrinciples.pdf 找到。

221. “我们早在 2009 年 1 月就成功发表了报告”。该报告可以在 http://group30.org/images/uploads/publications/G30_FinancialReformFrameworkFinStability.pdf 找到。

221. “研究报告”。“Banking Conduct and Culture：A Call for Sustained and Comprehensive Reform,” published in July 2015, http://group30.org/images/uploads/publications/G30_BankingConductandCulture.pdf.

225. “我们完成了一份强有力的报告”。The National Commission on the Public Service, “Leadership for America：Rebuilding the Public Service,” *Washington Post*, 1989, http://www.washingtonpost.com/wp-srv/opinions/documents/Leadership_for_America_Rebuilding_the_Public_Service.pdf.

226. “他认同我们的使命”。Robert D. Hershey, “The Government Is Hiring, Which Isn't Easy,” *New York Times*, July 23, 1989, 115, https://www.nytimes.com/1989/07/23/weekinreview/nation-government-hiring-which-isn-t-easy-civil-service-doubts-within-without.html.

226. “冻结薪酬”。“今晚，我呼吁全面冻结联邦政府的工资一年。在此后的四年间，我建议工资的增长要比通常联邦工资增长所涉及的生活津贴的涨幅低一个百分点。接下来，如你们所知，我建议削减150项具体预算，并请所有认为我们应该削减更多预算的人提出像我一样具体的建议”。William J. Clinton：“Address Before a Joint Session of Congress on Administration Goals,” February 17, 1993. Online by Gerhard Peters and John T. Woolley, American Presidency Project, http://www.presidency.ucsb.edu/ws/? pid=47232.

226. “早已不复存在的双百周年委员会”。“政府擅长启动事物，却不擅长终止。不管你信不信，我们还在支持双百周年纪念委员会，那在1976年就结束了。还有很多类似的事情。这占用的钱很少，但你不能证明它是正当的。真是太糟糕了”。William J. Clinton：“Remarks and a Question-and-Answer Session on the Economic Program in Chillicothe, Ohio,” February 19, 1993. Online by Gerhard Peters and John T. Woolley, American Presidency Project, http://www.presidency.ucsb.edu/ws/?pid=45998.

226. “后续委员会”。国家和地方公共服务委员会，又称“冬季委员会”。

226. “补充了我们递交白宫报告的结论”。该报告被称为“美国的迫切需要：振兴21世纪的联邦政府”。网址是https://ourpublicservice.org/publications/viewcontentdetails.php? id=314。

第十三章 对正直的追求

232. “决定暂不宣判”。参见“Swiss Banks Settlement：In the Holocaust Victim Assets Litigation”中的年表，官方网站：http://www.swissbankclaims.com/Chronology.aspx。

232. “不久，一个叫作‘沃尔克委员会’的机构成立了”。委员会组成的详细信息可以在我们的最终报告中找到。Independent Committee of Eminent Persons, “Report on Dormant Accounts of Victims of Nazi Persecution in Swiss Banks,” 1999, http://www.crtii.org/ICEP/ICEP_Report_english.pdf.

235. “最终确实发现”。“1954年5月，大银行的法定代表协调了他们对继任者的反应。这样，银行就有了一个协调一致的机制来转移任何形式的询问。” Bergier Commission Final Report.

236. “他留给世人的永恒遗产”。完整的奖项指南可在http://www.crt-ii.org/_awards/index.phtm找到。

237. “有史以来制定的最全面”。被引用于*The United Nations Security Council from the*

Cold War to the 21st Century, David Malone, ed.(Lynne Reinner, 2004), 182。

240. “威尔集团在 2004 年 7 月自愿披露”。“Weir Group Admits Iraq Oil for Food Contracts Were Inflated,” *Herald of Scotland*, July 22, 2004, http://www.heraldscotland.com/news/12497592.Weir_Group_admits_Iraq_Oil_for_Food_contracts_were_inflated/.

240. “迫使欺诈重案办公室停止”。David Leigh and Rob Evans, “‘National Interest’ Halts Arms Corruption Inquiry,” *Guardian*, December 15, 2006, https://www.theguardian.com/uk/2006/dec/15/saudiarabia.armstrade.

240. “司法部长戈德史密斯勋爵在议会上说”。戈德史密斯勋爵于 2006 年 12 月 14 日在上议院的州议会发言的全文可在 https://www.theyworkforyou.com/lords/?id=2006-12-14d.1711.2 找到。

241. “展开彻底调查”。由两名高级工作人员编写的一份题为“善意被腐败之殇”的报告全文，以及我撰写的引言，完整地叙述了全部情况及其复杂性。其中表达的国际组织管理不善的剖析观点，值得一读。Jeffrey A. Meyer and Mark G. Califano, *Good Intentions Corrupted : The Oil-for-Food Scandal and the Threat to the U.N.* PublicAffairs, 2006.

242. “沃尔克效应”。Press Trust of India, “Volcker Effect : Natwar Singh Removed as Foreign Minister,” *Times of India*, November 7, 2005, https://timesofindia.indiatimes.com/india/Volcker-effect-Natwar-Singh-removed-as-Foreign-Minister/articleshow/1287392.cms.

242. “沃尔克报告”。Saurabh Shukla, “Volcker Report : Aniel Matherani's revelations leads to Natwar Singh's resignation,” *India Today*, December 19, 2005, https://www.indiatoday.in/magazine/nation/story/20051219-volcker-report-aniel-matherani-s-revelations-leads-to-natwar-singh-resignation-786387-2005-12-19.

245. “腐败之瘤”。参见 http://www.worldbank.org/en/about/archives/history/past-presidents/james-david-wolfensohn，及演讲 http://documents.worldbank.org/curated/en/135801467993234363/pdf/99712-WP-Box393210B-PUBLIC-1996-10-01-People-and-Development.pdf。

246. “沃尔克审查小组”。参见 http://www.worldbank.org/en/news/press-release/2007/09/13/world-bank-president-robert-zoellick-welcomes-volcker-panel-review-world-bank-institutional-integrity-department。

247. “无法坐视不管”。西门子腐败案始于慕尼黑检察官办公室，之后又涉及其他几个国家当局和国际机构。

247. “西门子向世界银行支付了 1 亿美元的和解费”。http://www.worldbank.org/en/news/press-release/2009/07/02/siemens-pay-million-fight-fraud-corruption-part-world-bank-group-settlement.

247. “容易引发内部腐败”。世界银行声明，http://www.worldbank.org/en/news/press-release/2012/06/29/world-bank-statement-padma-bridge。

第十四章　确定标准

252. “19 人理事会”。参见 https://www.iasplus.com/en/binary/resource /01iascfar. pdf.

257. “2001 年中期，该公司同意”。Floyd Norris, “Accounting Firm to Pay a Big Fine,”

New York Times, June 20, 2001, http://www.nytimes.com/2001/06/20/business/accounting-firm-to-pay-a-big-fine.html.

259. “发表了演讲，呼吁改革国际会计准则”。我的评论可以在 http://www.kellogg.northwestern.edu/news_articles/2002/volcker_text.aspx 找到。

259. “都已经厌倦透了”。在我提供证词期间，亚拉巴马州共和党参议员理查德·谢尔比发表了以下声明：“我只想重申我的开庭陈述，也就是沃尔克博士所说的话。他说：‘我们有太多的盈利重复披露，太多的对备考收益的怀疑，太多对商誉收取的数十亿美元的费用，以及太多被解读为审计失败的破产让我们都感到习以为常。恰恰相反，目前的情况已经非常清楚，必须推行一些根本性的改革，以保证我们的财务报告的准确性、透明度和有意义。’沃尔克博士，我不可能解释得比您更清楚了。” Transcript of S. Hrg. 107–948, Volume 2—Accounting Reform and Investor Protection Volume 1S. Hrg. 107–948 Accounting Reform and Investor Protection.

260. “影响最深远的改革”。George W. Bush：“Remarks on Signing the Sarbanes-Oxley Act of 2002,” July 30, 2002. Online by Gerhard Peters and John T. Woolley, American Presidency Project, http://www.presidency.ucsb.edu/ws/? pid=73333.

260. “曾经崇高的职业正在爆发危机”。2 月 14 日，保罗·沃尔克在参议院银行委员会的听证会上做证。Transcript of S. Hrg. 107–948, Volume 2 —Accounting Reform and Investor Protection Volume 1 S. Hrg. 107–948 Accounting Reform and Investor Protection.

260. “强行拆分”。Madison Marriage, “Big Four accountancy firms plan for forced break-up,” *Financial Times*, May 16, 2018, https://www.ft.com/content/6c07f5d8-591b-11e8-bdb7-f6677d2e1ce8.

261. “系列报道”。Jonathan Ford and Madison Marriage, “The big flaw：auditing in crisis,” *Financial Times*, August 1, 2018, https://www.ft.com/content/29ccd60a-85c8-11e8-a29d-73e3d454535d.

第十五章　新金融世界：崩溃与改革

267. “150 亿美元的保险储备缺口”。Sonali Basak, Katherine Chiglinsky, and Rick Clough, “GE’s Surprise $15 Billion Shortfall Was 14 Years in the Making,” *Bloomberg News*, January 25, 2018, https://www.bloomberg.com/news/ articles/2018-01-25/ge-s-surprise-15-billion-shortfall-was-14-years-in-the-making.

269. “2002 年致股东的信中”。可以在 http://www.berkshire hathaway.com/letters/2002pdf.pdf 找到。

269. “如前所述”。参见第十一章。

270. “而当时至少有一名记者在那里”。2004 年 8 月，乔吉·安·盖耶在环球新闻集团专栏报道了这一评论。Georgie Ann Geyer, “Economic Experts Outline Precarious Financial Situation,” *Daily Spectrum*（Saint George, Utah）, August 23, 2004, A6.

270. “准备演讲”。《华盛顿邮报》发表了一篇改编后的演讲稿。Paul A. Volcker, “An Economy on Thin Ice,” *Washington Post*, April 10, 2005, B7, http://www.

washingtonpost.com/wp-dyn/articles/ A38725-2005Apr8.html.

277. “股市暴跌”。Eric Dash and Jack Healy, “New Plan, Old Doubts : Investors Register Disappointment, Sending Markets Into a Swoon,” *New York Times*, February 11, 2009, B1, https://archive.nytimes.com/www.ny times.com/2009/02/11/business/11markets.html.

278. “提议全面改革”。Barack Obama : “Remarks on Financial Regulatory Reform,” June 17, 2009. Online by Gerhard Peters and John T. Woolley, American Presidency Project, http://www.presidency.ucsb.edu/ ws/? pid=86287.

281. “后来被全文刊登”。“Paul Volcker : Think More Boldly,” *Wall Street Journal*, December 14, 2009, R7, https://www.wsj.com/articles/SB10001424052748704825504574586330960597134.

282. “我们称其为‘沃尔克规则’”。Barack Obama : “Remarks on Financial Regulatory Reform and Consumer Protection Legislation,” January 21, 2010. Online by Gerhard Peters and John T. Woolley, American Presidency Project, http://www.presidency.ucsb.edu/ws/? pid=87436.

第十六章 三个真理

290. “下意识的通胀斗士”。Federal Open Market Committee meeting transcript, July 17, 1984, 67, https://www.federalreserve.gov/monetarypolicy/files/FOMC19840717meeting.pdf.

293. “年通货膨胀率”。Reserve Bank of New Zealand, Policy Targets Agreement 1990, https://www.rbnz.govt.nz/monetary-policy/policy-targets-agreements.

293. “1996 年 7 月联邦公开市场委员会会议上关于美联储‘价格稳定’目标的讨论”。Federal Open Market Committee meeting transcript, July 2–3, 1996, 50–51, https://www.federalreserve.gov/monetarypolicy/files/FOMC19960703meeting.pdf.

295. “头版就刊登了一篇”。Peter T. Kilborn, “After Years of Absence, Deflation Causes Worries,” *New York Times*, July 23, 1984, 1, https://www.nytimes.com/1984/07/23/business/after-years-of-absence-deflation-causes-worries.html.

301. “我们关注的是银行体系”。Janet Yellen interview with Financial Crisis Inquiry Commission, November 15, 2010, https://fcic.law.stanford.edu/interviews/view/201.

302. “允许财政部使用纳税人的钱”。关于 2008 年 10 月 TARP 立法的详细信息可以在 https://www.treasury.gov/initiatives/financial-stability/TARP-Programs/Pages/default.aspx# 找到。

305. “20% 的人”。这些民意调查的例子包括皮尤研究中心的公众信任政府调查，http://www.people-press.org/2017/12/14/public-trust-in-government-1958-2017/。

305. “一篇论文中”。Paul C. Light, “Vision + Action = Faithful Execution : Why Government Daydreams and How to Stop the Cascade of Breakdowns That Now Haunts It,” Volcker Alliance, December 2015, https://www.volckeralliance.org/sites/default/files/attachments/Vision%20%2B%20 Action%20-%20The%20Volcker%20Alliance.pdf.

307. “几乎翻了一番”。美国人口普查数据预测，2018 年美国总人口约为 3.28 亿（参见 https://www.census.gov/popclock/），与 1962 年估计的 1.86 亿形成对比（参见通过圣路易斯联邦储备银行获得的世界银行数据，https://fred.stlouisfed.org/series/POPTOTUSA647NWDB）。

307. “国内生产总值和联邦支出”。美国2017年的国内生产总值约为19.4万亿美元，而1962年为6 051亿美元（Federal Reserve：https:// fred.stlouisfed.org/series/GDP#0）。2017年联邦支出总额为3.98万亿美元，而1962年为1 068亿美元（Office of Management and Budget，table 14.2，“Total Government Expenditures 1948–2017”）。

后记 实至名归的赞誉

314. “更早毕业于”。杜威实际上是利托尔学院的第一个公共管理博士。参见美联储 https://www.federal reservehistory.org/people/j_dewey_daane。

索引

注：如下页码为该词在正文中首次出现的页码。